OEUVRES COMPLÈTES

DE M. LE VICOMTE

DE CHATEAUBRIAND.

TOME XXII.

IMPRIMERIE ET FONDERIE DE RIGNOUX,
RUE DES FRANCS-BOURGEOIS-S.-MICHEL, 8.

OEUVRES COMPLÈTES

DE M. LE VICOMTE

DE CHATEAUBRIAND,

MEMBRE DE L'ACADÉMIE FRANÇOISE.

TOME VINGT-DEUXIÈME.

LES NATCHEZ.

TOME I.

PARIS.

POURRAT FRÈRES, ÉDITEURS.

M. DCCC. XXXVI.

PRÉFACE.

Lorsqu'en 1800 je quittai l'Angleterre pour rentrer en France sous un nom supposé, je n'osai me charger d'un trop gros bagage : je laissai la plupart de mes manuscrits à Londres. Parmi ces manuscrits se trouvoit celui des *Natchez*, dont je n'apportois à Paris que *René*, *Atala*, et quelques descriptions de l'Amérique.

Quatorze années s'écoulèrent avant que les communications avec la Grande-Bretagne se rouvrissent. Je ne songeai guère à mes papiers dans le premier moment de la Restauration ; et d'ailleurs comment les retrouver ? Ils étoient restés renfermés dans une malle, chez une Angloise qui m'avoit loué un petit appartement à Londres. J'avois oublié le nom de cette femme ; le nom de la rue et le numéro de la maison où j'avois demeuré étoient également sortis de ma mémoire.

Sur quelques renseignements vagues et même contradictoires, que je fis passer à Londres, MM. de Thuisy eurent la bonté de commencer des recherches ; ils les poursuivirent avec un zèle, une persévérance dont il y a très peu d'exemples : je me plais ici à leur en témoigner publiquement ma reconnoissance.

Ils découvrirent d'abord avec une peine infinie la maison que j'avois habitée dans la partie ouest de Londres. Mais mon hôtesse étoit morte depuis plusieurs années, et l'on ne savoit ce que ses enfants étoient devenus. D'indications en indications, de renseignements en renseignements, MM. de Thuisy, après bien des courses infructueuses, retrouvèrent enfin, dans un village à plusieurs milles de Londres, la famille de mon hôtesse.

Avoit-elle gardé la malle d'un émigré, une malle remplie de vieux papiers à peu près indéchiffrables? N'avoit-elle point jeté au feu cet inutile ramas de manuscrits françois?

D'un autre côté, si mon nom sorti de son obscurité avoit attiré dans les journaux de Londres l'attention des enfants de mon ancienne hôtesse, n'auroient-ils point voulu profiter de ces papiers, qui dès lors acquéroient une certaine valeur?

Rien de tout cela n'étoit arrivé : les manuscrits avoient été conservés; la malle n'avoit pas même été ouverte. Une religieuse fidélité, dans une famille malheureuse, avoit été gardée à un enfant du malheur. J'avois confié avec simplicité le produit des travaux d'une partie de ma vie à la probité d'un dépositaire étranger, et mon *trésor* m'étoit rendu avec la même simplicité. Je ne connois rien qui m'ait plus touché dans ma vie que la bonne foi et la loyauté de cette pauvre famille angloise.

Voici comme je parlois des *Natchez* dans la Préface de la première édition d'*Atala :*

« J'étois encore très jeune lorsque je conçus l'idée de
« faire l'*épopée de l'homme de la nature*, ou de peindre
« les mœurs des Sauvages, en les liant à quelque évé-

PRÉFACE.

« nement connu. Après la découverte de l'Amérique, je
« ne vis pas de sujet plus intéressant, surtout pour des
« François, que le massacre de la colonie des Natchez à
« la Louisiane, en 1727. Toutes les tribus indiennes
« conspirant, après deux siècles d'oppression, pour
« rendre la liberté au Nouveau-Monde, me parurent
« offrir un sujet presque aussi heureux que la conquête
« du Mexique. Je jetai quelques fragments de cet ou-
« vrage sur le papier; mais je m'aperçus bientôt que je
« manquois des vraies couleurs, et que si je voulois faire
« une image semblable, il falloit, à l'exemple d'Homère,
« visiter les peuples que je voulois peindre.

« En 1789, je fis part à M. de Malesherbes du dessein
« que j'avois de passer en Amérique. Mais, désirant en
« même temps donner un but utile à mon voyage, je
« formai le dessein de découvrir par terre le *passage*
« tant cherché, et sur lequel Cook même avoit laissé
« des doutes. Je partis; je vis les solitudes américaines,
« et je revins avec des plans pour un second voyage,
« qui devoit durer neuf ans. Je me proposois de tra-
« verser tout le continent de l'Amérique septentrionale,
« de remonter ensuite le long des côtes, au nord de la
« Californie, et de revenir par la baie d'Hudson, en
« tournant sous le pôle [1]. M. de Malesherbes se chargea
« de présenter mes plans au gouvernement, et ce fut
« alors qu'il entendit les premiers fragments du petit
« ouvrage que je donne aujourd'hui au public. La ré-

[1] M. Mackenzie a depuis exécuté une partie de ce plan [*].

[*] Le capitaine Franklin est entré dernièrement dans la mer polaire, vue par Hearne, et continue dans ce moment ses recherches.

« volution mit fin à tous mes projets. Couvert du sang
« de mon frère unique, de ma belle-sœur, de celui de
« l'illustre vieillard leur père, ayant vu ma mère et une
« autre sœur pleine de talents mourir des suites du trai-
« tement qu'elles avoient éprouvé dans les cachots, j'ai
« erré sur les terres étrangères...

« De tous mes manuscrits sur l'Amérique, je n'ai
« sauvé que quelques fragments, en particulier *Atala*,
« qui n'étoit elle-même qu'un épisode des *Natchez*. *Atala*
« a été écrite dans le désert, et sous les huttes des
« Sauvages. Je ne sais si le public goûtera cette histoire,
« qui sort de toutes les routes connues, et qui présente
« une nature et des mœurs tout-à-fait étrangères à
« l'Europe [1]. »

Dans le *Génie du Christianisme*, tome II des anciennes
éditions, au chapitre du *Vague des Passions*, on lisoit
ces mots :

« Nous seroit-il permis de donner aux lecteurs un
« épisode extrait, comme *Atala*, de nos anciens *Nat-
« chez :* c'est la vie de ce jeune René, à qui Chactas a
« raconté son histoire, etc. »

Enfin, dans la Préface générale de cette édition de mes
OEuvres, j'ai déjà donné quelques renseignements sur
les *Natchez*.

Un manuscrit dont j'ai pu tirer *Atala*, *René*, et plusieurs descriptions placées dans le *Génie du Christianisme*, n'est pas tout-à-fait stérile. Il se compose,
comme je l'ai dit ailleurs [2], de deux mille trois cent

[1] Préface de la première édition d'*Atala*.
[2] Avertissement des OEuvres complètes.

quatre-vingt-trois pages in-folio. Ce premier manuscrit est écrit de suite, sans section; tous les sujets y sont confondus, voyages, histoire naturelle, partie dramatique, etc.; mais auprès de ce manuscrit d'un seul jet il en existe un autre partagé en livres, qui malheureusement n'est pas complet, et où j'avois commencé à établir l'ordre. Dans ce second travail non achevé, j'avois non-seulement procédé à la division de la matière, mais j'avois encore changé le genre de la composition, en la faisant passer du roman à l'épopée.

La révision, et même la simple lecture de cet immense manuscrit, a été un travail pénible : il a fallu mettre à part ce qui est voyage, à part ce qui est histoire naturelle, à part ce qui est drame; il a fallu beaucoup rejeter, et brûler encore davantage de ces compositions surabondantes. Un jeune homme qui entasse pêle-mêle ses idées, ses inventions, ses études, ses lectures, doit produire le chaos; mais aussi dans ce chaos il y a une certaine fécondité qui tient à la puissance de l'âge, et qui diminue en avançant dans la vie.

Il m'est arrivé ce qui n'est peut-être jamais arrivé à un auteur : c'est de relire après trente années un manuscrit que j'avois totalement oublié. Je l'ai jugé comme j'aurois pu juger l'ouvrage d'un étranger : le vieil écrivain formé à son art, l'homme éclairé par la critique, l'homme d'un esprit calme et d'un sang rassis, a corrigé les essais d'un auteur inexpérimenté, abandonné aux caprices de son imagination.

J'avois pourtant un danger à craindre. En repassant le pinceau sur le tableau, je pouvois éteindre les couleurs; une main plus sûre, mais moins rapide, couroit risque de faire disparoître les traits moins corrects, mais aussi les touches plus vives de la jeunesse : il falloit conserver à la composition son indépendance, et pour ainsi dire sa fougue; il falloit laisser l'écume au frein du jeune coursier. S'il y a dans les *Natchez* des choses que je ne hasarderois qu'en tremblant aujourd'hui, il y a aussi des choses que je n'écrirois plus, notamment la lettre de René dans le second volume.

Partout, dans cet immense tableau, des difficultés considérables se sont présentées au peintre : il n'étoit pas tout-à-fait aisé, par exemple, de mêler à des combats, à des dénombrements de troupes à la manière des anciens, de mêler, dis-je, des descriptions de batailles, de revues, de manœuvres, d'uniformes et d'armes modernes. Dans ces sujets mixtes, on marche constamment entre deux écueils, l'affectation ou la trivialité. Quant à l'impression générale qui résulte de la lecture des *Natchez*, c'est, si je ne me trompe, celle qu'on éprouve à la lecture de *René* et d'*Atala* : il est naturel que le tout ait de l'affinité avec la partie.

On peut lire dans Charlevoix (*Histoire de la Nouvelle-France*, tome IV, page 24) le fait historique qui sert de base à la composition des *Natchez*. C'est de l'action particulière, racontée par l'historien, que j'ai fait, en l'agrandissant, le sujet de mon ouvrage. Le lecteur verra ce que la fiction a ajouté à la vérité.

J'ai déjà dit qu'il existoit deux manuscrits des *Natchez* : l'un divisé en livres, et qui ne va guère qu'à la moitié de l'ouvrage; l'autre qui contient le tout sans division, et avec tout le désordre de la matière. De là une singularité littéraire dans l'ouvrage tel que je le donne au public : le premier volume s'élève à la dignité de l'épopée, comme dans *les Martyrs;* le second volume descend à la narration ordinaire, comme dans *Atala* et dans *René.*

Pour arriver à l'unité du style, il eût fallu effacer du premier volume la couleur épique, ou l'étendre sur le second : or, dans l'un ou l'autre cas, je n'aurois plus reproduit avec fidélité le travail de ma jeunesse.

Ainsi donc, dans le premier volume des *Natchez* on trouvera le *merveilleux*, et le merveilleux de toutes les espèces : le merveilleux *chrétien*, le merveilleux *mythologique*, le merveilleux *indien;* on rencontrera des muses, des anges, des démons, des génies, des combats, des personnages allégoriques : la Renommée, le Temps, la Nuit, la Mort, l'Amitié. Ce volume offre des invocations, des sacrifices, des prodiges, des comparaisons multipliées, les unes courtes, les autres longues, à la façon d'Homère, et formant de petits tableaux.

Dans le second volume, le *merveilleux* disparoît, mais l'intrigue se complique, et les personnages se multiplient : quelques-uns d'entre eux sont pris jusque dans les rangs inférieurs de la société. Enfin le roman remplace le poëme, sans néanmoins descendre au-dessous du style de *René* et d'*Atala*, et en remontant quelquefois, par la nature du sujet, par celle des caractères et par la description des lieux, au ton de l'épopée.

Le premier volume contient la suite de l'histoire de

Chactas et son voyage à Paris. L'intention de ce récit est de mettre en opposition les mœurs des peuples chasseurs, pêcheurs et pasteurs, avec les mœurs du peuple le plus policé de la terre. C'est à la fois la critique et l'éloge du siècle de Louis XIV, et un plaidoyer entre la civilisation et l'état de nature : on verra quel juge décide la question.

Pour faire passer sous les yeux de Chactas les hommes illustres du grand siècle, j'ai quelquefois été obligé de serrer les temps, de grouper ensemble des hommes qui n'ont pas vécu tout-à-fait ensemble, mais qui se sont succédé dans la suite d'un long règne. Personne ne me reprochera sans doute ces légers anachronismes, que je devois pourtant faire remarquer ici.

Je dis la même chose des événements que j'ai transportés et renfermés dans une période obligée, et qui s'étendent, historiquement, en deçà et au-delà de cette période.

On ne me montrera, j'espère, pas plus de rigueur pour la critique des lois. La procédure criminelle cessa d'être publique en France sous François Ier, et les accusés n'avoient pas de défenseurs. Ainsi, quand Chactas assiste à la plaidoirie d'un jugement criminel, il y a anachronisme pour les lois : si j'avois besoin sur ce point d'une justification, je la trouverois dans Racine même; Dandin dit à Isabelle :

Avez-vous jamais vu donner la question?
ISABELLE.
Non, et ne le verrai, que je crois, de ma vie.

DANDIN.

Venez ; je vous en veux faire passer l'envie.

ISABELLE.

Ah ! monsieur, peut-on voir souffrir des malheureux !

DANDIN.

Bon ! cela fait toujours passer une heure ou deux.

Racine suppose qu'on voyoit de son temps donner la question, et cela n'étoit pas : les juges, le greffier, le bourreau et ses garçons, assistoient seuls à la torture.

J'espère enfin qu'aucun véritable savant de nos jours ne s'offensera du récit d'une séance à l'Académie, et d'une innocente critique de la science sous Louis XIV, critique qui trouve d'ailleurs son contre-poids au *souper chez Ninon*. Ils ne s'en offenseront pas davantage que les gens de robe ne se blesseront de ma relation d'une audience au Palais. Nos avocats, nobles défenseurs des libertés publiques, ne parlent plus comme le Petit-Jean des *Plaideurs ;* et dans notre siècle, où la science a fait de si grands pas et créé tant de prodiges, la pédanterie est un ridicule complétement ignoré de nos illustres savants.

On trouve aussi dans le premier volume des *Natchez* un livre d'un *Ciel chrétien*, différent du *Ciel des Martyrs :* en le lisant j'ai cru éprouver un sentiment de l'infini qui m'a déterminé à conserver ce livre. Les idées de Platon y sont confondues avec les idées chrétiennes, et ce mélange ne m'a paru présenter rien de profane ou de bizarre.

Si on s'occupoit encore de style, les jeunes écrivains pourroient apprendre, en comparant le premier volume des *Natchez* au second, par quels artifices on peut changer une composition littéraire, et la faire passer d'un genre à un autre. Mais nous sommes dans le siècle des faits, et ces études de mots paroîtroient sans doute oiseuses. Reste à savoir si le style n'est pas cependant un peu nécessaire pour faire vivre les faits : Voltaire n'a pas mal servi la renommée de Newton. L'histoire, qui punit et qui récompense, perdroit sa puissance si elle ne savoit peindre : sans Tite-Live, qui se souviendroit du vieux Brutus? sans Tacite, qui penseroit à Tibère? César a plaidé lui-même la cause de son immortalité dans ses Commentaires, et il l'a gagnée. Achille n'existe que par Homère. Otez de ce monde l'art d'écrire, il est probable que vous en ôterez la gloire. Cette gloire est peut-être une assez belle inutilité pour qu'il soit bon de la conserver, du moins encore quelque temps.

La description de l'Amérique *sauvage* appelleroit naturellement le tableau de l'Amérique *policée*; mais ce tableau me paroîtroit mal placé dans la préface d'un ouvrage d'imagination. C'est dans le volume où se trouveront les souvenirs de mes voyages en Amérique, qu'après avoir peint les déserts je dirai ce qu'est devenu le Nouveau-Monde, et ce qu'il peut attendre de l'avenir. L'histoire ainsi fera suite à l'histoire, et les divers sujets ne seront pas confondus.

LES NATCHEZ.

LIVRE PREMIER.

A L'OMBRE des forêts américaines, je veux chanter des airs de la solitude tels que n'en ont point encore entendu des oreilles mortelles; je veux raconter vos malheurs, ô Natchez! ô nation de la Louisiane! dont il ne reste plus que les souvenirs. Les infortunes d'un obscur habitant des bois auroient-elles moins de droits à nos pleurs que celles des autres hommes? et les mausolées des rois dans nos temples sont-ils plus touchants que le tombeau d'un Indien sous le chêne de sa patrie?

Et toi, flambeau des méditations, astre des nuits, sois pour moi l'astre du Pinde! marche devant mes pas, à travers les régions inconnues du Nouveau-Monde, pour me découvrir à ta lumière les secrets ravissants de ces déserts!

René, accompagné de ses guides, avoit remonté le cours du Meschacebé; sa barque flottoit au pied des trois collines dont le rideau dérobe aux regards le beau pays des enfants du Soleil. Il s'élance sur la rive, gravit la côte escarpée, et atteint le sommet le plus élevé des trois coteaux. Le grand village des Natchez se montroit à quelque distance dans une plaine parsemée de bocages de sassafras : çà et là erroient des Indiennes aussi légères que les biches avec lesquelles elles bondissoient; leur bras gauche étoit chargé d'une corbeille suspendue à une longue écorce de bouleau ; elles cueilloient les fraises dont l'incarnat teignoit leurs doigts et les gazons d'alentour. René descend de la colline et s'avance vers le village. Les femmes s'arrêtoient à quelque distance pour voir passer les étrangers, et puis s'enfuyoient vers les bois : ainsi des colombes regardent le chasseur du haut d'une roche élevée, et s'envolent à son approche.

Les voyageurs arrivent aux premières cabanes du grand village; ils se présentent à la porte d'une de ces cabanes. Là une famille assemblée étoit assise sur des nattes de jonc; les hommes fumoient le calumet; les femmes filoient des nerfs de chevreuil. Des melons d'eau, des plakmines sèches, et des pommes de mai étoient posés sur des feuilles de vigne-vierge au milieu du cercle : un nœud de bambou servoit pour boire l'eau d'érable.

Les voyageurs s'arrêtèrent sur le seuil et dirent : « Nous sommes venus. » Et le chef de la famille répondit : « Vous êtes venus, c'est bien. » Après quoi chaque voyageur s'assit sur une natte et partagea le festin sans parler. Quand cela fut fait, un des interprètes éleva la voix et dit : « Où est le « Soleil [1] ? » Le chef répondit : « Absent. » Et le silence recommença.

---

[1] Le *Soleil*, le Grand-Chef, ou l'Empereur des Natchez.

Une jeune fille parut à l'entrée de la cabane. Sa taille haute, fine et déliée, tenoit à la fois de l'élégance du palmier et de la foiblesse du roseau. Quelque chose de souffrant et de rêveur se mêloit à ses grâces presque divines. Les Indiens, pour peindre la tristesse et la beauté de Céluta, disoient qu'elle avoit le regard de la Nuit et le sourire de l'Aurore. Ce n'étoit point encore une femme malheureuse, mais une femme destinée à le devenir. On auroit été tenté de presser cette admirable créature dans ses bras, si l'on n'eût craint de sentir palpiter un cœur dévoué d'avance aux chagrins de la vie.

Céluta entre en rougissant dans la cabane, passe devant les étrangers, se penche à l'oreille de la matrone du lieu, lui dit quelques mots à voix basse et se retire. Sa robe blanche d'écorce de mûrier ondoyoit légèrement derrière elle, et ses deux talons de rose en relevoient le bord à chaque pas. L'air demeura embaumé sur les traces de l'Indienne du parfum des fleurs de magnolia qui couronnoient sa tête : telle parut Héro aux fêtes d'Abydos; telle Vénus se fit connoître, dans les bois de Carthage, à sa démarche et à l'odeur d'ambroisie qu'exhaloit sa chevelure.

Cependant les guides achèvent leur repas, se lèvent et disent : « Nous nous en allons. » Et le chef indien répond : « Allez où le veulent les génies. » Et ils sortent avec René sans qu'on leur demande quels soins le ciel leur a commis.

Ils passent au milieu du grand village, dont les

cabanes carrées supportoient un toit arrondi en dôme. Ces toits de chaume de maïs entrelacé de feuilles s'appuyoient sur des murs recouverts en dedans et en dehors de nattes fort minces. A l'extrémité du village les voyageurs arrivèrent sur une place irrégulière que formoient la cabane du Grand-Chef des Natchez et celle de sa plus proche parente, la *Femme-Chef*[1].

Le concours d'Indiens de tous les âges animoit ces lieux. La nuit étoit survenue, mais des flambeaux de cèdre allumés de toutes parts jetaient une vive clarté sur la mobilité du tableau. Des vieillards fumoient leurs calumets, en s'entretenant des choses du passé; des mères allaitoient leurs enfants, ou les suspendoient dans leurs berceaux aux branches des tamarins; plus loin de jeunes garçons, les bras attachés ensemble, s'essayoient à qui supporteroit plus long-temps l'ardeur d'un charbon enflammé; les guerriers jouoient à la balle avec des raquettes garnies de peaux de serpents; d'autres guerriers avoient de vives contentions aux jeux des pailles et des osselets; un plus grand nombre exécutoit la danse de la guerre ou celle du buffle, tandis que des musiciens frappoient avec une seule baguette une sorte de tambour, souffloient dans une conque sauvage, ou tiroient des sons d'un os de chevreuil percé à quatre trous, comme le fifre aimé du soldat.

C'étoit l'heure où les fleurs de l'hibiscus com-

---

[1] Le fils de cette femme héritoit de la royauté.

mencent à s'entr'ouvrir dans les savanes, et où les tortues du fleuve viennent déposer leurs œufs dans les sables. Les étrangers avoient déjà passé sur la place des jeux tout le temps qu'un enfant indien met à parcourir une cabane, quand, pour essayer sa marche, sa mère lui présente la mamelle, et se retire en souriant devant lui. On vit alors paroître un vieillard. Le ciel avoit voulu l'éprouver : ses yeux ne voyoient plus la lumière du jour. Il cheminoit tout courbé, s'appuyant d'un côté sur le bras d'une jeune femme, de l'autre sur un bâton de chêne.

Le patriarche du désert se promenoit au milieu de la foule charmée; les Sachems même paroissoient saisis de respect, et faisoient, en le suivant, un cortége de siècles au vénérable homme qui jetoit tant d'éclat et attiroit tant d'amour sur le vieil âge.

René et ses guides l'ayant salué à la manière de l'Europe, le Sauvage averti s'inclina à son tour devant eux; et prenant la parole dans leur langue maternelle, il leur dit: «Étrangers, j'ignorois votre « présence parmi nous. Je suis fâché que mes yeux «ne puissent vous voir; j'aimois autrefois à con- « templer mes hôtes et à lire sur leurs fronts s'ils « étoient aimés du ciel. » Il se tourna ensuite vers la foule qu'il entendoit autour de lui : «Natchez, « comment avez-vous laissé ces François si long- « temps seuls? Êtes-vous assurés que vous ne serez «jamais voyageurs loin de votre terre natale? Sa- « chez que toutes les fois qu'il arrive parmi vous un

« étranger, vous devez, un pied nu dans le fleuve
« et une main étendue sur les eaux, faire un sacri-
« fice au Meschacebé, car l'étranger est aimé du
« Grand-Esprit. »

Près du lieu où parloit ainsi le vieillard se voyoit un catalpa au tronc noueux, aux rameaux étendus et chargés de fleurs : le vieillard ordonne à sa fille de l'y conduire. Il s'assied au pied de l'arbre avec René et les guides. Des enfants montés sur les branches du catalpa éclairoient avec des flambeaux la scène au-dessous d'eux. Frappés de la lueur rougeâtre des torches, le vieil arbre et le vieil homme se prêtoient mutuellement une beauté religieuse ; l'un et l'autre portoient les marques des rigueurs du ciel, et pourtant ils fleurissoient encore après avoir été frappés de la foudre.

Le frère d'Amélie ne se lassoit point d'admirer le Sachem. Chactas (c'étoit son nom) ressembloit aux héros représentés par ces bustes antiques qui expriment le repos dans le génie, et qui semblent naturellement aveugles. La paix des passions éteintes se mêloit, sur le front de Chactas, à cette sérénité remarquable chez les hommes qui ont perdu la vue ; soit qu'en étant privés de la lumière terrestre nous commercions plus intimement avec celle des cieux, soit que l'ombre où vivent les aveugles ait un calme qui s'étende sur l'âme ; de même que la nuit est plus silencieuse que le jour.

Le Sachem, prenant le calumet de paix chargé de feuilles odorantes du laurier de montagne, poussa la première vapeur vers le ciel, la seconde vers la

terre, et la troisième autour de l'horizon. Ensuite il le présente aux étrangers. Alors le frère d'Amélie dit : « Vieillard ! puisse le ciel te bénir dans tes
« enfants ! Es-tu le pasteur de ce peuple qui t'en-
« vironne ? permets-moi de me ranger parmi ton
« troupeau. »

— « Étranger, repartit le sage des bois, je ne
« suis qu'un simple Sachem, fils d'Outalissi. On
« me nomme Chactas, parce qu'on prétend que ma
« voix a quelque douceur; ce qui peut provenir de
« la crainte que j'ai du Grand-Esprit. Si nous te
« recevons comme un fils, nous ne devons point
« en retirer de louanges. Depuis long-temps nous
« sommes amis d'Onanthio [1] dont le Soleil [2] habite
« de l'autre côté du lac sans rivage [3]. Les vieillards
« de ton pays ont discouru avec les vieillards du
« mien, et mené dans leur temps la danse des forts,
« car nos aïeux étoient une race puissante. Que
« sommes-nous auprès de nos aïeux ? Moi-même
« qui te parle, j'ai habité jadis parmi tes pères : je
« n'étois pas courbé vers la terre comme aujour-
« d'hui, et mon nom retentissoit dans les forêts.
« J'ai contracté une grande dette envers la France.
« Si l'on me trouve quelque sagesse, c'est à un Fran-
« çois que je la dois; ce sont ses leçons qui ont
« germé dans mon cœur : les paroles de l'homme,
« selon les voies du Grand-Esprit, sont des graines
« fines, que les brises de la fécondité dispersent dans
« mille climats, où elles se développent en pur maïs

[1] Le gouverneur françois.   [2] Le roi de France.   [3] La mer.

« ou en fruits délicieux. Mes os, ô mon fils, repo-
« seroient mollement dans la cabane de la mort, si
« je pouvois, avant de descendre à la contrée des
« âmes, prouver ma reconnoissance par quelque
« service rendu aux compatriotes de mon ancien
« hôte du pays des Blancs. »

En achevant de prononcer ces mots, le Nestor
des Natchez se couvrit la tête de son manteau, et
parut se perdre dans quelque grand souvenir. La
beauté de ce vieillard, l'éloge d'un homme policé
prononcé au milieu d'un désert par un Sauvage,
le titre de fils donné à un étranger, cette coutume
naïve des peuples de la nature, de traiter de parents
tous les hommes, touchoient profondément René.

Chactas, après quelques moments de silence,
reprit ainsi la parole : « Étranger du pays de l'Au-
« rore, si je t'ai bien compris, il me semble que
« tu es venu pour habiter les forêts où le soleil se
« couche. Tu fais là une entreprise périlleuse ; il
« n'est pas aussi aisé que tu le penses d'errer par
« les sentiers du chevreuil. Il faut que les Manitous
« du malheur t'aient donné des songes bien fu-
« nestes, pour t'avoir conduit à une pareille résolu-
« tion. Raconte-nous ton histoire, jeune étranger :
« je juge par la fraîcheur de ta voix, et en touchant
« tes bras je vois par leur souplesse que tu dois
« être dans l'âge des passions. Tu trouveras ici des
« cœurs qui pourront compatir à tes souffrances.
« Plusieurs des Sachems qui nous écoutent con-
« noissent la langue et les mœurs de ton pays ; tu
« dois apercevoir aussi, dans la foule, des Blancs,

« tes compatriotes du fort Rosalie, qui seront char-
« més d'entendre parler de leur pays. »

Le frère d'Amélie répondit d'une voix troublée :
« Indien, ma vie est sans aventures, et le cœur de
« René ne se raconte point. »

Ces paroles brusques furent suivies d'un profond
silence : les regards du frère d'Amélie étinceloient
d'un feu sombre ; les pensées s'amonceloient et
s'entr'ouvroient sur son front comme des nuages ;
ses cheveux avoient une légère agitation sur ses
tempes. Mille sentiments confus régnoient dans la
multitude : les uns prenoient l'étranger pour un insensé, les autres pour un génie revêtu de la forme
humaine.

Chactas, étendant la main dans l'ombre, prit
celle de René. « Étranger, lui dit-il, pardonne à ma
« prière indiscrète : les vieillards sont curieux ; ils
« aiment à écouter des histoires pour avoir le plaisir
« de faire des leçons. »

Sortant de l'amertume de ses pensées, et ramené
au sentiment de sa nouvelle existence, René sup-
plia Chactas de le faire admettre au nombre des
guerriers natchez, et de l'adopter lui-même pour
son fils.

« Tu trouveras une natte dans ma cabane, ré-
« pondit le Sachem, et mes vieux ans s'en réjoui-
« ront. Mais le Soleil est absent ; tu ne peux être
« adopté qu'après son retour. Mon hôte, réfléchis
« bien au parti que tu veux prendre. Trouveras-tu
« dans nos savanes le repos que tu viens y cher-
« cher ? Es-tu certain de ne jamais nourrir dans

« ton cœur les regrets de la patrie ? Tout se réduit
« souvent, pour le voyageur, à échanger dans la
« terre étrangère des illusions contre des souvenirs.
« L'homme entretient dans son sein un désir de
« bonheur qui ne se détruit ni ne se réalise; il y a
« dans nos bois une plante dont la fleur se forme
« et ne s'épanouit jamais : c'est l'espérance. »

Ainsi parloit le Sachem : mêlant la force à la douceur, il ressembloit à ces vieux chênes où les abeilles ont caché leur miel.

Chactas se lève à l'aide du bras de sa fille. Le frère d'Amélie suit le Sachem, que la foule empressée reconduit à sa cabane. Les guides retournèrent au fort Rosalie.

Cependant René étoit entré sous le toit de son hôte, qu'ombrageoient quatre superbes tulipiers. On fait chauffer une eau pure dans un vase de pierre noire, pour laver les pieds du frère d'Amélie. Chactas sacrifie aux Manitous protecteurs des étrangers; il brûle en leur honneur des feuilles de saule : le saule est agréable aux génies des voyageurs, parce qu'il croît au bord des fleuves, emblèmes d'une vie errante. Après ceci Chactas présenta à René la calebasse de l'hospitalité, où six générations avoient bu l'eau d'érable. Elle étoit couronnée d'hyacinthes bleues qui répandoient une bonne odeur. Deux Indiens, célèbres par leur esprit ingénieux, avoient crayonné sur ses flancs dorés l'histoire d'un voyageur égaré dans les bois. René, après avoir mouillé ses lèvres dans la coupe fragile, la rendit aux mains tremblantes du patron de la solitude. Le calumet de paix, dont le fourneau étoit fait d'une pierre rouge, fut de nouveau présenté au frère d'Amélie. On lui servit en même temps deux jeunes ramiers qui, nourris de baies de genévrier par leur mère, étoient un mets digne de la table d'un roi. Le repas achevé, une jeune fille aux bras nus parut devant l'étranger, et, dansant la chanson de l'hospitalité, elle disoit:

« Salut, hôte du Grand-Esprit ! salut, ô le plus
« sacré des hommes ! Nous avons du maïs et une
« couche pour toi : salut, hôte du Grand-Esprit !
« salut, ô le plus sacré des hommes ! » La jeune fille prit l'étranger par la main, le conduisit à la peau d'ours qui devoit lui servir de lit, et puis elle se retira auprès de ses parents. René s'étendit sur la couche du chasseur, et dormit son premier sommeil chez les Natchez.

Tandis que la nation du Soleil s'occupe encore de jeux et de fêtes, une fatale destinée précipite de toutes parts les événements. Abandonnant les champs fertilisés par les sueurs de leurs aïeux, de jeunes hommes, plantes étrangères arrachées au doux sol de la France, viennent en foule peupler de leur fructueux exil le fort qui gourmande le Meschacebé, et qui fait redire à ses bords le nom charmant de Rosalie. Perrier, qui gouverne à la Nouvelle-Orléans les vastes champs de la Louisiane, Perrier ordonne à Chépar, vaillant capitaine des François aux Natchez, de faire le dénombrement de ses soldats, afin de porter ensuite, si telle étoit la nécessité, le soc ou la bêche jusque dans les tombeaux des Indiens. Chépar commande aussitôt à ses bataillons de se déployer à la première aurore sur les bords du fleuve.

A peine les rayons du matin avoient jailli du sein des mers Atlantiques, que le bruit des tambours et les fanfares des trompettes font tressaillir le guerrier dans sa tente assoupi. Le désert s'épouvante et secoue sa chevelure de forêts; la terreur pénètre au fond de ses demeures, qui, depuis la naissance du monde, ne répétoient que les soupirs des vents, le bramement des cerfs et le chant des oiseaux.

A ce signal, le démon des combats, le sanguinaire Areskoui [1] et les autres esprits des ombres poussent un cri de joie. L'ange du Dieu des armées répond à leurs menaces en frappant sa lance d'or sur son bouclier de diamant : telles sont les rumeurs de l'Océan lorsque les fleuves américains, enflant leurs urnes, fondent tous ensemble sur leur vieux père : l'Océan, fracassant ses vagues entre les rochers, étincelle; il se soulève indigné, se précipite sur ses fils, et les frappant de son trident, les repousse dans leur lit fangeux. Le soldat françois entend ces bruits; il se réveille, comme le cheval de bataille qui dresse l'oreille au frémissement de l'airain, ouvre ses narines fumantes, remplit l'air de ses grêles hennissements, mord les barreaux de sa crèche, qu'il couvre d'écume, et décèle dans toutes ses allures l'impatience, le courage, la grâce et la légèreté.

[1] Génie ou dieu de la guerre chez les Sauvages.

Un mouvement général se manifeste dans le camp et dans le fort. Les fantassins courent aux faisceaux d'armes; les cavaliers voltigent déjà sur leurs coursiers; on entend le bruit des chaînes et les roulements de la pesante artillerie. Partout brille l'acier, partout flottent les drapeaux de la France : drapeaux immortels couverts de cicatrices, comme des guerriers vieillis dans les combats. Bientôt l'armée se déroule le long du Meschacebé. Le chœur des instruments de Bellone anime de ses airs triomphants tous ces braves, tandis que l'on voit s'agiter en cadence le bonnet du grenadier, qui, reposé sur ses armes, bat la mesure avec une gaieté qui inspire la terreur.

Fille de Mnémosyne à la longue mémoire! âme poétique des trépieds de Delphes et des colombes de Dodone, déesse qui chantez autour du sarcophage d'Homère sur quelque grève inconnue de la mer Égée, vous qui, non loin de l'antique Parthénope, faites naître le laurier du tombeau de Virgile, Muse! daignez quitter un moment tous ces morts harmonieux et leurs vivantes poussières; abandonnez les rivages de l'Ausonie, les ondes du Sperchius et les champs où fut Troie; venez m'animer de votre divin souffle : que je puisse nommer les capitaines et les bataillons de ce peuple indompté dont les exploits fatigueroient même, ô Calliope! votre poitrine immortelle!

Au centre de l'armée paroissoit ce bataillon vêtu d'azur, qui lance les foudres de Bellone : c'est lui qui, dans presque tous les combats, détermine la fortune à suivre la France; instruit dans les sciences les plus sublimes, il fait servir le génie à couronner la victoire. Nulle nation ne peut se vanter d'une pareille troupe. Folard la commande, l'impassible Folard, qui peut, dans les plus grands dangers, mesurer la courbe du boulet ou de la bombe, indiquer la colline dont il faut se saisir, tracer et résoudre sur l'arène sanglante, au milieu des feux et de la mort, les figures et les problèmes de Pythagore.

L'infanterie, blanche et légère comme la neige, se forme rapidement devant les lentes machines qui vomissent le fer et la flamme. Marseille, dont les galères remontent l'antique Égyptus; Lorient, qui fait voguer ses vaisseaux jusque dans les mers de la Taprobane; la Touraine, si délicieuse par ses fruits; la Flandre aux plaines ensanglantées; Lyon la romaine; Strasbourg la germanique; Toulouse, si célèbre par ses troubadours; Reims, où les rois vont chercher leur couronne; Paris, où ils viennent la porter : toutes les villes, toutes les provinces, tous les fleuves des Gaules, ont donné ces fameux soldats à l'Amérique.

Leurs armes ne sont plus l'épée ou l'angon; ils ne se parent plus du large bracha et des colliers d'or; ils portent un tube enflammé, surmonté du glaive de Bayonne; leur vêtement est celui du lis, symbole de l'honneur virginal de la France.

Divisée en cinquante compagnies, cinquante capitaines choisis commandent cette infanterie formidable: Là se montrent et l'infatigable Toustain, qui naquit aux plaines de la Beauce, où les moissons roulent en nappes d'or, et le prompt Armagnac, qui fut plongé en naissant dans ce fleuve dont les ondes inspirent le courage et les saillies, et le patient Tourville, nourri dans les vallées herbues où dansent des paysannes à la haute coiffure et au corset de soie. Mais qui pourroit nommer tant d'illustres guerriers : Beaumanoir, sorti des rochers de l'Armorique ; Causans, que sa tendre mère mit au jour au bord de la fontaine de Laure ; d'Aumale, qui goûta le vin d'Aï avant le lait de sa nourrice ; Saint-Aulaire de Nîmes, élevé sous un portique romain ; et Gautier de Paris, dont la jeunesse enchantée coula parmi les roses de Fontenay, les chênes de Senar, les jardins de Chantilly, de Versailles et d'Ermenonville ?

Parmi ces vaillants capitaines, on distingue surtout le jeune d'Artaguette à la beauté de son visage, à l'air d'humanité et de douceur qui tempère l'intrépidité de son regard. Il suit le drapeau de l'honneur, et brûle de verser son sang pour la France ; mais il déteste les injustices, et plus d'une fois, dans les conseils de la guerre, il a défendu les malheureux Indiens contre la cupidité de leurs oppresseurs.

A la gauche de l'infanterie s'étendent les lestes escadrons de ces espèces de centaures au vêtement vert, dont le casque est surmonté d'un dragon. On voit sur leurs têtes se mouvoir leurs aigrettes de crin, qu'agitent les mouvements du coursier retenu avec peine dans le rang de ses compagnons.

Ces cavaliers enfoncent leurs jambes dans un cuir noirci, dépouille du buffle sauvage; un long sabre rebondit sur leur cuisse, lorsque balayant la terre avec les flancs de leur coursier, ils fondent, le pistolet à la main, sur l'ennemi. Selon les hasards de Bellone, on les voit quitter leurs chevaux à la crinière dorée, combattre à pied sur la montagne s'élancer de nouveau sur leurs coursiers, descendre et remonter encore. Ces guerriers ont presque tous vu le jour non loin de ce fleuve où le soleil mûrit un vin léger propre à éteindre la soif du soldat dans l'ardeur de la bataille; ils obéissent à la voix du brillant Villars.

A l'aile opposée du corps de l'armée paroit, immobile, la pesante cavalerie, dont le vêtement, d'un sombre azur, est ranimé par un pli brillant emprunté du voile de l'Aurore. Les glands, d'un or filé et tordu, sautent en étincelant sur les épaules des guerriers, au trot mesuré de leurs chevaux. Ces guerriers couvrent leurs fronts du chapeau gaulois, dont le triangle bizarre est orné d'une rose blanche qu'attacha souvent la main d'une vierge timide, et que surmonte de sa cime légère un gracieux faisceau de plumes. C'étoit vous, intrépide Nemours, qui meniez ces fameux chevaux aux combats.

Mais pourrois-je oublier cette phalange qui, placée derrière toute l'armée, devoit la défendre des surprises de l'ennemi? Sacré bataillon de laboureurs, vous étiez descendus des rochers de l'Helvétie, vêtus de la pourpre de Mars; la pique dont vos aïeux percèrent les tyrans est encore dans vos mains rustiques : au milieu du désordre des camps et de la corruption du nouvel âge, vous gardez vos vertus premières. Le souvenir de vos demeures champêtres vous poursuit ; ce n'est qu'à regret que vous vous trouvez exilés sur de lointains rivages, et l'on craint de vous faire entendre ces airs de la patrie qui vous rappellent vos pères, vos mères, vos frères, vos sœurs, et le mugissement des troupeaux sur vos montagnes.

D'Erlach tient sous sa discipline ces enfants de Guillaume Tell ; il descend d'un de ces Suisses qui teignirent de leur sang, auprès de Henri III, les Lis abandonnés. Heureux si, sur les degrés du Louvre, les fils de ces étrangers ne renouvellent point leur sacrifice !

Enfin le Canadien Henry dirige à l'avant-garde cette troupe de François demi-sauvages, enfants sans soucis des forêts du Nouveau-Monde. Ces chasseurs, assemblés pêle-mêle à la tête de l'armée, portent pour tout vêtement une tunique de lin qu'une ceinture rapproche de leurs flancs : une corne de chevreuil, renfermant le plomb et le salpêtre, s'attache par un cordon, en forme de baudrier, sur leur poitrine ; une courte carabine rayée se suspend comme un carquois à leurs épaules : rarement ils manquent leur but, et poursuivent les hommes dans les bois comme les daims et les cerfs. Rivaux des peuples du désert, ils en ont pris les goûts, les mœurs et la liberté ; ils savent découvrir les traces d'un ennemi, lui tendre des embûches, ou le forcer dans sa retraite. En vain les pandoures qui les accompagnent sur leurs petits chevaux de race tartare, en vain ces cavaliers du Danube, aux longs pantalons, aux vestes fourrées flottant en arrière, au bonnet oriental, aux moustaches retroussées, veulent devancer les coureurs canadiens : moins rapide est l'hirondelle effleurant les ondes, moins léger le duvet du roseau qu'emporte un tourbillon.

Les troupes ainsi rassemblées bordoient les rives du fleuve, lorsque, monté sur une cavale blanche, élevée vagabonde dans les savanes mexicaines, voici venir Chépar au milieu d'un cortége de guerriers.

Né sous la tente des Luxembourg et des Catinat, le vieux capitaine ne voyoit la société que dans les armes; le monde pour lui étoit un camp. Inutilement il avoit traversé les mers, sa vue restoit circonscrite au cercle qu'elle avoit jadis embrassé, et l'Amérique sauvage ne reproduisoit à ses yeux que l'Europe civilisée : ainsi le ver laborieux, qui ourdit la plus belle trame, ne connoît cependant que sa voûte d'or, et ne peut étendre ses regards sur la nature.

Le chef s'avance, et s'arrête bientôt à quelques pas du front des guerriers : les roulements des tambours se font entendre, les capitaines courent à leur poste, les soldats s'affermissent dans leurs rangs. Au second signal, la ligne se fixe et devient immobile, semblable alors au mur d'une cité au-dessus duquel flottent les drapeaux de Mars.

Les tambours se taisent; une voix s'élève, et va se répétant le long des bataillons, de chef en chef, comme d'écho en écho. Mille tubes enlevés de la terre frappent ensemble l'épaule du fantassin; les cavaliers tirent leurs sabres, dont l'acier, réfléchissant les rayons du soleil, mêle ses éclairs aux triples ondes de feu des baïonnettes : ainsi durant une nuit d'hiver brille une solitude où des tribus canadiennes célèbrent la fête de leurs génies; réunies sur la surface solide d'un fleuve, elles dansent à la lueur des pins allumés de toutes parts; les cataractes enchaînées, les montagnes de neige, les forêts de cristal, se revêtent de splendeur, tandis que les Sauvages croient voir les esprits du nord voguer dans leurs canots aériens, avec des pagaies de flammes, sur l'aurore mouvante de Borée.

Cependant les rangs de l'armée s'entr'ouvrent, et présentent au commandant des allées régulières : il les parcourt avec lenteur, examinant les guerriers soumis à ses ordres, comme un jardinier se promène entre les files des jeunes arbres dont sa main affermit les racines et dirige les rameaux.

Aussitôt que la revue est finie, Chépar veut que les capitaines exercent les troupes aux jeux de Mars. L'ordre est donné; le coup de baguette retentit. Soudain vous eussiez vu le soldat tendre et porter en avant le pied gauche, avec l'assurance et la fermeté d'un Hercule. L'armée entière s'ébranle; ses pas égaux mesurent la marche que frappent les tambours. Les jambes noircies des soldats ouvrent et ferment une longue avenue, en se croisant comme les ciseaux d'une jeune fille qui découpe d'ingénieux ouvrages. Par intervalles, les caisses d'airain que recouvre la peau de l'onagre se taisent au signe du géant qui les guide; alors mille instruments, fils d'Éole, animent les forêts, tandis que les cymbales du nègre se choquent dans l'air et tournent comme deux soleils.

Rien de plus merveilleux et de plus terrible à la fois, que de voir ces légions marcher au son de la musique, comme si elles ouvroient les danses de quelque fête : nul ne peut les regarder sans se sentir possédé de la fureur des combats, sans brûler de partager leur gloire et leurs périls. Les fantassins s'appuient et tournent sur leurs ailes de cavalerie comme sur deux pôles; tantôt ils s'arrêtent, ébranlent la solitude par de pesantes décharges, ou par un feu successif qui remonte et redescend le long de la ligne comme les orbes d'un serpent; tantôt ils baissent tous à la fois la pointe de la baïonnette, si fatale dans des mains françoises : coucher leurs armes à terre, les reprendre, les lancer à leur épaule, les présenter en salut, les charger ou se reposer sur elles, ce n'est pas la durée d'un moment pour ces enfants de la Victoire.

A cet exercice des armes succèdent de savantes manœuvres. Tour à tour l'armée s'allonge et se resserre, tour à tour s'avance et se retire : ici elle se creuse comme la corbeille de Flore; là elle s'enfle comme les contours d'une urne de Corinthe : le Méandre se replie moins de fois sur lui-même, la danse d'Ariadne gravée sur le bouclier d'Achille avoit moins d'erreurs que les labyrinthes tracés sur la plaine par ces disciples de Mars. Leurs capitaines font prendre aux bataillons toutes les figures de l'art d'Uranie : ainsi des enfants étendent des soies légères sur leurs doigts légers; sans confondre ou briser le dédale fragile, ils le déploient en étoile, le dessinent en croix, le ferment en cercle, et l'entr'ouvrent doucement sous la forme d'un berceau.

Les Indiens assemblés admiroient ces jeux, qui leur cachoient des tempêtes.

LIVRE DEUXIÈME.

SATAN, planant dans les airs, au-dessus de l'Amérique, jetoit un regard désespéré sur cette partie de la terre, où le Sauveur le poursuit, comme le soleil qui, s'avançant des portes de l'Orient, chasse devant lui les ténèbres : le Chili, le Pérou, le Mexique, la Californie, reconnoissent déjà les lois de l'Évangile; d'autres colonies chrétiennes couvrent les rivages de l'Atlantique, et des missionnaires ont enseigné le vrai Dieu aux Sauvages des déserts. Satan, rempli de projets de vengeance, va aux enfers rassembler le conseil des démons.

Il déroule, devant ses compagnons de douleurs, le tableau de ce qu'il a fait pour perdre la race humaine, pour partager le monde créé avec le Créateur, pour opposer le mal au bien sur la terre, et, au-delà de la terre, l'enfer au ciel. Il propose aux légions maudites un dernier combat; il veut armer toutes les nations idolâtres du nouveau continent, il veut unir toutes ces nations dans un vaste complot, afin d'exterminer les chrétiens.

C'est au milieu des Natchez qu'il aperçoit les passions propres à seconder son entreprise. « Dieux « de l'Amérique, s'écrie-t-il, anges tombés avec « moi, vous qui vous faites adorer sous la forme « d'un serpent, vous que l'on invoque comme les « génies des castors et des ours, vous qui, sous le

« nom de Manitous, remplissez les songes, inspirez
« les craintes ou entretenez les espérances des peu-
« ples barbares; vous qui murmurez dans les vents,
« qui mugissez dans les cataractes, qui présidez au
« silence ou à la terreur des forêts, allez défendre
« vos autels. Répandez les illusions et les ténèbres;
« soufflez de toute part la discorde, la jalousie, l'a-
« mour, la haine, la vengeance. Mêlez-vous aux con-
« seils et aux jeux des Natchez; que tout devienne
« prodige chez des hommes où tout est fêtes et com-
« bats. Je vous donnerai mes ordres : soyez attentifs
« à les exécuter. »

Il dit, et le Tartare pousse un rugissement de joie, qui fut entendu dans les forêts du Nouveau-Monde. Areskoui, démon de la guerre, Athaënsic qui excite à la vengeance, le génie des fatales amours, mille autres puissances infernales se lèvent à la fois pour seconder les desseins du prince des ténèbres. Celui-ci va chercher sur la terre le démon de la renommée, qui n'avoit point assisté au conseil infernal.

Le soleil ne faisoit que de paroître à l'horizon lorsque le frère d'Amélie ouvrit les yeux dans la demeure d'un Sauvage. L'écorce qui servoit de porte à la hutte avoit été roulée et relevée sur le toit. Enveloppé dans son manteau, René se trouvoit couché sur sa natte de manière que sa tête étoit placée à l'ouverture de la cabane. Les premiers objets qui s'offrirent à sa vue, en sortant d'un profond sommeil, furent la vaste coupole d'un ciel bleu où voloient quelques oiseaux, et la cime des tulipiers qui frémissoient au souffle des brises du matin. Des écureuils se jouoient dans les branches de ces beaux arbres, et des perruches siffloient sous leurs feuilles satinées. Le visage tourné vers le dôme azuré, le jeune étranger enfonçoit ses regards dans ce dôme qui lui paroissoit d'une immense profondeur et transparent comme le verre. Un sentiment confus de bonheur, trop inconnu à René, reposoit au fond de son âme, en même temps que le frère d'Amélie croyoit sentir son sang rafraîchi descendre de son cœur dans ses veines, et par un long détour remonter à sa source : telle l'antiquité nous peint des ruisseaux de lait s'égarant au sein de la terre, lorsque les hommes avoient leur innocence, et que le soleil de l'âge d'or se levoit aux chants d'un peuple de pasteurs.

Un mouvement dans la cabane tira le voyageur de sa rêverie : il aperçut alors le patriarche des Sauvages assis sur une natte de roseau. Auprès du foyer, Saséga, laborieuse matrone, faisoit infuser des dentelles de Loghetto avec des écorces de pin rouge, qui donnent une pourpre éclatante. Dans un lieu retiré, la nièce de Chactas empennoit des flèches avec des plumes de faucon. Céluta, son amie, qui l'étoit venue visiter, sembloit l'aider dans son travail ; mais sa main, arrêtée sur l'ouvrage, annonçoit que d'autres sentiments occupoient son cœur.

Le frère d'Amélie s'étoit endormi l'homme de la société, il se réveilloit l'homme de la nature. Le ciel étoit sur sa tête, comme le dais de sa couche ;

des courtines de feuillages et de fleurs sembloient pendre de ce dais superbe; des vents souffloient la fraîcheur et la santé; des hommes libres, des femmes pures entouroient la couche du jeune homme. Il se seroit volontiers touché pour s'assurer de son existence, pour se convaincre qu'autour de lui tout n'étoit pas illusion. Tel fut le réveil du guerrier aimé d'Armide, lorsque l'enchanteresse trouvant son ennemi plongé dans le sommeil, l'emporta sur une nue et le déposa dans les bocages des îles Fortunées.

René se lève, sort, se plonge dans l'onde voisine, respire l'odeur des sassafras et des liquidambars, salue la lumière de l'orient, les flots du Meschacebé, les savanes et les forêts, et rentre dans la cabane.

Cependant les femmes sourioient des manières de l'étranger; c'étoit de ce sourire de femmes qui ne blesse point. Céluta fut chargée d'apprêter le repas de l'hôte de Chactas : elle prit de la farine de maïs, qu'elle pétrit avec de l'eau de fontaine; elle en forma un gâteau qu'elle présenta à la flamme, en le soutenant avec une pierre. Elle fit ensuite bouillir de l'eau dans un vase en forme de corbeille; elle versa cette eau sur la poudre de la racine de smilax : ce mélange, exposé à l'air, se changea en une gelée rose d'un goût délicieux. Alors Céluta retira le pain du foyer et l'offrit au frère d'Amélie : elle lui servit en même temps, avec la gelée nouvelle, un rayon de miel et de l'eau d'érable.

Ayant fini ces choses avec un grand zèle, elle se

tint debout fort agitée devant l'étranger. Celui-ci, enseigné par Chactas, se leva, imposa les deux mains en signe de deuil sur la tête de l'Indienne, car elle avoit perdu son père et sa mère, et elle n'avoit plus pour soutien que son frère Outougamiz. La famille poussa les trois cris de douleur, appelés cris de veuve : Céluta retourna à son ouvrage; René commença son repas du matin.

Alors Céluta, chargée d'amuser le guerrier blanc, se mit à chanter. Elle disoit :

« Voici le plaqueminier; sous ce plaqueminier il
« y a un gazon; sous ce gazon, repose une femme.
« Moi qui pleure sous le plaqueminier, je m'appelle
« Céluta : je suis fille de la femme qui repose sous
« le gazon; elle étoit ma mère.

« Ma mère me dit en mourant : Travaille; sois fi-
« dèle à ton époux quand tu l'auras trouvé; s'il est
« heureux, sois humble et timide; n'approche de
« lui que lorsqu'il te dira : Viens, mes lèvres veulent
« parler aux tiennes.

« S'il est infortuné, sois prodigue de tes caresses;
« que ton âme environne la sienne, que ta chair
« soit insensible aux vents et aux douleurs. Moi, qui
« m'appelle Céluta, je pleure maintenant sous le
« plaqueminier; je suis la fille de la femme qui re-
« pose sous le gazon. »

L'Indienne, en chantant ces paroles, trembloit, et des larmes couloient comme des perles le long de ses joues : elle ne savoit pourquoi, à la vue du frère d'Amélie, elle se souvenoit des derniers conseils de sa mère. René sentoit lui-même ses yeux humides. La famille partageoit l'émotion de Céluta, et toute la cabane pleuroit de regret, d'amour et de vertu. Tel fut le repas du matin.

A peine cette scène étoit terminée qu'un guerrier parut : il apportoit une hache en présent à l'étranger, pour qu'il se bâtît une cabane. Il conduisoit en même temps une vierge plus belle et plus jeune que Chryséis, afin que le nouveau fils de Chactas commençât un lit dans le désert. Céluta baissa la tête dans son sein : Chactas, averti de ce qui se passoit, devina le reste. Alors, d'une voix courroucée : « Veut-on faire un affront à Chactas ? Le « guerrier adopté par moi ne doit pas être traité « comme un étranger. »

Consterné à cette réprimande du vieillard, l'envoyé frappa des mains et s'écria : « René adopté « par Chactas ne doit pas être regardé comme un « étranger. »

Cependant Chactas conseilla au frère d'Amélie de faire un présent à Mila, dans la crainte d'offenser une famille puissante qui comptoit plus de trente tombeaux. René obéit : il ouvrit une cassette de bois de papaya; il en tira un collier de porcelaine : ce collier étoit monté sur un fil de la racine du tremble, appelé l'arbre du refus, parce que la liane se dessèche autour de son tronc. René faisoit ces choses par le conseil de Chactas; il donna le collier à Mila, à peine âgée de quatorze ans, en lui disant : « Heureux votre père et votre mère! plus « heureux celui qui sera votre époux! » Mila jeta le collier à terre.

La paix descendit sur la cabane le reste de la journée; Céluta retourna chez son frère Outougamiz, Mila chez ses parents, et Chactas alla converser avec les Sachems.

Le soir on se rassembla sous les tulipiers : la famille prit un repas sur l'herbe semée de verveine empourprée et de ruelles d'or. Le chant monotone du will-poor-will, le bourdonnement du colibri, le cri des dindes sauvages, les soupirs de la nonpareille, le sifflement de l'oiseau moqueur, le sourd mugissement des crocodiles dans les glaïeuls, formoient l'inexprimable symphonie de ce banquet.

Échappés du royaume des ombres, et descendant sans bruit à la clarté des étoiles, les songes venoient se reposer sur le toit des Sauvages. C'étoit l'heure où le cyclope européen rallume la fournaise dont la flamme se dilate ou se concentre aux mouvements des larges soufflets. Tout à coup un cri retentit; réveillées en sursaut dans la cabane, les femmes se dressent sur leur couche; Chactas prête l'oreille; une Indienne soulève l'écorce de la porte, et ces mots se pressent sur ses lèvres : « Les « méchants Manitous sont déchaînés: sortez! sortez! » La famille se précipite sous les tulipiers.

La nuit régnoit: des nuages brisés ressembloient, dans leur désordre sur le firmament, aux ébauches d'un peintre dont le pinceau se seroit essayé au hasard sur une toile azurée. Des langues de feu livides et mouvantes léchoient la voûte du ciel. Soudain ces feux s'éteignent: on entend quelque chose de terrible passer dans l'obscurité; et du fond des forêts s'élève une voix qui n'a rien de l'homme.

Dans ce moment un guerrier se présente à la porte de la cabane; il adresse à Chactas ces paroles précipitées : « Le conseil de la nation s'assemble; « les Blancs se préparent à lever la hache contre « nous; il leur est arrivé de nouveaux soldats. D'une « autre part le trouble est dans la nation : la Femme- « Chef, mère du jeune Soleil, est en proie aux mau- « vais génies; Ondouré paroît possédé d'une pas- « sion funeste. Le grand-prêtre parle d'oracles et « de songes; on murmure sourdement contre le « François que vous voulez faire adopter. Vous êtes « témoin des prodiges de la nuit : hâtez-vous de « vous rendre au conseil. »

En achevant ces mots, le messager poursuit sa route et va réveiller Adario. Chactas rentre dans sa cabane : il suspend à son épaule gauche son manteau de peau de martre; il demande son bâton d'hicory[1] surmonté d'une tête de vautour. Miscoue avoit coupé ce bâton dans sa vieillesse; il l'avoit laissé en héritage à son fils Outalissi, et celui-ci à son fils Chactas, qui, appuyé sur ce sceptre héré-ditaire, donnoit des leçons de sagesse aux jeunes chasseurs réunis au carrefour des forêts. Un Indien complétement armé vient chercher Chactas, et le conduit au conseil.

Tous les Sachems avoient déjà pris leur place : les guerriers étoient rangés derrière eux; les ma-trones ayant à leur tête la Femme-Chef, mère de

---

[1] Espèce de noyer.

l'héritier de la couronne, occupoient les siéges qui leur étoient réservés, et au-dessous d'elles s'asseyoient les prêtres.

Adario, chef de la tribu de la Tortue, se lève : inaccessible à la crainte, insensible à l'espérance, ce Sachem se distingue par un ardent amour de la patrie : implacable ennemi des Européens qui avoient massacré son père, mais les abhorrant encore plus comme tyrans de son pays, il parloit incessamment contre eux dans les conseils. Quoiqu'il révérât Chactas, et qu'il se plût à confesser la supériorité du Sachem aveugle, il étoit cependant presque toujours d'un avis opposé à celui de son vieil ami.

Les bras pendants et immobiles, les regards attachés à la terre, il prononça ce discours :

« Sachems, matrones, guerriers des quatre tri-
« bus, écoutez :

« Déjà l'aloès avoit fleuri deux fois, depuis que
« Ferdinand de Soto, l'Espagnol, étoit tombé sous
« la massue de nos ancêtres ; déjà nous étions allés
« combattre les tyrans loin de nos bords, lorsque
« le Méschacebé raconta à nos vieillards qu'une na-
« tion étrangère descendoit de ses sources. Ce peuple
« n'étoit point de la race superbe des guerriers de
« feu [1]. Sa gaieté, sa bravoure, son amour des forêts
« et de nos usages, le faisoient chérir. Nos cabanes
« eurent pitié de sa misère, et donnèrent à Lasalle [2]
« tout ce qu'elles pouvoient lui offrir.

---

[1] Les Espagnols. [2] Il descendit le premier le Mississipi.

« « Bientôt la nation légère aborde de toutes parts
« sur nos rives : d'Iberville, le dompteur des flots,
« fixe ses guerriers au centre même de notre pays.
« Je m'opposai à cet établissement; mais vous atta-
« châtes le grand canot de l'étranger aux buissons,
« ensuite aux arbres, puis aux rochers, enfin à la
« grande montagne, et vous asseyant sur la chaîne
« qui lioit le canot des Blancs à nos fleuves, vous
« ne voulûtes plus faire qu'un peuple avec le peu-
« ple de l'Aurore.

« Vous savez, ô Sachems! quelle fut la récom-
« pense de votre hospitalité! Vous prîtes les armes,
« mais, trop prompts à les quitter, vous rallumâtes
« le calumet de paix. Hommes imprudents! la fu-
« mée de la servitude et celle de l'indépendance
« pouvoient-elles sortir du même calumet? Il faut
« une tête plus forte que celle de l'esclave pour
« n'être point troublée par le parfum de la liberté.

« A peine avez-vous enterré la hache [1], à peine,
« vous reposant sur la foi des colliers [2], commencez-
« vous à éclaircir la chaîne d'union, que, par la plus
« noire des perfidies, le chef actuel des François
« veut vous attaquer sur vos nattes. La biche n'a
« pas changé plus de fois de parure que je n'ai de
« doigts à cette main mutilée en défendant mon
« père, depuis que les derniers attentats des Blancs
« ont souillé nos savanes. Et nous hésitons encore!

« Peut-être, enfants du Soleil, peut-être comptez-
« vous changer de désert, abandonner à vos oppres-

---

[1] Faire la paix. [2] Lettres, contrats, traités, etc.

« seurs la terre de la patrie? Mais où voulez-vous
« porter vos pas? Au couchant, au levant, vers
« l'étoile immobile [1], vers ces régions où le génie
« du jour s'assied sur la natte de feu [2], partout sont
« les ennemis de votre race. Ils ne sont plus, ces
« temps où vous pouviez disposer de toutes les soli-
« tudes, où tous les fleuves couloient pour vous
« seuls. Vos tyrans ont demandé de nouveaux satel-
« lites ; ils méditent une nouvelle invasion de nos
« foyers. Mais notre jeunesse est florissante et nom-
« breuse ; n'attendons pas qu'on vienne nous sur-
« prendre et nous égorger comme des femmes. Mon
« sang se rallume dans mes veines, ma hache brûle
« à ma ceinture. Natchez! soyez dignes de vos pères,
« et le vieil Adario vous conduit dès aujourd'hui
« aux batailles sanglantes. Puissent les fleuves rouler
« à la grande eau les cadavres des ennemis de ma
« patrie! Puissiez-vous, ô terre trop généreuse des
« chairs rouges, étouffer dans votre sein le froment
« empoisonné qu'y jeta la main de la servitude!
« Puissent ces moissons impies, épandues sur la
« poussière de nos aïeux, ne porter sur leur tige
« que les semences de la tombe ! »

Ainsi parle Adario. Les guerriers, les matrones,
les vieillards même, troublés par sa mâle éloquence,
s'agitent comme le blé dans le boisseau bruyant
qui le verse à la meule rapide. Ondouré se lève au
milieu de l'assemblée.

Le Grand-Chef des Natchez, bien qu'il fût en-

---

[1] Le nord. [2] Le midi.

core d'une force étonnante, touchoit aux dernières limites de la vieillesse; sa plus proche parente, la violente Akansie, étoit mère du jeune fils qui devoit hériter du rang suprême : ainsi l'avoit réglé la loi de l'État. Akansie nourrissoit au fond de son cœur une passion criminelle pour Ondouré, un des principaux guerriers de la nation; mais Ondouré, au lieu de répondre à l'amour d'Akansie, brûloit pour Céluta, dont le cœur commençoit à incliner vers l'étranger, hôte du vénérable Chactas.

Dévoré d'ambition et d'amour, ayant contracté tous les vices des Blancs, qu'il détestoit, mais dont il avoit l'adresse de se faire passer pour l'ami, Ondouré avoit pris la résolution de se taire dans le conseil, afin de se ménager, comme à son ordinaire, entre les deux partis; mais son amour pour Céluta et sa jalousie naissante contre René l'entraînèrent à prononcer ces paroles : « Pères de la patrie, qu'at-
« tendons-nous ? Le grand Adario ne nous a-t-il pas
« tracé la route ? Je ne vois ici que le sage Chactas
« qui puisse s'opposer à la levée de la hache [1]. Mais
« enfin le vénérable fils d'Outalissi montre un trop
« grand penchant pour les étrangers. Falloit-il qu'il
« introduisît encore parmi nous cet hôte dont l'ar-
« rivée a été marquée par des signes funestes ? Chac-
« tas, cette lumière des peuples, sentira bientôt que
« sa générosité l'emporte au-delà des bornes de la
« prudence : il sera le premier à renier ce fils adop-
« tif, à le sacrifier, s'il le faut, à la patrie. »

[1] La guerre.

Comme autrefois une Bacchante que l'esprit du Dieu avoit saisie, couroit échevelée sur les montagnes qu'elle faisoit retentir de ses hurlements, la jalouse mère du jeune Soleil se sent transportée de fureur à ces paroles d'Ondouré : elle y découvre la passion de ce guerrier pour une rivale. Ses joues pâlissent, ses regards lancent des éclairs sur l'homme dont elle est méprisée : tous ses membres sont agités comme dans une fièvre ardente. Elle veut parler, et les mots manquent à ses pensées. Que va-t-elle dire? que va-t-elle proposer au conseil? La guerre ou la paix? Exigera-t-elle la mort ou le bannissement de l'étranger qui augmente l'amour d'Ondouré pour la fille de Tabamica? Demandera-t-elle, au contraire, l'adoption du nouveau fils de Chactas, afin de désoler, par la présence de René, l'ingrat qui la dédaigne, afin de lui faire éprouver une partie des tourments qu'elle endure ? Ces paroles tombent de ses lèvres décolorées et tremblantes :

« Vieillards insensés ! n'avez-vous point songé au
« danger de la présence des Européens parmi nous ?
« Avez-vous des secrets pour rendre le sein des
« femmes aussi froid que le vôtre ? Lorsque la vierge
« trompée sera comme le poisson que le filet a jeté
« palpitant sur le sable aride; lorsque l'épouse aura
« trahi l'époux de sa couche; lorsque la mère, ou-
« bliant son fils, suivra éperdue dans les forêts le
« guerrier qui l'entraîne, vous reconnoitrez, mais
« trop tard, votre imprudence. Réveillez-vous de
« l'assoupissement de vos années ! Oui, il faut du
« sang aujourd'hui ! La guerre ! il faut du sang ! les

« Manitous l'ordonnent! un feu dévorant coule dans « tous les cœurs. Ne consultez point les entrailles « de l'ours sacré : les vœux, les prières, les autels, « sont inutiles à nos maux! »

Elle dit : sa couronne de plumes et de fleurs tombe de sa tête. Comme un pavot frappé des rayons du soleil se penche vers la terre, et laisse échapper de sa tige les gouttes amères du sommeil: ainsi la femme jalouse, dévorée par les feux de l'amour, baisse son front, dont la mort semble épancher des sueurs glacées. La confusion règne dans l'assemblée; une épaisse fumée, répandue par les esprits du mal, remplit la salle de ténèbres; on entend les cris des matrones, les mouvements des guerriers, la voix des vieillards. Ainsi, dans un atelier, des ouvriers préparent les laines d'Albion ou de l'Ibérie : ceux-ci battent les toisons poudreuses, ceux-là les transforment en de merveilleux tissus: plusieurs les plongent dans la pourpre de Tyr ou dans l'azur de l'Indostan : mais si quelque main mal assurée vient à répandre sur la flamme la liqueur des cuves brûlantes, une vapeur s'élève avec un sifflement dans les salles, et des clameurs sortent de cette soudaine nuit.

Toutes les espérances se tournoient vers Chactas; lui seul pouvoit rétablir le calme : il annonce par un signe qu'il va se faire entendre. L'assemblée devient immobile et muette; et l'orateur, qui n'a pas encore parlé, semble déjà faire porter aux passions les chaînes de sa paisible éloquence.

Il se lève : sa tête couronnée de cheveux argentés, un peu balancée par la vieillesse et par d'attendrissants souvenirs, ressemble à l'étoile du soir, qui paroît trembler avant de se plonger dans les flots de l'Océan. Adressant son discours à son ami Adario, Chactas s'exprime de la sorte :

« Mon frère l'Aigle, vos paroles ont l'abondance
« des grandes eaux, et les cyprès de la savane sont
« enracinés moins fortement que vous sur les tom-
« beaux de nos pères. Je sais aussi les injustices des
« Blancs ; mon cœur s'en est affligé. Mais sommes-
« nous certains que nous n'avons rien à nous re-
« procher nous-mêmes ? Avons-nous fait tout ce que
« nous avons pu pour demeurer libres ? Est-ce avec
« des mains pures que nous prétendons lever la
« hache d'Areskoui ? Mes enfants, car mon âge et
« mon amour pour vous me permettent de vous
« donner ce nom, je déplore la perte de l'innocente
« simplicité qui faisoit la beauté de nos cabanes.
« Qu'auroient dit nos pères, s'ils avoient découvert
« dans une matrone les signes qui viennent de trou-
« bler le conseil ? Femme, portez ailleurs l'éga-
« rement de vos esprits ; ne venez point au milieu
« des Sachems, avec le souffle de vos passions,
« tirer des plaintes du feuillage flétri des vieux
« chênes.

« Et toi, jeune chef, qui as osé prendre la pa-
« role avant les vieillards, crois-tu donc tromper
« Chactas ? Tremble que je ne dévoile ton âme
« aussi creuse que le rocher où se renferme l'ours
« du Labrador !

« Préparons-nous aux jeux d'Areskoui, exer-
« çons notre jeunesse, faisons des alliances avec
« de puissants voisins, mais auparavant prenons
« les sentiers de la paix : renouons la chaîne d'al-
« liance avec Chépar; qu'il parle dans la vérité
« de son cœur, qu'il dise dans quel dessein il ras-
« semble ses guerriers. Mettons les Manitous équi-
« tables de notre côté, et si nous sommes enfin
« forcés à lever la hache, nous combattrons avec
« l'assurance de la victoire ou d'une mort sainte,
« la plus belle et la plus certaine des délivrances.
« J'ai dit. »

Chactas jette un collier bleu, symbole de paix, au milieu de l'assemblée, et se rassied. Tous les guerriers étoient émus : « Quelle expérience ! disoient les uns ; quelle douceur et quelle autorité ! disoient les autres. Jamais on ne retrouvera un tel Sachem. Il sait la langue de toutes les forêts ; il connoît tous les tombeaux qui servent de limites aux peuples, tous les fleuves qui séparent les nations. Nos pères ont été plus heureux que nous : ils ont passé leur vie avec sa sagesse; nous, nous ne le verrons que mourir. » Ainsi parloient les guerriers.

L'avis de Chactas fut adopté : quatre députés portant le calumet de paix furent envoyés au fort Rosalie. Mais Areskoui, fidèle aux ordres de Satan, riant d'un rire farouche, suivoit à quelque distance les messagers de paix avec la Trahison, la Peur, la Fuite, les Douleurs et la Mort.

Cependant le prince des enfers étoit arrivé aux

extrémités du monde, sous le pôle dont l'intrépide
Cook mesura la circonférence à travers les vents
et les tempêtes. Là, au milieu des terres australes
qu'une barrière de glaces dérobe à la curiosité des
hommes, s'élève une montagne qui surpasse en
hauteur les sommets les plus élevés des Andes
dans le Nouveau-Monde, ou du Thibet dans l'antique Asie.

Sur cette montagne est bâti un palais, ouvrage
des puissances infernales. Ce palais a mille portiques d'airain; les moindres bruits viennent frapper les dômes de cet édifice, dont le silence n'a
jamais franchi le seuil.

Au centre du monument est une voûte tournée
en spirale, comme une conque, et faite de sorte
que tous les sons qui pénètrent dans le palais y
aboutissent : mais par un effet du génie de l'architecte des mensonges, la plupart de ces sons se
trouvent faussement reproduits; souvent une légère rumeur s'enfle et gronde en entrant par la
voie préparée aux éclats du tonnerre, tandis que les
roulements de la foudre expirent, en passant par
les routes sinueuses destinées aux foibles bruits.

C'est là que, l'oreille placée à l'ouverture de cet
immense écho, est assis sur un trône retentissant
un démon, la Renommée. Cette puissance, fille de
Satan et de l'Orgueil, naquit autrefois pour annoncer le mal : avant le jour où Lucifer leva l'étendard contre le Tout-Puissant, la Renommée
étoit inconnue. Si un monde venoit à s'animer ou
à s'éteindre; si l'Éternel avoit tiré un univers du

néant, ou replongé un de ses ouvrages dans le chaos; s'il avoit jeté des soleils dans l'espace, créé un nouvel ordre de Séraphins, essayé la bonté d'une lumière, toutes ces choses étoient aussitôt connues dans le ciel par un sentiment intime d'admiration et d'amour, par le chant mystérieux de la céleste Jérusalem. Mais après la rébellion des mauvais anges, la Renommée usurpa la place de cette intuition divine. Bientôt précipitée aux enfers, ce fut elle qui publia dans l'abîme la naissance de notre globe, et qui porta l'ennemi de Dieu à tenter la chute de l'homme. Elle vint sur la terre avec la Mort, et dès ce moment elle établit sa demeure sur la montagne, où elle entend et répète confusément ce qui se passe sur la terre, aux enfers et dans les cieux.

Satan, arrivé au palais, pénètre jusqu'au lieu où veilloit la Renommée.

« Ma fille, lui dit-il, est-ce ainsi que tu me sers?
« peux-tu ignorer les projets que je médite? Toi
« seule n'as point paru dans l'assemblée des puis-
« sances infernales. Cependant, fille ingrate, pour
« qui travaillé-je en ce moment, si ce n'est pour
« toi? Quel est l'ange que j'ai aimé plus tendre-
« ment que je ne t'aime? Lorsque l'Orgueil, mon
« premier amour, te donna naissance, je te pris
« sur mes genoux, je te prodiguai les caresses d'un
« père. Hâte-toi donc de me prouver que tu n'as
« pas rompu les liens qui nous unissent. Viens,
« suis-moi; le temps presse; il faut que tu parles,
« il faut que tu répètes ce que je t'apprendrai;

« ton silence peut mettre en danger mon empire. »

Le démon de la renommée souriant au prince des ténèbres, lui répond d'une voix éclatante :

« O mon père! je n'ai pas rompu les liens qui
« nous unissent. J'ai entendu les bruits répandus
« par toi chez les Natchez; j'ai vu avec transport
« les grandes choses que tu prépares; mais il me
« venoit dans ce moment d'autres bruits de la terre :
« j'étois occupée à redire au monde la gloire d'un
« monarque de l'Europe [1]. Ces François m'accablent
« de leurs merveilles; il me faudroit des siècles
« pour les entendre et les raconter. Cependant je
« suis prête à te suivre, et j'abandonne tout pour
« servir tes desseins. »

En achevant ces mots, la Renommée descend de son trône : de toutes les voûtes, de tous les dômes, de tous les souterrains du palais ébranlé, s'échappent des sons confus et discordants : tels sont les rugissements d'un troupeau de lions, lorsque, la gueule enflammée, la langue pendante, ils élèvent la voix durant une sécheresse dans l'aridité des sables africains.

Satan et la Renommée sortent du sonore édifice, s'abattent comme deux aigles au pied de la montagne, où la Nuit leur amène un char. Ils y montent. La Renommée saisit les rênes qui flottoient embarrassées dans les ailes des deux coursiers : démon fantastique, dans les ténèbres elle ressemble à un géant; à la lumière elle n'est plus qu'un

---

[1] Louis XIV.

pygmée. L'Étonnement la précède, l'Envie la suit de près, et l'Admiration l'accompagne de loin.

Le couple pervers franchit ces mers inexplorées qui s'étendent entre la coupole de glace et ces terres que n'avoient point encore nommées les Cook et les Lapérouse. La Renommée, dirigeant ses coursiers sur la croix du sud, tourne le dos à ces constellations australes qu'un œil humain ne vit jamais; puis, par le conseil de Satan, de peur d'être aperçue de l'ange qui garde l'Asie, au lieu de remonter l'océan Pacifique, elle descend vers l'orient, pour voler sur la plaine humide qui sépare l'Afrique du nouveau continent. Elle ne voit point Otaïti avec ses palmiers, ses chants, ses chœurs, ses danses, et ses peuples qui recommençoient la Grèce. Plus rapide que la pensée, le char double le cap où un océan, si long-temps ignoré, livre d'éternels combats aux mers de l'ancien monde.

Satan et la Renommée laissent loin derrière eux les flammes qui s'élèvent des terres Magellaniques; phare lugubre qu'aucune main n'allume, et qui brûle sans gardien, au bord d'une mer sans navigateur. Ils vous saluèrent, ruines fumantes de Rio-Janeiro, monument de ta valeur, ô mon fameux compatriote!

Satan frappe de sa lance les coursiers haletants, et bientôt il a passé ce promontoire qui reçut jadis une colonie des Carthaginois. L'Amazone découvre son immense embouchure, ces flots que La Condamine, conduit par la céleste Uranie, visita dans sa docte course, et que Humboldt devoit illustrer.

A l'instant même, le char traverse la ligne que le soleil brûle de ses feux, entre dans l'autre hémisphère, et laisse sur la gauche la triste Cayenne, que l'avenir a marquée pour l'exil et la douleur. Les deux puissances infernales, en perdant de vue cette terre qui les fait sourire, volent au-dessus des îles des Caraïbes, et se trouvent engagées dans l'archipel du golfe Mexicain. La montueuse Martinique, qui n'étoit point encore soumise à la valeur françoise, la Dominique conquise par les Anglois, disparoissent sous les roues du char. Saint-Domingue, qui depuis s'enivra de richesses, de sang et de liberté, Saint-Domingue, dont les destinées devoient être si extraordinaires, se montroit alors en partie sauvage, tel que les intrépides flibustiers l'avoient laissé en héritage à la France. Et toi, île de San-Salvador, à jamais célèbre entre toutes les îles, tu fus découverte par l'œil de la Renommée, bien qu'une ingrate obscurité ait succédé à ta gloire. Élevant la tête entre tes sœurs de Bahama, ce fut toi qui souris la première à Colomb; ce fut toi qui vis descendre de ses vaisseaux l'immortel Génois, comme le fils aîné de l'Océan; ce fut sur tes rivages que se visitèrent les peuples de l'Occident et de l'Aurore, qu'ils se saluèrent mutuellement du nom d'hommes! Tes rochers retentissoient du bruit d'une musique guerrière annonçant cette grande alliance, tandis que Colomb tomboit à genoux, et baisoit cette terre, autre moitié de l'héritage des fils d'Adam.

A peine la Renommée a-t-elle quitté San-Salvador, qu'elle aborde à l'isthme des Florides : elle arrête le char, s'élance avec l'archange sur les grèves dont la mer se retire. Satan promène un moment ses regards sur les forêts, comme s'il apercevoit déjà dans ces solitudes des peuples destinés à changer la face du monde. La Renommée jette un nuage sur son char, étend ses ailes, donne une main à son compagnon : tous deux, renfermés dans un globe de feu, s'élèvent à une hauteur démesurée, et retombent au bord du Meschacebé. Là, Satan quitte sa trompeuse fille pour voler à d'autres desseins, tandis qu'elle se hâte d'exécuter les ordres de son père.

Elle prend la démarche et la contenance d'un vieillard, afin de donner un plus grand air de vérité à ses paroles. Sa tête se dépouille, son corps se courbe sur un arc détendu qu'elle tient à la main en guise de bâton; ses traits ressemblent parfaitement à ceux du Sachem Ondaga, un des plus sages hommes des Natchez. Ainsi transformé, le démon indiscret va frappant de cabane en cabane, racontant le doux penchant de Céluta pour René, et ajoutant toujours quelque circonstance qui éveille la curiosité, la haine, l'envie ou l'amour. La jalouse mère du jeune Soleil, Akansie, pousse un cri de joie à ces bruits semés par la Renommée, car elle espéroit qu'ainsi rejeté de Céluta, Ondouré reviendroit peut-être à l'amante qu'il avoit dédaignée; mais le faux vieillard ajoute aussitôt qu'Ondouré est tombé dans le plus violent désespoir, et qu'il menace les jours de l'étranger.

Ces dernières paroles glacent le cœur d'Akansie.

La femme infortunée s'écrie : « Sors de ma cabane,
« ô le plus imprudent des vieillards! Va continuer
« ailleurs tes récits insensés. Puissent les Sachems
« faire de toi un exemple mémorable, et t'arracher
« cette langue qui distille le poison! »

En prononçant ces mots, Akansie, nouvelle Médée, se sent prête à déchirer ses enfants et à plonger un poignard dans le cœur de sa rivale.

La Renommée quitte la Femme-Chef, et va chercher Ondouré. Elle le trouva derrière sa cabane, travaillant dans la forêt à la construction d'un canot d'écorce de bouleau; fragile nacelle destinée à flotter sur le sein des lacs, comme le cygne, dont elle imitoit la blancheur et la forme.

La Renommée s'avance vers le guerrier, et examine d'abord en silence son ouvrage. Contempteur de la vieillesse et des lois, Ondouré dit au faux Ondaga, en le regardant d'un air moqueur : « Tu
« ferois mieux, Sachem, d'aller causer avec les au-
« tres hommes dont l'âge a affoibli la raison, et
« rendu les pensées semblables à celles des matro-
« nes. Tu sais que j'aime peu les cheveux blancs et
« les longs propos. Éloigne-toi donc, de peur qu'en
« bâtissant ce canot je ne te fasse sentir, sans le
« vouloir, la pesanteur de mon bras. Je t'étendrois
« à terre comme un if qui n'a plus que l'écorce, et
« que le vent traverse dans sa course. »

— « Mon fils, semblable au terrible Areskoui [1],
« répondit le rusé vieillard, je ne m'étonne pas des

---

[1] Génie de la guerre.

« propos odieux que tu viens de tenir à un père
« de la patrie : la colère doit être dans ton cœur,
« et la vengeance agiter les panaches de ta cheve-
« lure. Lorsque la perfide Endaë, plus belle que
« l'étoile qui ne marche pas [1], rejeta autrefois mes
« présents pour recevoir ceux de Mengade, mon
« cœur brûla de la fureur qui possède aujourd'hui
« le tien. Je méconnus mon père lui-même, et, dans
« l'égarement de ma raison, je levai mon tomahawk [2]
« sur celle qui m'avoit porté dans son sein, et qui
« m'avoit donné un nom parmi les hommes. Mais
« Athaënsic [3] plongea bientôt ma flèche dans le
« cœur de mon rival, et Endaë fut le prix de ma
« victoire. Malgré le poids des neiges [4], ma mé-
« moire a conservé fidèlement le souvenir de cette
« aventure, comme les colliers [5] gardent les actions
« des aïeux. Je pardonne à l'imprudence de tes
« paroles. »

A peine la Renommée achevoit ce perfide discours, que le fer dont Ondouré étoit armé échappe
à sa main. Les yeux du Sauvage se fixent, une
écume sanglante paroît et disparoît sur ses lèvres;
il pâlit, et ses bras roidis s'agitent à ses côtés. Soudain recouvrant ses sens, il bondit comme un torrent du haut d'un roc, et disparoît.

Alors le démon de la renommée reprenant sa
forme, s'élève triomphant dans les airs : trois fois
il remplit de son souffle une trompette dont les

---

[1] L'étoile polaire. [2] Massue. [3] Génie de la vengeance.
[4] Années. [5] Traités, contrats, lettres, etc.

sons aigus déchirent les oreilles. En même temps Satan envoie à Ondouré l'Injure et la Vengeance : la première le devance, en répandant des calomnies qui, comme une huile empoisonnée, souillent ce qu'elles ont touché; la seconde le suit, enveloppée dans un manteau de sang. Le prince des ténèbres veut qu'une division éclatante sépare à jamais René et Ondouré, et devienne le premier anneau d'une longue chaîne de malheurs. Cependant Ondouré ne sent pas encore pour Céluta tous les feux d'amour qui le brûleront dans la suite, et qui l'exciteront à tous les crimes ; mais son orgueil et son ambition sont à la fois blessés ; il ne respire que vengeance. Il va exhalant son dépit en paroles insultantes.

« Quel est donc ce fils de l'étranger qui prétend
« m'enlever la femme de mon choix? Lui donne-
« t-on, comme à moi, la première place dans les
« festins, et la portion la plus honorable de la vic-
« time? Où sont les chevelures des ennemis qu'il
« a enlevées? Vile chair blanche qui n'as ni père
« ni mère, qu'aucune cabane ne réclame! Lâche
« guerrier, à qui je ferai porter le jupon d'écorce
« de la vieille femme, et que je formerai à filer le
« nerf de chevreuil! »

Ainsi parloit ce chef, environné d'une légion d'esprits qui remplissoient son âme de mille pensées funestes. Lorsque l'automne a mûri les vergers, on voit des hommes agrestes, montés sur l'arbre cher à la Neustrie, abattre avec de longues perches la pomme vermeille, tandis que les jeunes filles et les jeunes laboureurs ramassent pêle-mêle, dans une corbeille, les fruits dont le jus doit troubler la raison : ainsi les anges du mal jettent ensemble leurs dons enivrants dans le sein d'Ondouré. Jalousie insensée ! l'amour ne pouvoit entrer dans le cœur du frère d'Amélie : Céluta aimoit seule. Ces passions, de tous côtés non partagées, ne promettoient que des malheurs sans ressource et sans terme.

LIVRE TROISIÈME.

Le départ de Chactas pour le conseil avoit laissé René à la solitude. Il sortoit et rentroit dans la cabane, suivoit un sentier dans le désert, ou regardoit le fleuve couler. Un bois de cyprès avoit attiré sa vue. Perdu quelque temps dans l'épaisseur des ombres, il se trouva tout à coup auprès de l'habitation de Céluta. Devant la hutte s'élevoient quelques gordonias qui étaloient l'or et l'azur dans leurs feuilles vieillies, la verdure dans leurs jeunes rameaux, et la blancheur dans leurs fleurs de neige. Des copalmes se mêloient à ces arbustes, et des azaléas formoient un buisson de corail à leurs racines.

Conduit par le chemin derrière ce bocage, le frère d'Amélie jeta les yeux dans la cabane, où il aperçut Céluta : ainsi, après son naufrage, le fils de Laërte regardoit, à travers les branches de la forêt, Nausicaa, semblable à la tige du palmier de Délos.

La fille des Natchez étoit assise sur une natte ; elle traçoit, en fil de pourpre, sur une peau d'orignal, les guerres des Natchez contre les Siminoles. On voyoit Chactas au moment d'être brûlé dans le cadre de feu, et délivré par Atala. Profondément occupée, Céluta se penchoit sur son ouvrage : ses cheveux, semblables à la fleur d'hyacinthe, se partageoient sur son cou, et tomboient des deux côtés de son sein comme un voile. Lorsqu'elle venoit à tirer en arrière un long fil, en déployant lentement son bras nu, les Grâces étoient moins charmantes.

Non loin de Céluta, Outougamiz étoit assis sur des herbes parfumées, sculptant une pagaie. On retrouvoit le frère dans la sœur, avec cette différence qu'il y avoit dans les traits du premier plus de naïveté, dans les traits de la seconde plus d'innocence. Égale candeur, égale simplicité, sortoit de leurs cœurs par leurs bouches : tels, sur un même tronc, dans une vallée du Nouveau-Monde, croissent deux érables de sexe différent; et cependant, le chasseur qui les voit du haut de la colline les reconnoît pour frère et sœur à leur air de famille, et au langage que leur fait parler la brise du désert.

Le frère d'Amélie étoit le chasseur qui contemploit le couple solitaire; et bien qu'il ne comprît pas ses paroles, il les écoutoit pourtant, car les deux orphelins échangeoient alors de doux propos.

Génie des forêts à la voix naïve, génie accoutumé à ces entretiens ignorés de l'Europe, qui font à la fois pleurer et sourire, refuseriez-vous de murmurer ceux-ci à mon oreille?

« Je ne veux plus voir dormir les jeunes hommes,
« disoit la fille des Natchez. Mon frère, quand tu
« dors sur ta natte, ton sommeil est un baume ra-
« fraîchissant pour moi : est-ce que les hommes
« blancs n'ont pas le même repos? »

Outougamiz répondit : « Ma sœur, demandez cela
« aux vieillards. »

Céluta repartit : « Il m'a semblé voir le Manitou
« de la beauté qui ouvroit et fermoit tour à tour les
« lèvres du guerrier blanc, pendant son sommeil,
« chez Chactas. »

« Un esprit, dit Outougamiz, m'est apparu dans
« mes songes. Je n'ai pu voir son visage, car sa tête
« étoit voilée. Cet esprit m'a dit : Le grand jeune
« homme blanc porte la moitié de ton cœur. »

Ainsi parloient les deux innocentes créatures ;
leur tendresse fraternelle enchantoit et attristoit à
la fois le frère d'Amélie. Il fit un mouvement, et
Céluta, levant la tête, découvrit l'étranger à travers la feuillée. La pudeur monta au front de la
fille des Natchez, et ses joues se colorèrent : ainsi
un lis blanc, dont on a trempé le pied dans la sève
purpurine d'une plante américaine, se peint en une
seule nuit de la couleur brillante, et étonne au
matin l'empire de Flore par sa prodigieuse beauté.

A demi caché dans les guirlandes du buisson,
René contemploit Céluta, qui lui souriot du même
air que la divine Io souriot au maître des dieux,
lorsqu'on ne voyoit que la tête de l'immortel dans
la nue. Enfin, la fille de Tabamica ouvrit ses lèvres
comme celles de la persuasion, et d'une voix dont
les inflexions ressembloient aux accents de la linotte
bleue : « Mon frère, voilà le fils de Chactas. »

Outougamiz, le plus léger des chasseurs, se lève,
court à l'étranger, le prend par la main, et le conduit dans sa cabane de bois d'ilicium, dont les meu-

bles reflétoient l'éclat des essences qui les avoient embaumés. Il le fait asseoir sur la dépouille d'un ours long-temps la terreur du pays des Esquimaux; lui-même il s'assied à ses côtés en lui disant : « En-
« fant de l'Aurore, les étrangers et les pauvres vien-
« nent du Grand-Esprit. »

Céluta, dans la couche de laquelle aucun guerrier n'avoit dormi, essaya de continuer son ouvrage; mais ses yeux ne voyoient plus que des erreurs sans issue dans les méandres de ses broderies.

Il est une coutume parmi ces peuples de la nature, coutume que l'on trouvoit autrefois chez les Hellènes : tout guerrier se choisit un ami. Le nœud, une fois formé, est indissoluble; il résiste au malheur et à la prospérité. Chaque homme devient double et vit de deux âmes; si l'un des deux amis s'éteint, l'autre ne tarde pas à disparoître. Ainsi ces mêmes forêts américaines nourrissent des serpents à deux têtes, dont l'union se fait par le milieu, c'est-à-dire par le cœur : si quelque voyageur écrase l'un des deux chefs de la mystérieuse créature, la partie morte reste attachée à la partie vivante, et bientôt le symbole de l'amitié périt.

Trop jeune encore lorsqu'il perdit son père, le frère de Céluta n'avoit point fait le choix d'un ami. Il résolut d'unir sa destinée à celle du fils adoptif de Chactas; il saisit donc la main de l'étranger, et lui dit : « Je veux être ton ami. » René ne comprit point ce mot, mais il répéta dans la langue de son hôte le mot *ami*. Plein de joie, Outougamiz se lève, prend une flèche, un collier de porcelaine [1], et fait signe à René et à Céluta de le suivre.

Non loin de la cabane habitée, on voyoit une autre cabane déserte dans laquelle Outougamiz étoit né; un ruisseau en baignoit le toit tombé et les débris épars. Le jeune Indien y pénètre avec son hôte; Céluta, comme une femme appelée en témoignage devant un juge, demeure debout à quelque distance du lieu marqué par son frère. Outougamiz, parvenu au milieu des ruines, prend une contenance solennelle; il donne à tenir à René un bout de la flèche dont l'autre bout repose dans sa main. Élevant la voix et attestant le ciel et la terre :

« Fils de l'étranger, dit-il, je me confie à toi sur
« mon berceau, et je mourrai sur ta tombe. Nous
« n'aurons plus qu'une natte pour le jour, qu'une
« peau d'ours pour la nuit. Dans les batailles, je
« serai à tes côtés. Si je te survis, je donnerai à
« manger à ton esprit, et après plusieurs soleils
« passés en festins ou en combats, tu me prépareras
« à ton tour une fête dans le pays des âmes. Les amis
« de mon pays sont des castors qui bâtissent en
« commun. Souvent ils frappent leurs tomahawks [2]
« ensemble, et quand ils se trouvent ennuyés de la
« vie, ils se soulagent avec leur poignard.

« Reçois ce collier : vingt graines rouges mar-
« quent le nombre de mes neiges [3]; les dix-sept
« graines blanches qui les suivent indiquent les
« neiges de Céluta, témoin de notre engagement;

---

[1] Sorte de coquillage. [2] Massues. [3] Années.

« neuf graines violettes disent que c'est dans la neu-
« vième lune, ou la lune des chasseurs, que nous
« nous sommes juré amitié; trois graines noires succè-
« dent aux graines violettes; elles désignent le nom-
« bre des nuits que cette lune a déjà brillé. J'ai dit. »

Outougamiz cessa de parler, et des larmes tombèrent de ses paupières. Comme les premiers rayons du soleil descendent sur une terre fraîchement labourée et humectée de la rosée de la nuit, ainsi l'amitié du jeune Natchez pénétra dans l'âme attendrie de René. A la vivacité du frère de Céluta, au mot d'ami souvent répété, au choix extraordinaire du lieu, René comprit qu'il s'agissoit de quelque chose de grand et d'auguste; il s'écria à son tour : « Quel que soit ce que tu me proposes,
« homme sauvage, je te jure de l'accomplir; j'ac-
« cepte les présents que tu me fais. » Et le frère d'Amélie presse sur son sein le frère de Céluta. Jamais cœur plus calme, jamais cœur plus troublé ne s'étoient approchés l'un de l'autre.

Après ce pacte, les deux amis échangèrent les Manitous de l'amitié. Outougamiz donna à René le bois d'un élan, qui tombant chaque année, chaque année se relève avec une branche de plus, comme l'amitié qui doit s'accroître en vieillissant. René fit présent à Outougamiz d'une chaîne d'or. Le Sauvage la saisit d'une main empressée, parla tout bas à la chaîne, car il l'animoit de ses sentiments, et la suspendit sur sa poitrine, jurant qu'il ne la quitteroit qu'avec la vie; serment trop fidèlement gardé ! Comme un arbre consacré dans une forêt à quelque divinité, et dont les rameaux sont chargés de saintes reliques, mais qui va bientôt tomber sous la cognée du bûcheron, ainsi parut Outougamiz portant à son cou l'offrande de l'amitié.

Les deux amis plongèrent leurs pieds nus dans le ruisseau de la cabane, pour marquer que désormais ils étoient deux pèlerins devant finir l'un avec l'autre leur voyage.

Dans la fontaine qui donnoit naissance au ruisseau, Outougamiz puisa une eau pure où Céluta mouilla ses lèvres, afin de se payer de son témoignage, et de participer à l'amitié qui venoit de naître dans l'âme des deux nouveaux frères.

René, Outougamiz et Céluta errèrent ensuite dans la forêt; Outougamiz s'appuyoit sur le bras de René; Céluta les suivoit. Outougamiz tournoit souvent la tête pour la regarder, et autant de fois il rencontroit les yeux de l'Indienne, où l'on voyoit sourire des larmes. Comme trois vertus habitant la même âme, ainsi passoient dans ce lieu ces trois modèles d'amitié, d'amour et de noblesse. Bientôt le frère et la sœur chantèrent la chanson de l'amitié; ils disoient :

« Nous attaquerons avec le même fer l'ours sur
« le tronc des pins; nous écarterons avec le même
« rameau l'insecte des savanes : nos paroles secrètes
« seront entendues dans la cime des arbres.

« Si vous êtes dans un désert, c'est mon ami qui
« en fait le charme; si vous dansez dans l'assemblée
« des peuples, c'est encore mon ami qui cause vos
« plaisirs.

« Mon ami et moi nous avons tressé nos cœurs
« comme des lianes : ces lianes fleuriront et se des-
« sécheront ensemble. »

Tels étoient les chants du couple fraternel. Le soleil, dans ce moment, vint toucher de ses derniers rayons les gazons de la forêt : les roseaux, les buissons, les chênes s'animèrent; chaque fontaine soupiroit ce que l'amitié a de plus doux, chaque arbre en parloit le langage, chaque oiseau en chantoit les délices. Mais René étoit le génie du malheur égaré dans ces retraites enchantées.

Rentrés dans la cabane, on servit le festin de l'amitié : c'étoient des fruits entourés de fleurs. Les deux amis s'apprenoient à prononcer dans leur langue les noms de père, de mère, de sœur, d'épouse. Outougamiz voulut que sa sœur s'occupât d'un vêtement indien pour l'homme blanc. Céluta déroule aussitôt un ruban de lin; elle invite René à se lever, et appuie une main tremblante sur l'épaule du fils de Chactas, en laissant pendre le ruban jusqu'à terre. Mais lorsque, passant le ruban sous les bras de René, elle approcha son sein si près de celui du jeune homme, qu'il en ressentit la chaleur sur sa poitrine; lorsque, levant sur le frère d'Amélie des yeux qui brilloient timidement à travers ses longues paupières; lorsque s'efforçant de prononcer quelques mots, les mots vinrent expirer sur ses lèvres, elle trouva l'épreuve trop forte et n'acheva point l'ouvrage de l'amitié.

Douce journée! votre souvenir ne s'effaça de la cabane des Natchez que quand les cœurs que vous aviez attendris cessèrent de battre. Pour apprécier vos délices, il faut avoir élevé comme moi sa pensée vers le ciel du fond des solitudes du Nouveau-Monde.

Cependant les quatre guerriers portant le calumet de paix étoient arrivés au fort Rosalie. Chépar a rassemblé le conseil où se trouvent avec les principaux habitants de la colonie les capitaines de l'armée. Un riche trafiquant se lève, prend la parole, et, après avoir traité les Indiens de sujets rebelles, il veut que les députés des Natchez soient repoussés, et que l'on s'empare des terres les plus fertiles.

Le père Souël se lève à son tour. Une grande doctrine, une vaste érudition, un esprit capable des plus hautes sciences, distinguoient ce missionnaire: charitable comme Jésus-Christ, humble comme ce divin Maître, il ne cherchoit à convertir les âmes au Seigneur que par des actes de bienfaisance et par l'exemple d'une bonne vie; pacifique envers les autres, il aspiroit ardemment au martyre.

Il ne devoit point rester au fort Rosalie, son ancienne résidence: la palme des confesseurs qu'il demandoit au Roi de gloire lui devoit être accordée à la mission des Yazous. C'étoit pour la dernière fois qu'il plaidoit la cause de ses néophytes natchez.

Toujours vêtu d'un habit de voyage, le père Souël avoit l'air d'un pèlerin qui ne fait qu'un séjour passager sur la terre, et qui va bientôt retourner à sa patrie céleste : lorsqu'il ouvrit la bouche, un silence profond régna dans le conseil.

Le saint orateur remonta, dans son discours, jusqu'à la découverte de l'Amérique; il traça le tableau des crimes commis par les Européens au Nouveau-Monde. De là, passant à l'histoire de la Louisiane, il fit un magnifique éloge de Chactas, qu'il peignit comme un homme d'une vertu digne des anciens sages du paganisme. Il nomma avec estime Adario, et invita le conseil à se défier d'Ondouré. Exhortant les François à la modération et à la justice, il conclut ainsi :

« J'espère que notre commandant et cette assem-
« blée voudront bien pardonner à un religieux d'a-
« voir osé expliquer sa pensée. A Dieu ne plaise
« qu'il ait parlé dans un esprit d'orgueil. Ayons,
« pour l'amour de Jésus-Christ, notre doux Sei-
« gneur, quelque pitié des pauvres idolâtres ; tâ-
« chons, en nous montrant vrais chrétiens, de les
« appeler à la lumière de l'Évangile. Plus ils sont
« misérables et dépourvus des biens de la vie, plus
« nous devons plaindre leurs foiblesses. Mission-
« naire du Dieu de paix dans ces déserts, puissé-je
« vivre et mourir en semant la parole de l'Agneau !
« Puisse mon sang servir au maintien de la con-
« corde ! mais à tous n'est pas réservée une si grande
« bénédiction ; à moi n'appartient pas d'aspirer à la
« gloire des Brébœuf et des Jogues, morts pour la
« foi en Amérique. »

Le père Souël s'inclina devant le commandant, et reprit sa place. O véritable religion ! que tes délices sont puissantes sur les cœurs! que ta raison est adorable! que ta philosophie est haute et profonde! Dans celle des hommes, il manque toujours quelque chose; dans la tienne tout est surabondant. Le conseil, touché des paroles du missionnaire, croyoit sentir les inspirations de la miséricorde de Dieu.

Le démon de l'or, envoyé par Satan, craignit l'effet du discours du père Souël, en voyant les âmes s'attendrir à la voix du juste. Cet esprit infernal, à la tête chauve, aux lèvres minces et serrées, au corps diaphane, au cœur sans pitié, à l'esprit toujours plein de nombres, au regard avide et inquiet, aux manières défiantes et cachées, cet esprit souffle sa concupiscence sur le conseil. Aussitôt les sentiments généreux s'éteignent. Robert, Salency, Artagnan veulent répliquer au religieux : Fébriano obtient la parole.

Né parmi les Francs sur les côtes de la Barbarie, cet aventurier, chrétien dans son enfance, ensuite parjure à l'Évangile, fut, dans l'ordre des Seyahs, disciple zélé du Coran. Jeté en Europe par un coup de la fortune, entré dans la carrière des armes, trop noble pour lui, il est redevenu extérieurement chrétien; mais il continue à détester les serviteurs du vrai Dieu, et à observer en secret les abominables lois du faux prophète. Chépar l'a rencontré dans les camps, et le traître, moitié moine, moitié soldat, a pris sur le loyal militaire l'ascendant que la bassesse exerce sur les caractères impérieux, et la finesse sur les esprits bornés. Fébriano dispose presque toujours de la volonté de Chépar, qui croit suivre ses propres résolutions, lorsqu'il ne fait qu'obéir aux inspirations de Fébriano. Ce vagabond étoit, du reste, un de ces scélérats vulgaires qui ne peuvent briller au rang des grands infâmes, et qui meurent oubliés dans la portion obscure du crime. Jouet d'Ondouré, dont il recevoit les présents, il en avoit les vices sans en avoir le génie. Rencontré par le frère d'Amélie à la Nouvelle-Orléans, traité par lui avec hauteur dans une contention passagère, Fébriano nourrissoit déjà contre René un sentiment de haine et de jalousie. Le renégat élève ainsi la voix contre le pasteur de l'Évangile :

« Les moines se devroient tenir dans leur couvent « ou avec les femmes, et laisser à l'épée le soin de « l'épée. Le brave commandant saura bien ce qu'il « doit faire, et sa sagesse n'a pas besoin de nos « conseils. Les Natchez sont des rebelles qui refu- « sent de céder leurs terres aux sujets du roi. « Qu'on me charge de l'expédition, je réponds d'a- « mener ici enchaînés, et cet insolent Adario, et ce « vieux Chactas qui reçoit dans ce moment même « un homme dont on ignore la famille et les des- « seins, un homme qui pourroit n'être que l'envoyé « de quelque puissance ennemie. »

De bruyants éclats de rire et de longs applaudissements couvrirent ce discours : les habitants de la colonie portoient aux nues l'éloquence de Fébriano. Le père Souël, sans changer de contenance, soutint le mépris des hommes, comme il auroit reçu leurs caresses. Mais, indigné de l'affront fait au missionnaire, d'Artaguette rompt le silence qu'il avoit gardé jusqu'alors.

A jamais cher à la France, à jamais cher à l'Amérique qui le vit tomber avec tant de gloire, ce jeune capitaine offroit en lui la loyauté des anciens jours et l'aménité des mœurs du nouvel âge. Placé entre son inclination et son devoir, il étoit malheureux aux Natchez; car avec une âme bien née, il n'avoit cependant point ce caractère vigoureusement épris du beau, qui nous précipite dans le parti où nous croyons l'apercevoir. D'Artaguette auroit été l'ennemi des extrêmes, s'il avoit pu être l'ennemi de quelque chose: il ne blâmoit et ne louoit rien absolument; il cherchoit à amener tous les hommes à une tolérance mutuelle de leurs foiblesses; il croyoit que les sentiments de nos cœurs et les convenances de notre état se devoient céder tour à tour. C'est ainsi qu'en aimant les Sauvages, il se trouva toute sa vie engagé contre eux: tel un fleuve plein d'abondance et de limpidité, mais dont le cours n'est pas assez rapide, tourne à chaque pas dans la plaine; repoussé par les moindres obstacles, il est sans cesse obligé de remonter contre le penchant de son onde.

« Ornement de notre ancienne patrie dans cette
« France nouvelle, dit d'Artaguette, s'adressant au
« père Souël, vous n'avez pas besoin d'un défenseur
« tel que moi. Je supplie le commandant de prendre
« le temps nécessaire pour peser les ordres qu'il
« a reçus du gouverneur général; je le supplie
« d'accepter le calumet de paix des Sauvages. Le

« vénérable missionnaire, rempli de sagesse et d'ex-
« périence, ne peut avoir fait des objections tout-à-
« fait indignes d'être examinées. Il ne m'appartient
« point de juger les deux premiers Sachems des
« Natchez, encore moins ce jeune voyageur qui ne
« devoit guère s'attendre à trouver son nom mêlé à
« nos débats : il me semble téméraire de hasarder
« légèrement une opinion sur l'honneur d'un homme,
« surtout quand cet homme est François. »

La noble simplicité avec laquelle d'Artaguette prononça ce peu de paroles charma le conseil sans le convaincre. On attendoit avec inquiétude la décision du commandant. Incapable de la moindre bassesse, plein de probité et d'honneur, Chépar commettoit cependant une foule d'injustices qui ne sortoient point de la droiture de son cœur, mais de la foiblesse de sa tête. Il blâma Fébriano d'avoir violé l'ordre et la discipline en parlant avant son supérieur, le capitaine d'Artaguette, mais il reprocha à celui-ci sa tiédeur et sa modération.

« Ce n'étoit pas ainsi, s'écria-t-il, qu'on servoit à
« Malplaquet et à Denain, lorsque j'enlevai un dra-
« peau à l'ennemi, et que je reçus un coup de feu
« dans la poitrine. Les Villars auroient été bien
« étonnés de tous ces beaux discours de la jeunesse
« actuelle; les Marlborough, qu'avoient élevés les
« Turenne, auroient eu bon marché d'une armée
« d'orateurs, et n'auroient pas acheté si cher leurs
« victoires. »

Chépar s'emporta contre les chefs des Sauvages, soutint qu'Ondouré étoit le seul Indien attaché aux

François, quel que fût d'ailleurs le dernier discours prononcé par cet Indien, discours que Chépar prenoit pour une ruse d'Ondouré. Le commandant menaça de sa surveillance et de sa colère ces Européens sans aveu qui venoient, disoit-il, s'établir au Nouveau-Monde. Mais enfin les ordres du gouverneur de la Louisiane n'étoient pas assez précis pour établir immédiatement la colonie sur les terres des Natchez : Chépar donc consentit à recevoir le calumet de paix, et à prolonger les trèves.

C'étoit ainsi que la fatalité attachée aux pas de René le poursuivoit au-delà des mers : à peine avoit-il dormi deux fois sous le toit d'un Sauvage, que les passions et les préjugés commençoient à se soulever contre lui chez les François et chez les Indiens. Les esprits de ténèbres profitoient du malheur du frère d'Amélie, pour étendre ce malheur sur tout ce qui environnoit la victime : poussant Ondouré à la tentative d'un premier forfait, ils grossirent le germe des divisions.

Lorsqu'un sanglier, la terreur des forêts, a découvert une laie avec son amant sauvage, excité par l'amour, le monstre hérisse ses soies, creuse la terre avec la double corne de son pied, et, blessant de ses défenses le tronc des hêtres, se cache pour fondre sur son rival : ainsi Ondouré, transporté de jalousie par le récit de la Renommée, cherche et trouve le lieu écarté qui doit lui livrer l'Européen dont les maléfices ont déjà troublé le cœur de Céluta.

Entre la cabane de Chactas et celle d'Outougamiz

s'élevoit un bocage de smilax, qui répandoit une ombre noire sur la terre; les chênes verts dont il étoit surmonté en augmentoient les ténèbres. Le frère d'Amélie, revenant de prêter le serment de l'amitié, s'étoit assis auprès d'une source qui couloit parmi ce bois : ainsi que l'Arabe accablé par la chaleur du jour s'arrête au puits du chameau, René s'étoit reposé sur la mousse qui bordoit la fontaine. Soudain un cri perce les airs : c'étoit ce cri de guerre des Sauvages, dont il est impossible de peindre l'horreur, cri que la victime n'entend presque jamais, car elle est frappée de la hache au moment même; tel le boulet suit la lumière; tel le cri du fils de Pélée retentit aux rives du Simoïs, lorsque le héros, la tête surmontée d'une flamme, s'avança pour sauver le corps de Patrocle; les bataillons se renversèrent, les chevaux effrayés prirent la fuite, et douze des premiers Troyens tombèrent dans l'éternelle nuit.

C'en étoit fait des jours du frère d'Amélie, si les esprits attachés à ses pas ne l'avoient eux-mêmes sauvé du coup fatal, afin que sa vie prolongée devînt encore plus malheureuse, plus propre à servir les desseins de l'enfer. Docile aux ordres de Satan, la Nuit, toujours cachée dans ces lieux, détourna elle-même la hache qui, sifflant à l'oreille de René, alla s'enfoncer dans le tronc d'un arbre.

A cette attaque imprévue, René se lève. Furieux d'avoir manqué le but, Ondouré se précipite, le poignard à la main, sur le frère d'Amélie et le blesse au-dessous du sein. Le sang s'élance en jet de pourpre, comme la liqueur de Bacchus jaillit sous le fer dont une troupe de joyeux vignerons a percé un vaste tonneau.

René saisit la main meurtrière, et veut en arracher le poignard; Ondouré résiste, jette son bras gauche autour du frère d'Amélie, essaie de l'ébranler et de le précipiter à terre. Les deux guerriers se poussent et se repoussent, se dégagent et se reprennent, font mille efforts, l'un pour dominer son adversaire, l'autre pour conserver son avantage. Leurs mains s'entrelacent sur le poignard que celui-ci veut garder, que celui-là veut saisir. Tantôt ils se penchent en arrière, et tâchent par de mutuelles secousses de s'arracher l'arme fatale; tantôt ils cherchent à s'en rendre maîtres, en la faisant tourner comme le rayon de la roue d'un char, afin de se contraindre à lâcher prise par la douleur. Leurs mains tordues s'ouvrent et changent adroitement de place sur la longueur du poignard; leur genou droit plie, leur jambe gauche s'étend en arrière, leur corps se penche sur un côté, leurs têtes se touchent et mêlent leurs chevelures en désordre.

Tout à coup se redressant, les adversaires s'approchent poitrine contre poitrine, front contre front: leurs bras tendus s'élèvent au-dessus de leurs têtes, et leurs muscles se dessinent comme ceux d'Hercule et d'Antée. Dans cette lutte, leur haleine devient courte et bruyante; ils se couvrent de poussière, de sang et de sueur: de leurs corps meurtris s'élève une fumée, comme cette vapeur d'été que le soir fait sortir d'un champ brûlé par le soleil.

Sur les rivages du Nil ou dans les fleuves des Florides, deux crocodiles se disputent au printemps une femelle brillante: les rivaux s'élancent des bords opposés du fleuve, et se joignent au milieu. De leurs bras, ils se saisissent; ils ouvrent des gueules effroyables; leurs dents se heurtent avec un craquement horrible; leurs écailles se choquent comme les armures de deux guerriers; le sang coule de leurs mâchoires écumantes, et jaillit en gerbes de leurs naseaux brûlants : ils poussent de sourds mugissements semblables au bruit lointain du tonnerre. Le fleuve, qu'ils frappent de leur queue, mugit autour de leurs flancs comme autour d'un vaisseau battu par la tempête. Tantôt ils s'abîment dans des gouffres sans fond, et continuent leur lutte au voisinage des enfers; un impur limon s'élève sur les eaux; tantôt ils remontent à la surface des vagues, se chargent avec une furie redoublée, s'enfoncent de nouveau dans les ondes, reparoissent, plongent, reviennent, replongent, et semblent vouloir éterniser leur épouvantable combat : tels se pressent les deux guerriers, tels ils s'étouffent dans leurs bras serrés par les nœuds de la colère. Le lierre s'unit moins étroitement à l'ormeau, le serpent au serpent, la jeune sœur au cou d'une sœur chérie, l'enfant altéré à la mamelle de sa mère. La rage des deux guerriers monte à son comble. Le frère d'Amélie combat en silence son rival, qui lui résiste en poussant des cris. René, plus agile, a la bravoure du François; Ondouré, plus robuste, a la férocité du Sauvage.

L'Éternel n'avoit point encore pesé dans ses balances d'or la destinée de ces guerriers; la victoire demeuroit incertaine. Mais enfin le frère d'Amélie rassemble toutes ses forces, porte une main à la gorge du Natchez, soulève ses pieds avec les siens, lui fait perdre à la fois l'air et la terre, le pousse d'une poitrine vigoureuse, l'abat comme un pin et tombe avec lui. En vain Ondouré se débat : René le tient sous ses genoux et le menace de la mort avec le poignard arraché à une main déloyale. Déjà généreux par la victoire, le frère d'Amélie sent sa colère expirer : un pêcher couvert de ses fleurs, au milieu des plaines de l'Arménie, cache un moment sa beauté dans un tourbillon de vent, mais il reparoît avec toutes ses grâces lorsque le tourbillon est passé, et le front de l'arbre charmant sourit immobile dans la sérénité des airs : ainsi René reprend sa douceur et son calme. Il se relève, et tendant la main au Sauvage : « Malheureux, lui dit-il, que t'ai-je « fait ? » René s'éloigne, et laisse Ondouré livré non à ses remords, mais au désespoir d'avoir été vaincu et désarmé.

LIVRE QUATRIÈME.

L'ANGE protecteur de l'Amérique, qui montoit vers le soleil, avoit découvert le voyage de Satan et du démon de la renommée : à cette vue, poussant un soupir, il précipite le mouvement de ses ailes. Déjà il a laissé derrière lui les planètes les plus éloignées de l'œil du monde; il traverse ces deux globes que les hommes, plongés dans les ténèbres de l'idolâtrie, profanèrent par les noms de Mercure et de Vénus. Il entre ensuite dans ces régions où se forment les couleurs du soleil couchant et de l'aurore ; il nage dans des mers d'or et de pourpre ; et sans en être ébloui, les regards fixés sur l'astre du jour, il surgit à son orbite immense.

Uriel l'aperçoit; après l'avoir salué du salut majestueux des anges, il lui dit :

« Esprit diligent, que le Créateur a placé à la
« garde d'une des plus belles parties de la terre, je
« connois le sujet qui vous amène : tandis que vous
« remontiez jusqu'à moi, l'ange de la croix, du sud,
« descendoit sur ce soleil, pour m'apprendre qu'il
« avoit vu Satan et sa compagne s'élancer du pôle
« du midi. J'aurois déjà communiqué cette nouvelle
« aux archanges des soleils les plus reculés, si je
« n'avois aperçu deux illustres voyageuses qui vien-
« nent comme vous de la terre, et qui bientôt arri-
« veront à nous : elles continueront ensuite leur

« route vers les tabernacles éternels. Reposez-vous
« donc en les attendant ici; il n'y a point d'ange qui
« ne soit effrayé de la course à travers l'infini : les
« deux saintes pourront se charger de votre mes-
« sage; elles témoigneront de votre vigilance, et
« vous redescendrez au poste où vous rappelle l'au-
« dace du prince des ténèbres. »

L'ange de l'Amérique répondit : « Uriel, ce n'est
« pas sans raison que l'on vous loue dans les parvis
« célestes : vos paroles sont véritablement pleines
« de sagesse, et les yeux dont vous êtes couvert ne
« vous laissent rien ignorer. Vous daignerez donc
« rendre compte de mon zèle? vous savez que les
« flèches du Très-Haut sont terribles, et qu'elles dé-
« vorent les coupables. Puisque les deux patronnes
« des François s'élèvent aux sanctuaires sublimes,
« dans le même dessein qui m'a conduit à l'astre
« dont vous dirigez le cours, je vais retourner à la
« terre. J'aurai peut-être à livrer des combats, car
« Satan semble avoir pris une force nouvelle. »

Uriel repartit : « Ne craignez point cet archange;
« le crime est toujours foible, et Dieu vous enverra
« sa victoire. Votre empressement est digne d'éloges,
« mais vous pouvez vous arrêter un moment pour
« délasser vos ailes. »

En parlant ainsi, l'ange du soleil présenta à celui de l'Amérique une coupe de diamant, pleine
d'une liqueur inconnue; ils y mouillèrent leurs
lèvres; et les dernières gouttes du nectar, tombées
en rosée sur la terre, y firent naître une moisson
de fleurs.

L'ange de l'Amérique, regardant les champs du soleil, dit à Uriel : « Brûlant Chérubin, si toutefois
« ma curiosité n'est point déplacée, et qu'il soit
« permis à un ange de mon rang de connoître de
« tels secrets, ce qu'on dit de l'astre auquel vous
« présidez est-il vrai, ou n'est-ce qu'un bruit né de
« l'ignorance humaine ? »

Uriel, avec un sourire paisible :

« Esprit rempli de prudence, votre curiosité n'a
« rien d'indiscret, puisque vous n'avez pour but
« que de glorifier l'œuvre du Père, cet œuvre que
« le Fils conserve et que l'Esprit vivifie. Je puis aisé-
« ment vous satisfaire.

« Non, cet astre qui sert de marchepied à l'Éter-
« nel ne fut point formé comme se le figurent les
« hommes. Lorsque la création sortit du néant à la
« parole éternelle, et que le ciel eut célébré le soir
« et le matin du premier jour, la clarté émanée du
« Saint des saints faisoit seule la lumière du monde.

« Mais cette lumière, toute tempérée qu'elle pou-
« voit être, trop forte encore pour l'univers, mena-
« çoit de le consumer. Emmanuel pria Jéhovah de
« reployer ses rayons, et de n'en laisser échapper
« qu'un seul. Le Fils prit ce rayon dans sa main, le
« rompit, et du brisement s'échappa une goutte de
« feu que le Fils nomma Soleil.

« Alors brilla dans les cieux ce luminaire qui lie
« les planètes autour de lui, par les fils invisibles
« qu'il tire sans interruption de son sein inépuisable.
« Je reçus l'ordre de m'asseoir à son foyer, moins
« pour veiller à la marche des sphères que pour

« empêcher leur destruction : car, lorsque Jéhovah,
« rentré dans la profondeur de son immensité, ap-
« pelle à lui ses deux autres principes, lorsqu'il en-
« fante avec eux ces pensées qui donnent la vie à
« des millions d'âmes et de mondes, dans ces mo-
« ments de conception du Père, il sort de tels feux
« du tabernacle, que tout ce qui est créé seroit
« dévoré. Placé au centre du soleil, je me hâte d'é-
« tendre mes ailes et de les interposer entre la créa-
« tion et l'effusion brûlante, afin de prévenir l'em-
« brasement des globes. L'ombre de mes ailes forme
« dans l'astre du jour ces taches que les hommes
« découvrent, et que, dans leur science vaine, ils
« ont diversement expliquées. »

Ainsi s'entretenoient les deux anges, et cependant Catherine des Bois et Geneviève touchoient au disque du soleil.

Peuple guerrier et plein de génie, François ! c'est sans doute un esprit puissant, un conquérant fameux qui protége du haut du ciel votre double empire ? Non ! c'est une bergère en Europe, une fille sauvage en Amérique ! Geneviève du hameau de Nanterre, et vous Catherine des bois canadiens, étendez à jamais votre houlette et votre crosse de hêtre sur ma patrie; conservez-lui cette naïveté, ces grâces naturelles qu'elle tient sans doute de ses patronnes !

Née d'une mère chrétienne et d'un père idolâtre, sous le toit d'écorce d'une famille indienne, Catherine, élevée dans la religion de sa mère, annonça dès son enfance que l'époux céleste l'avoit réservée pour ses chastes embrassements. A peine avoit-elle accompli quatre lustres, qu'elle fut appelée dans ces domaines incorruptibles, où les anges célèbrent incessamment les noces de ces femmes qui ont divorcé avec la terre pour s'unir au ciel. Les vertus de Catherine resplendirent après sa mort; Dieu couvrit son tombeau de miracles riches et éclatants, en proportion de la pauvreté et de l'obscurité de la sainte ici-bas. Elle fut publiquement honorée comme patronne du Canada; on lui rendit un culte au bord d'une fontaine, sous le nom de la *Bonne Catherine des Bois*. Cette vierge ne cesse de veiller au salut de la Nouvelle-France et de s'intéresser aux habitants du désert. Elle revenoit alors du séjour des hommes avec Geneviève.

Les patronnes des fils de saint Louis s'étoient alarmées des malheurs dont Satan menaçoit l'empire françois en Amérique : un même mouvement de charité les emportoit aux célestes habitacles pour implorer la miséricorde de Marie. Tristes autant que des substances spirituelles peuvent ressentir notre douleur, elles versoient ces larmes intérieures dont Dieu a fait présent à ses élus; elles éprouvoient cette sorte de pitié que l'ange ressent pour l'homme, et qui, loin de troubler la pacifique Jérusalem, ne fait qu'ajouter aux félicités qu'on y goûte.

Geneviève porte encore dans sa main sa houlette garnie de guirlandes de lierre; mais cette houlette est plus brillante que le sceptre d'un monarque de l'Orient. Les roses qui couronnent le front de la fille des Gaules ne sont plus les roses fugitives dont la bergère se paroit aux champs de Lutèce ; ce sont ces roses qui ne se fanent jamais, et qui croissent dans les campagnes merveilleuses, sur les pas de l'Agneau sans tache. Geneviève! une nue blanche forme ton vêtement; des cheveux d'un or fluide accompagnent divinement ta tête : à travers ton immortalité on reconnoît les grâces pleines d'amour, les charmes indicibles d'une vierge françoise!

Plus simple encore que la patronne de la France policée, est peut-être la patronne de la France sauvage. Catherine brille de cet éclat qui apparut en elle lorsqu'elle eut cessé d'exister. Les fidèles accourus à sa couche de mort lui virent prendre une couleur vermeille, une beauté inconnue qui inspiroit le goût de la vertu et le désir d'être saint. Catherine retient, avec la transparence de son corps glorieux, la tunique indienne et la crosse du labour : fille de la solitude, elle aime celui qui se retira au désert avant de s'immoler au salut des hommes.

Ainsi voyagent ensemble les deux saintes : l'une, qui sauva Paris d'Attila; Geneviève, qui précéda le premier des rois très-chrétiens, qui, dans une longue suite de siècles, opposa l'obscurité et la vertu de ses cendres à toutes les pompes et à toutes les calamités de la monarchie de Clovis : l'autre, qui ne devança sur la terre que de peu d'années le dernier des rois très-chrétiens[1]; Catherine, qui ne sait que l'histoire de quelques apôtres de la Nouvelle-France, semblables à ceux que vit la

[1] Ceci est dit par emphase de la mort de Louis XVI. J'écrivois un an après la mort du roi-martyr.

pastourelle de Nanterre, lorsque l'Évangile pénétra dans les vieilles Gaules.

Les épouses du Seigneur se chargèrent du message de l'ange de l'Amérique, qui se précipita aussitôt sur la terre, tandis qu'elles continuèrent leur route vers le firmament.

Dans un champ du soleil, dans des prairies dont le sol semble être de calcédoine, d'onyx et de saphir, sont rangés les chars subtils de l'âme, chars qui se meuvent d'eux-mêmes, et qui sont faits de la même manière que les étoiles [1]. Les deux saintes se placent l'une auprès de l'autre sur un de ces chars. Elles quittent l'astre de la lumière, s'élèvent par un mouvement plus rapide que la pensée, et voient bientôt le soleil suspendu au-dessous d'elles dans les espaces, comme une étoile imperceptible.

Elles suivent la route tracée en losange de lumière par les esprits des justes qui, dégagés des chaînes du corps, s'envolent au séjour des joies éternelles. Sur cette route passoient et repassoient des âmes délivrées, ainsi qu'une multitude d'anges. Ces anges descendoient vers les mondes pour exécuter les ordres du Très-Haut, ou remontoient à lui, chargés des prières et des vœux des mortels.

Bientôt les saintes arrivent à cette terre qui s'étend au-dessous de la région des étoiles, et d'où l'on découvre le soleil, la lune et les planètes tels qu'ils sont en réalité, sans le milieu grossier de l'air qui les déguise aux yeux des hommes. Douze bandes de différente couleur [2] composent cette terre épu-

---

[1] Platon. [2] *Idem.*

rée, dont la nôtre est le sédiment matériel : l'une de ces bandes est d'un pourpre étincelant, l'autre d'un vif azur, une troisième d'un blanc de neige. Ces couleurs surpassent en éclat celles de notre peinture, qui n'en sont que les ombres.

Catherine et Geneviève traversent cette zone sans s'arrêter; et bientôt elles entendent cette harmonie des sphères que l'oreille ne sauroit saisir, et qui ne parvient qu'au sens intérieur de l'âme. Elles entrent dans la région des étoiles, qu'elles voient comme autant de soleils, avec leurs systèmes de planètes tributaires. Grandeur de Dieu! qui pourra te comprendre? Déjà les saintes s'approchent de ces premiers mondes placés à des distances que la balle poussée par le salpêtre mettroit des millions d'années à franchir; et cependant les deux vierges ne sont que sur les plus lointaines limites du royaume de Jéhovah, et des soleils après des soleils émergent de l'immensité, et des créations inconnues succèdent à des créations plus inconnues encore!

Un homme qui, pour comprendre l'infini, se plaçant en imagination au milieu des espaces, chercheroit à se représenter l'étendue suivie de l'étendue, des régions qui ne commencent et ne finissent en aucun lieu, cet homme, saisi de vertiges, détourneroit sa pensée d'une entreprise si vaine : tels seroient mes inutiles efforts, si j'essayois de tracer la route que parcouroient Geneviève et Catherine. Tantôt elles s'ouvrent une voie au travers des sables d'étoiles; tantôt elles coupent les cercles ignorés où les comètes promènent leurs pas vagabonds. Les deux saintes croient avoir fait des progrès, et elles ne touchent encore qu'à l'essieu commun de tous les univers créés [1].

Cet axe d'or vivant et immortel voit tourner tous les mondes autour de lui dans des révolutions cadencées. A distance égale, le long de cet axe, sont assis trois esprits sévères : le premier est l'ange du passé; le second, l'ange du présent; le troisième, l'ange de l'avenir. Ce sont ces trois puissances qui laissent tomber le temps sur la terre, car le temps n'entre point dans le ciel et n'en descend point. Trois anges inférieurs, semblables aux fabuleuses Sirènes pour la beauté de la voix, se tiennent aux pieds de ces trois premiers anges et chantent de toutes leurs forces. Le son que rend l'essieu d'or du monde, en tournant sur lui-même, accompagne leurs hymnes. Ce concert forme cette triple voix du temps qui raconte le passé, le présent et l'avenir, et que des sages ont quelquefois entendue sur la terre, en approchant l'oreille d'un tombeau durant le silence des nuits.

Le char subtil de l'âme vole encore : les épouses de Jésus-Christ abordent à ces globes où se pressent les âmes des hommes que l'Éternel créa par sa seconde idée, après avoir pensé les anges [2]. Dieu forma à la fois tous les exemplaires des âmes humaines, et les distribua dans diverses demeures, où ils attendent le moment qui les doit unir à des

---

[1] Platon.
[2] Doctrine de quelques Pères de l'Église.

corps terrestres. La création fut une et entière. Dieu n'admet point de succession pour produire.

Les chastes pèlerines furent émues au spectacle de ces âmes égales en innocence qui devoient devenir inégales par le péché; les unes restant immaculées, les autres portant la marque des clous avec lesquels les passions les attacheroient un jour au sang et à la chair [1].

Par-delà ces globes où sommeillent les âmes qui n'ont point encore subi la vie mortelle, se creuse la vallée où elles doivent revenir pour être jugées, après leur passage sur la terre. Les saintes aperçoivent dans la formidable Josaphat le cheval pâle monté par la Mort, les sauterelles au visage d'homme, aux dents de lion, aux ailes bruyantes comme un chariot de bataille. Là, paroissent les sept anges avec les sept coupes pleines de la colère de Dieu; là, se tient la femme assise sur la bête de couleur écarlate, au front de laquelle est écrit *mystère*. Le puits de l'abîme fume à l'une des extrémités de la vallée, et l'ange du jugement approchant peu à peu la trompette de ses lèvres, semble prêt à la remplir du souffle qui doit dire aux morts : « *Levez-vous!* »

En sortant de la mystique vallée, Geneviève et Catherine entrèrent enfin dans ces régions où commencent les joies du ciel. Ces joies ne sont pas, comme les nôtres, sujettes à fatiguer et à rassasier le cœur; elles nourrissent, au contraire, dans celui

---

[1] Plusieurs Pères de l'Église ont soutenu ces doctrines, qui ne sont pas ici règle de foi, mais matière de poésie.

qui les goûte, une soif insatiable de les goûter encore.

A mesure que les patronnes de la France approchent du séjour de la Divinité, la clarté et la félicité redoublent. Aussitôt qu'elles découvrent les murs de la Jérusalem céleste, elles descendent du char et se prosternent comme des pèlerines aux champs de la Judée, lorsque, dans la splendeur du Midi, Sion se montre tout à coup à leur foi ardente. Geneviève et Catherine se relèvent, et glissant dans un air qui n'est point un air, mais qu'il faut appeler de ce nom pour se faire comprendre, elles entrent par la porte de l'Orient. Au même instant le bienheureux Las Casas et les martyrs canadiens, Brébœuf et Jogues, se pressent sur les pas de Catherine. Toujours brûlés de charité pour les Indiens, ils ne cessent de veiller à leur salut. Par un effet de la gloire de Dieu, plus ces confesseurs ont souffert de leurs ingrats néophytes, plus ils les chérissent. Las Casas, adressant la parole à la patronne de la France nouvelle :

« Servante du Seigneur, quelque péril menace« roit-il nos frères des terres américaines ? La tris« tesse de votre visage, et celle qui respire sur le « front de Geneviève, me feroient craindre un mal« heur. Nous avons été occupés à chanter la création « d'un monde, et je n'ai pu descendre aux régions « sublunaires. »

— « Protecteur des cabanes, répondit Catherine, « votre bonté ne s'est point en vain alarmée. Satan « a déchaîné l'enfer sur l'Amérique : les François et

« leurs frères sauvages sont menacés. L'ange gar-
« dien du Nouveau-Monde s'est vu forcé de monter
« vers Uriel pour l'instruire des attentats des esprits
« pervers. Je viens, chargée de son message avec la
« vierge de la Seine, supplier Marie d'intercéder
« auprès du Rédempteur. Prélat, et vous, confes-
« seurs de la foi, joignez-vous à nous : implorons
« la miséricorde divine. »

Tandis que la fille des torrents parloit de la sorte, les saints, les anges, les archanges, les Séraphins et les Chérubins, rassemblés autour d'elles, ressentoient une religieuse douleur. Las Casas, et les missionnaires canadiens, tout resplendissants de leurs plaies, se réunissent aux deux illustres femmes. Voici venir le saint roi Louis, la palme à la main, qui se met à la tête des enfants de la France, et dirige les suppliants vers les tabernacles de Marie. Ils s'avancent au milieu des chœurs célestes, à travers les champs qu'habitent à jamais les hommes qui ont pratiqué la vertu.

Les eaux, les arbres, les fleurs de ces champs inconnus, n'ont rien qui ressemble aux nôtres, hors les noms : c'est le charme de la verdure, de la solitude, de la fraîcheur de nos bois, et pourtant ce n'est pas cela ; c'est quelque chose qui n'a qu'une existence insaisissable.

Une musique qu'on entend partout, et qui n'est nulle part, ne cesse jamais dans ces lieux : tantôt ce sont des murmures comme ceux d'une harpe éolienne que la foible haleine du zéphyr effleure pendant une nuit de printemps ; tantôt l'oreille d'un mortel croiroit ouïr les plaintes d'une harmonica divine, ces vibrations qui n'ont rien de terrestre, et qui nagent dans la moyenne région de l'air. Des voix, des modulations brillantes sortent tout à coup du fond des forêts célestes, puis, dispersés par le souffle des esprits, ces accents semblent avoir expiré. Mais bientôt une mélodie confuse se relève dans le lointain, et l'on distingue ou les sons veloutés d'un cor sonné par un ange, ou l'hymne d'un Séraphin qui chante les grandeurs de Dieu au bord du fleuve de vie.

Un jour grossier, comme ici-bas, n'éclaire point ces régions; mais une molle clarté, tombant sans bruit sur les terres mystiques, s'y fond pour ainsi dire comme une neige, s'insinue dans tous les objets, les fait briller de la lumière la plus suave, leur donne à la vue une douceur parfaite. L'éther, si subtil, seroit encore trop matériel pour ces lieux : l'air qu'on y respire est l'amour divin lui-même; cet air est comme une sorte de mélodie visible qui remplit à la fois de splendeur et de concerts toutes les blanches campagnes des âmes.

Les passions, filles du temps, n'entrent point dans l'immortel Éden. Quiconque, apprenant de bonne heure à méditer et à mourir, s'est retiré au tombeau, pur des infirmités du corps, s'envole au séjour de vie. Délivré de ses craintes, de son ignorance, de ses tristesses, cette âme, dans des ravissements infinis, contemple à jamais ce qui est vrai, divin, immuable et au-dessus de l'opinion : toutefois, si elle n'a plus les passions du monde, elle conserve le sentiment de ses tendresses. Seroit-il de véritable bonheur sans le souvenir des personnes qui nous furent chères, sans l'espoir de les voir se réunir à nous ? Dieu, source d'amour, a laissé aux prédestinés toute la sensibilité de leur cœur, en ôtant seulement à cette sensibilité ce qu'elle peut avoir de foible : les plus heureux, comme les plus grands saints, sont ceux qui ont le plus aimé.

Ainsi s'écoulent rapidement les siècles des siècles. Les élus existent, pensent, et voient tout en Dieu : la félicité dont cette union les remplit est délectable. A la source de la vraie science, ils y puisent à longs traits, et pénètrent dans les artifices de la sagesse. Quel spectacle merveilleux ! et que l'éternité même, passée dans de telles extases, doit être courte !

Les secrets les plus cachés et les plus sublimes de la nature sont découverts à ces hommes de vertu. Ils connoissent les causes du mouvement de l'abîme et de la vie des mers ; ils voient l'or se filtrer dans les entrailles de la terre ; ils suivent la circulation de la sève dans les canaux des plantes ; et l'hysope et le cèdre ne peuvent dérober à l'œil du saint la navette qui croise la trame de leurs feuilles, et le tissu de leur écorce.

Mais que dis-je ! ce ne sont point de si curieux secrets qui occupent uniquement les bienheureux : Jéhovah leur donne d'autres joies et d'autres spectacles. Ils embrassent de leurs regards les cercles sur lesquels roulent les astres divers ; ils connoissent la loi qui gouverne les globes, qui les chasse ou les attire; ils découvrent les chaînes qui retiennent ces globes, et viennent aboutir à la main de Dieu; chaînes que son doigt pourroit rompre avec la facilité de l'ouvrier qui brise une soie. Les élus voient les comètes accourir aux pieds du Très-Haut, recevoir ses ordres et partir avec des yeux rougis et une chevelure flamboyante, pour fracasser quelque monde. O Paradis! ton chantre ne peut suffire à peindre tes grandeurs! O Vertu! prête-moi tes ailes pour atteindre à ces régions de béatitude! Déserts, et vous, rochers, venez à moi! prenez-moi dans votre sein, afin que, nourri loin de la corruption des hommes, je puisse, au sortir de cette misérable vie, monter au séjour de l'éternelle science et de la souveraine beauté!

Dans les régions de la grâce et de l'amour, le saint roi, et les saintes patronnes de la France, vont chercher le trône de Marie. Un chant séraphique leur annonce le lieu où réside la Vierge qui renferma dans son flanc celui que l'univers ne peut contenir. Ils découvrent dans une crèche resplendissante, au milieu des anges en adoration, au milieu d'un nuage d'encens et de fleurs, la libératrice du monde, ornée des sept dons du Saint-Esprit. Seule de tous les justes, Marie a conservé un corps. Une tendre compassion pour les hommes, dont elle fut la fille, une patience, une douceur sans égale, rayonnent sur le front de la mère du Sauveur.

Geneviève, Catherine, Louis, roi dans le ciel comme sur la terre, le bienheureux Las Casas, les saints martyrs de la Nouvelle-France, s'avancent au milieu de la foule céleste qui, s'entr'ouvrant sur leur passage, les laisse approcher du trône de Marie; ils s'y prosternent. Catherine :

« Mère d'Emmanuel! seconde Ève, reine dont
« je suis la plus indigne des servantes, prenez pitié
« d'un peuple prêt à périr. Le serpent dont vous
« avez écrasé la tête est retourné au monde pour
« persécuter les hommes, et surtout l'empire nou-
« veau de saint Louis. O Marie! recevez les humbles
« vœux de la fille d'une nouvelle Église, de la pre-
« mière vierge consacrée au bord du torrent! écou-
« tez la prière de cette autre vierge et de ces saints,
« profondément humiliés à vos pieds! »

Divine mère de Dieu, vous ouvrîtes vos lèvres : un parfum délicieux remplit l'immensité du ciel. Telles furent vos paroles :

« Vierges du désert, charitables patronnes des
« deux Frances, saint roi, miséricordieux prélat, et
« vous, courageux martyrs, vos prières ont trouvé
« grâce à mon oreille : je vais monter au trône de
« mon fils. »

Elle dit et part comme une colombe qui prend son vol. Ses yeux sont levés vers le séjour du Christ, ses bras sont déployés en signe d'oraison, ses cheveux flottent, portés par des faces de Chérubins d'une beauté incomparable. Les plis de la tunique dont elle se revêtoit sur la terre enveloppent ses pieds, qui se découvrent à travers le voile immortalisé. Les vierges et les saints, tombés à genoux, regardent, éblouis, son ascension : Gabriel précède la consolatrice des affligés, en chantant la salutation que les échos sacrés répètent. Moins ravissant étoit dans l'antiquité ce mode de musique, expression du charme d'un ciel où le génie de la Grèce se marioit à la beauté de l'Asie.

Marie approche du Calvaire immatériel : l'aspect du paradis commence à prendre une majesté plus terrible. Là, aucun saint, quelle que soit l'élévation de son bonheur et de ses vertus, ne peut paroître ; là, les anges, les archanges, les trônes, les dominations, les Séraphins, n'osent errer : les seuls Chérubins, premiers nés des esprits, peuvent supporter l'ardeur du sanctuaire où réside Emmanuel. Dans ces abîmes flottent des visions comme celle qui réveilla Job au milieu de la nuit, et qui fit hérisser le poil de sa chair. Les unes ont quatre têtes et quatre ailes, les autres ne sont qu'une main, la main qui saisit Ézéchiel par les cheveux, ou qui traça les mots inexplicables au festin de Balthazar. Ces lieux sont obscurs à force de lumière, et le foudre à trois pointes les sillonne.

Un rideau, dont celui qui déroboit l'arche aux regards des Hébreux fut l'image, sépare les régions inférieures du ciel de ces régions sublimes ; toute la puissance réunie des hommes et des anges n'en pourroit soulever un pli ; la garde en est confiée à quatre Chérubins armés d'épées flamboyantes. A peine ces ministres du Très-Haut ont aperçu la fille de David, qu'ils s'inclinent, et la Charité ouvre sans effort le rideau de l'éternité. Le Sauveur apparoît à Marie : il est assis sur une tombe immortelle à travers laquelle il communique avec les hommes.

Marie, saisie d'un saint respect, touche à cet autel de l'Agneau ; elle y présente ses vœux et ceux de la terre, que le Christ à son tour va porter aux pieds du Père tout-puissant. Qui pourroit redire l'entretien de Marie et d'Emmanuel ? Si la femme a pour son enfant des expressions si divines, qu'étoient-ce que les paroles de la mère d'un Dieu, d'une mère qui avoit vu mourir son fils sur la croix, et qui le retrouvoit vivant d'une vie éternelle ? Que devoient être aussi les paroles d'un fils et d'un Dieu ? Quel amour filial ! quels embrassements maternels ! Un seul moment d'une pareille félicité suffiroit pour anéantir dans l'excès du bonheur tous les mondes.

Le Christ sort de son trône, avec un labarum de feu qui se forme soudainement dans sa main ; sa mère reste au sanctuaire de la croix. Marie elle-même ne pourroit entrer dans ces profondeurs du Père, où le Fils et l'Esprit se plongent. Dans le tabernacle le plus secret du Saint des saints, sont les trois idées existantes d'elles-mêmes, exemplaires incréés de toutes les choses créées. Par un mystère inexplicable, le chaos se tient caché derrière Jéhovah. Lorsque Jéhovah veut former quelque monde, il appelle devant lui une petite partie de la matière, laissant le reste derrière lui, car la matière s'animeroit à la fois si elle étoit exposée aux regards de Dieu.

Une voix unique fait retentir éternellement une parole unique autour du Saint des saints. Que dit-elle ?

LIVRE CINQUIÈME.

L'ÉTERNEL révéla à son Fils bien-aimé ses desseins sur l'Amérique : il préparoit au genre humain, dans cette partie du monde, une rénovation d'existence. L'homme s'éclairant par des lumières toujours croissantes et jamais perdues, devoit retrouver cette sublimité première d'où le péché originel l'avoit fait descendre ; sublimité dont l'esprit humain étoit redevenu capable, en vertu de la rédemption du Christ. Cependant le Souverain du ciel permet à Satan un moment de triomphe, pour l'expiation de quelques fautes particulières. L'enfer, profitant de la liberté laissée à sa rage, saisit et fait naître toutes les occasions du mal.

Le bruit du combat d'Ondouré et du frère d'Amélie s'étoit répandu chez les Natchez. Akansie, qui n'y voyoit qu'une preuve de plus de l'amour d'Ondouré pour Céluta, éprouvoit de nouvelles angoisses. Le parti des Sauvages nourri dans les sentiments d'Adario demandoit pourquoi l'on recevoit ces étrangers, instruments de trouble et de servitude; les Indiens qui s'attachoient à Chactas louoient, au contraire, le courage et la générosité de leur nouvel hôte. Quant au frère d'Amélie, qui ne trouvoit ni dans les sentiments de son cœur, ni dans sa conduite, les motifs de l'inimitié d'Ondouré, il ne pouvoit comprendre ce qui avoit porté ce Sauvage à tenter un homicide. Si Ondouré aimoit Céluta, René n'étoit point son rival : toute pensée d'hymen étoit odieuse au frère d'Amélie ; à peine s'étoit-il aperçu de la passion naissante de la sœur d'Outougamiz.

Cependant le retour du Grand-Chef des Natchez étoit annoncé : on entendit retentir le son d'une conque. « Guerrier blanc, dit Chactas à « son hôte, voici le Soleil : prête-moi l'appui de « ton bras, et allons nous ranger sur le passage « du chef. » Aussitôt le Sachem et René, dont la blessure n'étoit que légère, s'avancent avec la foule.

Bientôt on aperçoit le grand-prêtre et les deux lévites, maîtres de cérémonies du temple du Soleil : ils étoient enveloppés de robes blanches ; le premier portoit sur la tête un hibou empaillé. Ces sacrificateurs affectoient une démarche grave ; ils tenoient les yeux attachés à terre et murmuroient un hymne sacré. Chactas apprit à René que le principal jongleur étoit un prêtre avide et crédule, qui pouvoit devenir dangereux, à l'instigation de quelques hommes plus méchants que lui.

Après les lévites s'avançoit un vieillard que ne distinguoit aucune marque extérieure. « Quel est, « demanda le frère d'Amélie à son hôte, quel est le « Sachem qui marche derrière les prêtres, et dont « la contenance est affable et sereine ? »

« Mon fils, répondit Chactas, c'est le Soleil : il « est cher aux Natchez par le sacrifice qu'il a fait « à sa patrie des prérogatives de ses aïeux. C'est un

« homme d'une douceur inaltérable, d'une patience
« que rien ne peut troubler, d'une force presque
« surnaturelle à supporter la douleur. Il a lassé le
« temps lui-même, car il est au moment d'accomplir
« sa centième année. J'ai eu le bonheur de contri-
« buer avec lui et Adario à la révolution qui nous
« a rendu l'indépendance. Les Natchez veulent bien
« nous regarder comme leurs trois chefs, ou plutôt
« comme leurs pères. »

A la suite du Soleil venoit une femme qui conduisoit par la main son jeune fils. René fut frappé des traits de cette femme, sur lesquels la nature avoit répandu une expression alarmante de passion et de foiblesse. Le frère d'Amélie la désigna au Sachem.

« Elle se nomme Akansie, répondit Chactas : nous
« l'appelons la Femme-Chef : c'est la plus proche
« parente du Soleil, et c'est son fils, à l'exclusion
« du fils même du Soleil, qui doit occuper un jour
« la place de Grand-Chef des Natchez : la succession
« au pouvoir a lieu, parmi nous, en ligne féminine.

« Hélas! mon fils, ajouta Chactas, nous autres,
« habitants des bois, nous ne sommes pas plus à
« l'abri des passions que les hommes de ton pays.
« Akansie nourrit pour Ondouré, qui la dédaigne et
« la trahit, un amour criminel : Ondouré aime
« Céluta, cette Indienne qui prépara ton premier
« repas du matin, et qui est la sœur de ce naïf
« Sauvage dont l'amitié t'a été jurée sur les débris
« d'une cabane; Céluta a toujours repoussé le cœur
« et la main d'Ondouré. Tu as déjà éprouvé jus-

« qu'où peuvent aller les transports de la jalousie.
« Si jamais Ondouré s'attachoit à Akansie, il est im-
« possible de calculer les maux que produiroit une
« pareille union. »

Immédiatement après la Femme-Chef marchoient les capitaines de guerre. L'un d'eux ayant touché, en passant, l'épaule de Chactas, René demanda à son père adoptif quel étoit ce Sachem au visage maigre, dont l'air rigide formoit un si grand contraste avec l'air de bonté des autres vieillards.

« C'est le grand Adario, répondit Chactas, l'ami
« de mon enfance et de ma vieillesse. Il a pour la
« liberté un amour qui lui feroit sacrifier sa femme,
« ses enfants et lui-même. Nous avons combattu
« ensemble dans presque toutes les forêts. Il y a
« cinquante ans que nous nous estimons, quoique
« nous soyons presque toujours en opposition d'idées
« et de desseins. Je suis le rocher, il est la plante
« marine qui s'est attachée à mes flancs : les flots de
« la tempête ont miné nos racines; nous roulerons
« bientôt ensemble dans l'abîme sur lequel nous
« nous penchons tous deux. Adario est l'oncle de
« Céluta, et lui sert de père. »

Lorsque les chefs de guerre furent passés, on vit paroître les deux officiers commis au règlement des traités, et l'édile, chargé de veiller aux travaux publics. Cet édile songeoit à se retirer, et Ondouré convoitoit sa place. Cette place, la première de l'État après celle du Grand Chef, donnoit le droit de régence dans la minorité des Soleils. Une troupe de guerriers, appelés Allouez, qui jadis composoient la garde du Soleil, fermoit le cortége; mais ces guerriers, dispersés dans les tribus, n'existoient plus comme un corps distinct et séparé.

Le Grand Chef, accompagné de la foule, s'étant arrêté sur la place publique, Chactas se fit conduire vers lui, en poussant trois cris. Il dit alors au Soleil qu'un François demandoit à être adopté par une des tribus des Natchez. Le Grand-Chef répondit : « C'est bien, » et Chactas se retira en poussant trois autres cris un peu différents des premiers. Le frère d'Amélie apprit que l'on traiteroit de son adoption dans trois jours.

Il employa ces jours à porter de cabane en cabane les présents d'usage : les uns les reçurent, les autres les refusèrent, selon qu'ils se prononçoient pour ou contre l'adoption de l'étranger. Quand René se présenta chez les parents de Mila, la petite Indienne lui dit : « Tu n'as pas voulu que je fusse « ta femme, je ne veux pas être ta sœur; va-t'en. » La famille accepta les dons que l'enfant étoit fâché de refuser.

René offrit à Céluta un voile de mousseline qu'elle promit, en baissant les yeux, de garder le reste de sa vie : elle vouloit dire qu'elle le conserveroit pour le jour de son mariage; mais aucune parole d'amour ne sortoit de la bouche du frère d'Amélie. Céluta demanda timidement des nouvelles de la blessure de René, et Outougamiz, charmé de la valeur du compagnon qu'il s'étoit choisi, portoit avec orgueil la chaîne d'or qui le lioit à la destinée de l'homme blanc.

7.

Le jour de l'adoption étant arrivé, elle fut accordée sur la demande de Chactas, malgré l'opposition d'Ondouré. La honte d'une défaite avoit changé en haine implacable, dans le cœur de cet homme, un sentiment de jalousie. Aussi impudent que perfide, ce Sauvage s'osoit montrer après son attentat. Les lois, chez les Indiens, ne recherchent point l'homicide : la vengeance de ce crime est abandonnée aux familles ; or René n'avoit point de famille.

Le renouvellement des trèves rendit l'adoption de René plus facile ; mais le prince des ténèbres fit jaillir de cette solennité une nouvelle source de discorde. Au moment où l'adoption fut proclamée à la porte du temple, le jongleur, dévoué à la puissance d'Akansie, et gagné par les présents d'Ondouré, annonça que le serpent sacré avoit disparu sur l'autel. La foule se retira consternée : l'adoption du nouveau fils de Chactas fut déclarée désagréable aux génies, et de mauvais augure pour la prospérité de la nation.

En ramenant la saison des chasses, l'automne suspendit quelque temps l'effet de ces craintes superstitieuses, et de ces machinations infernales. Chactas, quoique aveugle, est désigné maître de la grande chasse du castor, à cause de son expérience et du respect que les peuples lui portoient. Il part avec les jeunes guerriers. René, admis dans la tribu de l'Aigle, et accompagné d'Outougamiz, est au nombre des chasseurs. Les pirogues remontent le Meschacebé et entrent dans le lit de l'Ohio. Pendant le cours d'une navigation solitaire, René interroge Chactas sur ses voyages aux pays des Blancs, et lui demande le récit de ses aventures : le Sachem consent à le satisfaire. Assis auprès du frère d'Amélie, à la poupe de la barque indienne, le vieillard raconte son séjour chez Lopez, sa captivité chez les Siminoles, ses amours avec Atala, sa délivrance, sa fuite, l'orage, la rencontre du père Aubry, et la mort de la fille de Lopez [1].

« Après avoir quitté le pieux solitaire et les cendres d'Atala, continua Chactas, je traversai des régions immenses sans savoir où j'allois : tous les chemins étoient bons à ma douleur, et peu m'importoit de vivre.

« Un jour, au lever du soleil, je découvris un parti d'Indiens qui m'eut bientôt entouré. Juge, ô René! de ma surprise en reconnoissant, parmi ces guerriers de la nation iroquoise, Adario, compagnon des jeux de mon enfance. Il étoit allé apprendre l'art d'Areskoui [2] chez les belliqueux Canadiens, anciens alliés des Natchez.

« Je m'informai avec empressement des nouvelles de ma mère; j'appris qu'elle avoit succombé à ses chagrins, et que ses amis lui avoient fait les dons du sommeil. Je résolus de suivre l'exemple d'Adario, de me mettre à l'école des combats chez les Cinq-Nations [3]. Mon cœur étoit animé du désir de mêler la gloire à mes regrets; je brûlois de confondre les souvenirs de la fille de Lopez avec une action digne de sa mémoire. Déjà je comptois plu-

---

[1] Voyez *Atala*. [2] Génie de la guerre. [3] Les Iroquois.

sieurs neiges, et je n'avois fait aucun bien. Si le Grand-Esprit m'eût appelé alors à son tribunal, comment lui aurois-je présenté le collier de ma vie, où je n'avois pas attaché une seule perle?

« Lorsque nous entrâmes dans les forêts du Canada, l'oiseau de rizière étoit prêt à partir pour le couchant, et les cygnes arrivoient des régions du nord. Je fus adopté par une des nations iroquoises. Adario et moi nous fîmes le serment d'amitié : notre cri de guerre étoit le nom d'Atala, de cette vierge tombée dans le lac de la Nuit, comme ces colombes du pays des Agniers, qui se précipitent, au coucher du soleil, dans une fontaine où elles disparoissent.

« Nous nous engageâmes, sur le bâton de nos pères, à faire nos efforts pour rendre la liberté à notre patrie, après avoir étudié les gouvernements des nations.

« Je me livrai, dans l'intervalle des combats, à l'étude des langues iroquoises ou yendates, en même temps que j'apprenois la langue polie ou la langue des traités, c'est-à-dire la langue algonquine, dont les Indiens du Nord se servent pour communiquer d'une nation à l'autre. Je m'étois approché de l'ami du père Aubry, du père Lamberville, missionnaire chez les Iroquois. Aidé de lui, je parvins à entendre et à parler facilement la langue françoise, et je m'instruisis dans l'art des colliers [1] des Blancs.

« Le religieux me racontoit souvent les souf-

---

[1] L'art d'écrire, de lire, etc.

frances de ce Dieu qui s'est dévoué pour le salut du monde. Ces enseignements me plaisoient, car ils rappeloient tous les intérêts de ma vie, le père Aubry et Atala. La raison des hommes est si foible, qu'elle n'est souvent que la raison de leurs passions. Poursuivi de mes souvenirs, je cherchois à me sauver au sanctuaire de la miséricorde, comme le prisonnier racheté des flammes se réfugie à la cabane de paix.

« On commençoit à m'aimer chez les peuples ; mon nom reposoit agréablement sur les lèvres des Sachems. J'avois fait quelque bruit dans les combats : c'est une malheureuse nécessité de s'habituer à la vue du sang ; et ce qu'il y a de plus triste encore, diverses qualités dépendent de celle qui fait un guerrier. Il est difficile d'être compté comme homme avant d'avoir porté les armes.

« Je vis pourtant avec horreur les supplices réservés aux victimes du sort des combats. En mémoire d'Atala, je donnai la vie et la liberté à des guerriers arrêtés de ma propre main. Et moi aussi j'avois été prisonnier, loin de la douce lumière de ma patrie !

« J'eus le bonheur d'arracher ainsi à la mort quelques François. Ononthio [1] me fit offrir en échange les dons de l'amitié ; il me proposoit même une hache de capitaine parmi ses soldats. Mais comme ses paroles étoient celles du secret, et qu'il y joi-

[1] Nom que les Sauvages donnoient à tous les gouverneurs du Canada. Il signifie la *grande-montagne.* Ainsi *Ononthio*-Denonville, *Ononthio*-Frontenac, etc.

gnoit des sollicitations peu justes, je priai les présents de retourner vers les richesses d'Ononthio.

« Le printemps s'étoit renouvelé autant de fois qu'il y a d'œufs dans le nid de la fauvette, ou d'étoiles à la constellation des chasseurs, depuis que j'habitois chez les nations iroquoises. Elles avoient fumé le calumet de paix avec les François. Cette paix fut bientôt rompue : Athaënsic [1] balaya les feuilles qui commençoient à couvrir les chemins de la guerre, et fit croître l'herbe dans les sentiers du commerce.

« Après divers succès on proposa une suspension d'armes; des députés furent envoyés par les Iroquois au fort Catarakoui. J'étois du nombre de ces guerriers, et je leur servois d'interprète. A peine entrés dans le fort, nous fûmes enveloppés par des soldats. Nous réclamâmes la protection du calumet de paix : le chef qui nous arrêta nous répondit que nous étions des traîtres, qu'il avoit ordre d'Ononthio de nous embarquer pour Kanata [2], d'où nous serions menés en esclavage au pays des François. On nous enleva nos haches et nos flèches; on nous serra les bras et les pieds avec des chaînes : nous fûmes jetés dans des pirogues qui nous conduisirent au port de Québec, par le fleuve Hochelaga [3]. De Kanata un large canot nous porta au-delà des grandes eaux, à la contrée des mille villages, dans la terre où tu es né.

---

[1] Génie de la vengeance.   [2] Québec.
[3] Le fleuve Saint-Laurent.

Les cabanes ¹ où nous abordâmes sont bâties sous un ciel délicieux, au fond d'un lac intérieur ², où Michabou, dieu des eaux, ne lève point deux fois le jour son front vert couronné de cheveux blancs, comme sur les rives canadiennes.

« Nous fûmes reçus aux acclamations de la foule. L'amas des cabanes, des grands canots et des hommes, tout ce spectacle, si différent de celui de nos solitudes, confondit d'abord nos idées. Je ne commençai à voir quelque chose de distinct que lorsque nous eûmes été conduits à la hutte de l'esclavage ³.

« Peut-être, mon jeune ami, seras-tu étonné qu'après avoir été traité de la sorte, je conserve encore pour ton pays de l'attachement. Outre les raisons que je t'en donnerai bientôt, l'expérience de la vie m'a appris que les tyrans et les victimes sont presque également à plaindre, que le crime est plus souvent commis par ignorance que par méchanceté. Enfin, une chose me paroît encore certaine : le Grand-Esprit, qui mêle le bien et le mal dans sa justice, a quelquefois rendu amer le souvenir des bienfaits, et toujours doux celui des persécutions. On aime facilement son ennemi, surtout s'il nous a donné occasion de vertu ou de renommée. Tu me pardonneras ces réflexions : les vieillards sont sujets à allonger leurs propos. »

René répondit : « Chactas, si les discours que tu « vas me faire sont aussi beaux que ceux que tu

---

¹ Marseille. ² La Méditerranée. ³ Les bagnes.

« m'as déjà faits, le soleil pourroit finir et recom-
« mencer son tour avant que je fusse las de t'écou-
« ter. Continue à répandre dans ton récit cette
« raison tendre, cette douce chaleur des souvenirs
« qui pénètrent mon cœur. Quelle idée de la société
« dut avoir un Sauvage aux galères! »

Chactas reprit le récit de ses aventures. Ses paroles étoient toutes naïves; il y mêla une sorte d'aimable enjouement; on eût dit que, par une délicatesse digne des grâces d'Athènes, ce Sauvage cherchoit à rendre sa voix ingénue, pour adoucir aux oreilles de René l'histoire de l'injustice des François.

« Une forte résolution de mourir, dit-il, m'empêcha d'abord de sentir trop vivement mon malheur dans la hutte de l'esclavage : trois jours entiers nous chantâmes notre chanson de mort, moi et les autres chefs. Jusqu'alors je m'étois cru la prudence d'un Sachem, et pourtant, loin d'enseigner les autres, je reçus des leçons de sagesse.

« Un François, mon frère de chaînes, s'étoit rendu coupable d'une action qui l'avoit fait condamner au tribunal de tes vieillards. Jeune encore, Honfroy prenoit légèrement la vie. Charmé de m'entendre parler sa langue, il me racontoit ses aventures; il me disoit : « Chactas, tu es un Sauvage, et je suis
« un homme civilisé. Vraisemblablement tu es un
« honnête homme, et moi je suis un scélérat. N'est-
« il pas singulier que tu arrives exprès de l'Amé-
« rique pour être mon compagnon de boulet en
« Europe, pour montrer la liberté et la servitude,

« le vice et la vertu, accouplés au même joug ? Voilà,
« mon cher Iroquois, ce que c'est que la société.
« N'est-ce pas une très belle chose ? Mais prends
« courage et ne t'étonne de rien : qui sait si un jour
« je ne serai point assis sur un trône ? Ne t'alarme
« pas trop d'être appareillé avec un criminel au char
« de la vie : la journée est courte, et la mort viendra
« vite nous dételer. »

« Je n'ai jamais été si étonné qu'en entendant
parler cet homme : il y avoit dans son insouciance
une espèce d'horrible raison qui me confondoit.
Quelle est, disois-je en moi-même, cette étrange
nation où les insensés semblent avoir étudié la sagesse, où les scélérats supportent la douleur comme
ils goûteroient le plaisir ? Honfroy m'engagea à lui
ouvrir mon cœur : il me fit sentir qu'il y avoit lâcheté à se laisser vaincre du chagrin. Ce malheureux
me persuada : je consentis à vivre, et j'engageai
les autres chefs à suivre mon exemple.

« Le soir, après le travail, mes compagnons s'assembloient autour de moi, et me demandoient des
histoires de mon pays. Je leur disois comment nous
poursuivions les élans dans nos forêts, comment
nous nous plaisions à errer dans la solitude avec
nos femmes et nos enfants. A ces peintures de la
liberté, je voyois des pleurs couler sur toutes les
mains enchaînées. Les galériens me racontoient à
leur tour les diverses causes du châtiment qu'ils
éprouvoient. Il m'arriva à ce sujet une chose bizarre : je m'imaginai que ces malfaiteurs devoient
être les véritables honnêtes gens de la société, puis-

qu'ils me sembloient punis pour des choses que nous faisons tous les jours sans crime dans nos bois.

« Cependant, notre vêtement et notre langage excitoient la curiosité. Les premiers guerriers et les principales matrones nous venoient voir : lorsque nous étions au travail, ils nous apportoient des fruits et nous les donnoient en retirant la main. Le chef des esclaves nous montroit pour quelque argent ; l'homme étoit offert en spectacle à l'homme.

« Nous n'étions pas sans consolations. Le Grand-Chef de la prière du village [1] nous visitoit : ce digne pasteur, qui me rappeloit le père Aubry, nous amenoit quelquefois ses parents.

« Chactas, me disoit-il, voilà ma mère ! figure-« toi que c'est la femme qui t'a nourri et qui t'a « porté dans la peau d'ours, comme nous l'appren-« nent nos missionnaires. » A ce souvenir de ma famille et des coutumes de mon pays, mon cœur étoit noyé d'amertume et de plaisir. Ce prêtre charitable nous laissoit toujours, en nous quittant, des pleurs pour effacer les maux de la veille, des espérances pour nous conduire à travers les maux du lendemain.

« Le chef de la hutte des chaînes, dans la vue de prolonger notre existence, utile à ses intérêts, nous permettoit quelquefois de nous promener avec lui au bord de la mer.

« Un soir j'errois ainsi sur les grèves : mes yeux,

---

[1] L'évêque de Marseille.

parcourant l'étendue des flots, tâchoient de découvrir dans le lointain les côtes de ma patrie. Je me figurois que ces flots avoient baigné les rives américaines. Dans l'illusion de ma douleur, la mer me sembloit murmurer des plaintes comme celles des arbres de mes forêts; alors je lui racontois mon malheur, afin qu'elle le redît à son tour aux tombeaux de mes pères.

« Le gardien, occupé avec d'autres guerriers, oublia de me ramener à mes chaînes. Des millions d'étoiles percèrent la voûte céleste, et la lune s'avança dans le firmament. Je découvris à sa lumière un vieillard assis sur un rocher. Les flots calmés expiroient aux pieds de ce vieillard, comme aux pieds de leur maître. Je le pris pour Michabou, génie des eaux: je m'allois retirer, lorsqu'un soupir apporté à mon oreille m'apprit que le dieu étoit un homme.

« Cet homme, de son côté, m'aperçut: la vue de mon vêtement natchez lui fit faire un mouvement de surprise et de frayeur: « Que vois-je! s'écria-« t-il, l'ombre d'un Sauvage des Florides? Qui es-tu? « Viens-tu chercher Lopez? » — « Lopez! » répétai-je en poussant un cri. Je m'approche du père d'Atala; je crois le reconnoître. Il me regarde avec le même étonnement, la même hésitation; il me tend à demi les bras; il me parle de nouveau. C'est sa voix! sa voix même! Erreur ou vérité, je me précipite dans les bras de mon vieil ami, je le serre sur mon cœur; je baigne son visage de mes larmes. Lopez, hors de lui, doutoit encore de la réalité. « Je suis Chactas,

« lui disois-je, Chactas, ce jeune Natchez que vous
« comblâtes de vos bienfaits à Saint-Augustin, et
« qui vous quitta avec tant d'ingratitude! » A ces
derniers mots, je fus obligé de soutenir le vieillard
prêt à s'évanouir; et pourtant il me pressoit encore
de ses mains devenues tremblantes par l'âge et par
le chagrin.

« L'effusion de ces premiers transports passée,
après avoir ranimé mon ancien hôte, je lui dis :
« Lopez, quels semblables et funestes génies pré-
« sident à nos destinées? quelle infortune t'amène
« comme moi sur ces bords? que tu es malheureux
« dans tes enfants! Pourras-tu croire que j'ai creusé
« le tombeau de ta fille, de ta fille qui devoit être
« mon épouse? »

— « Que me dis-tu? » répondit le vieillard.

— « J'ai aimé Atala, m'écriai-je, la fille de cette
« Floridienne que tu as aimée. » Ici ma voix, étouffée
dans mes larmes, s'éteignit. Mille souvenirs m'acca-
blèrent : c'étoient la patrie, l'amour, la liberté, les
déserts perdus!

« Lopez, qui me comprenoit à peine, me pria de
m'expliquer. Je lui fis succinctement le récit de
mes aventures. Il en fut touché, il admira et pleura
cette fille qu'il n'avoit point connue! Il s'étendit en
longs regrets sur le bonheur que nous eussions pu
goûter réunis dans une cabane, au fond de quelque
solitude.

« Mais, mon fils, ajouta-t-il, la volonté de Dieu
« s'est opposée à nos desseins; c'est à nous de nous
« soumettre. A peine m'aviez-vous quitté à Saint-

« Augustin, que des méchants m'accusèrent : des
« colons puissants à qui j'avois enlevé quelques In-
« diens esclaves en les rachetant à un prix élevé,
« se joignirent à mes ennemis. Le gouverneur, qui
« étoit au nombre de ces derniers, nous fit saisir
« moi et ma sœur : on nous transporta à Mexico, où
« nous comparûmes au tribunal de l'inquisition.
« Nous fûmes acquittés, mais après plusieurs an-
« nées de prison, durant lesquelles ma sœur mou-
« rut. On me permit alors de retourner à Saint-
« Augustin. Mes biens avoient été vendus. J'attendis
« quelque temps dans l'espoir d'obtenir justice :
« l'iniquité prévalut. Je me décidai à abandonner
« cette terre de persécution.

« Je m'embarquai pour les vieilles Espagnes :
« comme je mettois le pied au rivage, j'appris que
« mes ennemis, redoutant mes plaintes, avoient ob-
« tenu contre moi un ordre d'exil. Je remontai sur
« le vaisseau, et je me réfugiai dans la Provence.
« Le prélat de Marseille m'accueillit avec bonté : ses
« secours ont soutenu ma vie. J'ai fait autrefois la
« charité, et maintenant je suis nourri du pain des
« pauvres. Mais j'approche du moment de la déli-
« vrance éternelle, et Dieu, j'espère, me fera part
« de son froment. »

« Comme Lopez finissoit de parler, le guerrier
qui surveilloit ma servitude revint, et m'ordonna
de le suivre. Le Sachem espagnol me voulut accompagner, mais son habit n'étoit pas celui d'un pos-
sesseur de grandes cabanes, et le guide repoussa
l'indigent étranger. « Rocher insensible, m'écriai-je,

« les esprits vengeurs de l'hospitalité violée vous
« frapperont pour votre dureté. Ce Sachem est un
« suppliant comme moi parmi votre peuple; il y a
« plus : c'est un vieillard et un infortuné. Ce n'est
« pas ainsi que je vous traiterois, si vous veniez dans
« le pays des chevreuils : je vous présenterois le ca-
« lumet de paix; je fumerois avec vous, je vous offri-
« rois une peau d'ours et du maïs : le Grand-Esprit
« veut que l'on traite de la sorte les étrangers. »

« A ces paroles, le guerrier des cités se prit à
rire : j'aurois tiré de ce méchant une vengeance soudaine, mais songeant que j'exposois Lopez, j'apaisai
le bouillonnement de mon cœur. Lopez, à son tour,
dans la crainte de m'attirer quelque mauvais trai-
tement, s'éloigna, promettant de me venir voir. Je
regagnai la natte du malheur, sur laquelle sont
assis presque tous les hommes.

« Lopez et le Grand-Chef de la prière accoururent
le lendemain : je formai avec eux et mes compagnons sauvages une petite société libre et vertueuse
au milieu de la servitude et du vice, comme ces
cocotiers chargés de fruits et de lait, qui croissent
ensemble sur un écueil aride, au milieu des flots
mexicains. Les autres esclaves assistoient à nos
discours : plusieurs commencèrent à régler leurs
âmes, qu'ils avoient laissées jusqu'alors dans un
affreux abandon. Bientôt, par la patience, par la
confession de nos erreurs, par la puissance des
prières, nous enchantâmes nos fers. C'est de cette
façon, me disoit le ministre des chrétiens, que
d'anciens esclaves avoient racheté autrefois leur

liberté, en répétant à leurs maîtres les compositions d'un homme divin, et des chants aimés du ciel.

« Du village où nous étions, on nous transporta à un autre village [1], où nous fûmes employés aux travaux d'un port : on nous ramena ensuite à notre première demeure. Le mérite de nos souffrances supportées avec humilité monta vers le Grand-Esprit : celui que vous appelez le Seigneur plaça ce mérite auprès de nos fautes; ainsi me l'a conté le prêtre instruit des choses merveilleuses. Comme une veuve indienne, pleine d'équité, met dans ses balances le reste des richesses de son époux et l'objet offert en échange par l'Européen : elle égalise les deux poids dans toute la sincérité de son cœur, ne voulant ni nuire à ses enfants, ni à l'étranger qui se confie en elle ; de même le Juge suprême pesa l'offense et la réparation : celle-ci l'emporta aux yeux de sa miséricorde. Dans ce moment même je vis venir Lopez, tenant un collier [2] qu'il me montroit de loin, en criant : « Vous êtes « libre ! » Je m'empresse de déployer le collier; il étoit marqué du sceau d'Ononthio-Frontenac, chef du Canada avant Ononthio-Denonville. Les premières branches du collier s'exprimoient ainsi :

« Le Soleil [3] de la grande nation des François a « désapprouvé la conduite d'Ononthio-Denonville. « Le chef de tous les chefs a su que son fils Chac- « tas, qui lui avoit renvoyé plusieurs de ses enfants

---

[1] Toulon   [2] Une lettre.   [3] Louis XIV.

« dans le Canada, étoit retenu dans la hutte de l'es-
« clavage. Ononthio-Denonville est rappelé. Moi,
« ton père Ononthio-Frontenac, je retourne au Ca-
« nada; je t'y ramènerai avec tes compagnons. Hâte-
« toi de venir me trouver au grand village, où je
« t'attends pour te présenter au Soleil. Essuie les
« pleurs de tes yeux : le calumet de paix ne sera
« plus violé, et la natte du sang sera lavée avec
« l'eau du fleuve. »

« Je fis à haute voix l'explication du collier aux
chefs sauvages; à l'instant même un guerrier détacha nos fers. Aussitôt que nous sentîmes nos pieds
dégagés des entraves, nous présentâmes en sacrifice au Grand-Esprit un pain de tabac, que nous
jetâmes dans la mer, après avoir coupé l'offrande
en douze parties.

« Le chef de la prière nous donna l'hospitalité,
et nous reçûmes, avec de l'or, des vêtements nouveaux, faits à la façon de notre pays.

« Dès que l'esprit du jour eut attelé le soleil à
son traîneau de flamme, on nous conduisit à la
hutte roulante[1] qui nous devoit emporter : Lopez
et le chef de la prière nous accompagnoient. Long-
temps, à la porte de la cabane mobile, je tins
serré contre mon cœur le père d'Atala; je lui disois :

« Lopez! faut-il que je vous quitte encore, que
« je vous quitte lorsque vous êtes malheureux? Sui-
« vez votre fils : venez parmi vos Indiens planter
« votre bienfaisante vie, dans le sol de ma cabane.
« Là, vous ne serez point méprisé parce que vous

[1] Carrosse.

« êtes pauvre : je chasserai pour votre repas, vous
« serez honoré comme un génie. Si mes prières
« trouvent votre cœur fermé, si vous craignez de
« vous exposer aux fatigues d'un long voyage, je res-
« terai avec vous : j'apprendrai les arts des Blancs,
« je vous mettrai par mon travail au-dessus de l'in
« digence. Qui vous fermera les yeux? qui cueillera
« le dernier jour de votre vieillesse? Souffrez que
« la main d'un fils vous présente au moins la coupe
« de la mort : d'autres l'agiteroient peut-être, et
« vous la feroient boire troublée. »

« Sage et indulgent Lopez, vous me répondîtes :
« Vous n'avez jamais été ingrat envers moi; quand
« vous me quittâtes à Saint-Augustin, vous suiviez
« le penchant naturel à tous les hommes; loin de
« vous rien reprocher, je vous admirai. Dans ce mo-
« ment vous seriez coupable en demeurant sur ces
« bords : Dieu a enrichi votre âme des plus beaux
« dons de l'adversité; vous devez ces richesses à
« votre patrie. Que si je refuse de vous suivre, ne
« croyez pas que ce soit faute de vous aimer; mais
« je serois un trop vieux voyageur. Il faut que
« chacun accomplisse les ordres de la Providence:
« vous dormirez auprès des os de vos pères; moi
« je dois mourir ici. La charité partagera ma dé-
« pouille; les enfants de l'étranger viendront jouer
« autour de ma tombe, et l'effaceront sous leurs
« pas. Aucune épouse, aucun fils, aucune sœur,
« aucune mère ne s'arrêtera à ma pierre funèbre,
« visitée seulement du malheureux, et sur laquelle
« passera le sentier du pèlerin. »

8.

« Et Lopez m'inondoit de ses larmes, comme un jardinier arrose l'arbrisseau qu'il a planté. Le chef de la prière voulant prévenir une plus longue foiblesse nous cria : « A quoi pensez-vous ? où est donc « votre courage ? » Il me jette dans la hutte roulante, en ferme brusquement la porte, et fait un geste de la main. A ce signal le guide du traîneau pousse ses coursiers, qui s'agitoient dans leurs traits et blanchissoient le frein d'écume : frappant de leurs seize pieds d'airain le pavé sonore, ils partent suivis des quatre ailes bruyantes de la cabane mobile, qui roulent avec des étincelles de feu. Les édifices fuient des deux côtés ; nous franchissons des portes qui s'ébranlent à notre passage, et bientôt le traîneau, lancé dans une longue carrière, glisse comme une pirogue sur la surface unie d'un fleuve.

LIVRE SIXIÈME.

« A force de mon âme resta long-temps abattue par la tendresse de mes adieux à Lopez. Le génie de la renommée nous avoit devancés : durant tout le voyage, nous reçûmes l'hospitalité dans des huttes que le Soleil avoit fait préparer pour nous. Notre simplicité en conclut que ces hommes que nous voyions étoient les esclaves du Soleil, que ces champs cultivés que nous traversions étoient des pays conquis, labourés par les vaincus pour les vainqueurs; vainqueurs qui, sans doute, fumoient tranquillement sur leur natte, et que nous allions trouver au grand village. Cette idée nous donna un mépris profond pour les peuples qui nous environnoient; nous brûlions d'arriver à la résidence des vrais François, ou des guerriers libres.

« Nous fûmes étrangement surpris en entrant au grand village [1] : les chemins [2] étoient sales et étroits; nous remarquâmes des huttes de commerce [3] et des troupeaux de serfs comme dans les rues de la France. On nous conduisit chez notre père Ononthio-Frontenac. La cabane étoit pleine de guerriers qu'Ononthio nous dit être de ses amis. Il nous avertit que nous irions, dès le lendemain, à un autre village [4], où nous allumerions le feu du conseil avec le chef

---

[1] Paris.   [2] Les rues.   [3] Les boutiques.   [4] Versailles.

des chefs. Après avoir pris le repas de l'hospitalité, nous nous retirâmes dans une des chambres de la cabane, où nous dormîmes sur des peaux d'ours.

« Le soleil éclairoit les travaux de l'homme civilisé et les loisirs du Sauvage, lorsque nous partîmes du grand village. Des coursiers couverts de fumée, nous traînèrent à la hutte[1] du chef des chefs, en moins de temps qu'un Sachem plein d'expérience, et l'oracle de sa nation, met à juger un différend qui s'élève entre deux mères de famille.

« A travers une foule de gardes, nous fûmes conduits jusqu'au père des François. Surpris de l'air d'esclavage que je remarquois autour de moi, je disois sans cesse à Ononthio : « Où est donc la na-« tion des guerriers libres ? » Nous trouvâmes le Soleil[2] assis comme un génie, sur je ne sais quoi qu'on appeloit un trône, et qui brilloit de toutes parts. Il tenoit en main un petit bâton avec lequel il jugeoit les peuples. Ononthio nous présenta à ce Grand-Chef en disant :

« Sire, les sujets de Votre Majesté..... »

« Je me tournai vers les chefs des Cinq-Nations, et leur expliquai la parole d'Ononthio. Ils me répondirent : « C'est faux; » et ils s'assirent à terre, les jambes croisées. Alors, m'adressant au premier Sachem :

« Puissant Soleil, lui dis-je, toi dont les bras s'é-« tendent jusqu'au milieu de la terre! Ononthio « vient de prononcer une parole qu'un génie ennemi

---

[1] Château de Versailles. [2] Louis XIV.

« lui aura sans doute inspirée : mais toi qu'Athaënsic [1]
« n'a pas privé de sens, tu es trop prudent pour te
« persuader que nous soyons tes esclaves. »

« A ces paroles, qui sortoient ingénument de mes lèvres, il se fit un mouvement dans la hutte. Je continuai mon discours :

« Chef des chefs, tu nous as retenus dans la hutte
« de la servitude par la plus indigne trahison. Si tu
« étois venu chanter la chanson de paix chez nos
« vieillards, nous aurions respecté en toi les Ma-
« nitous vengeurs des traités. Cependant la gran-
« deur de notre âme veut que nous t'excusions,
« car le souverain Esprit ôte et donne la raison
« comme il lui plaît, et il n'y a rien de plus in-
« sensé et de plus misérable qu'un homme aban-
« donné à lui-même. Enterrons donc la hache dont
« le manche est teint de sang. Éclaircissons la chaîne
« d'amitié, et puisse notre union durer autant que
« la terre et le soleil ! J'ai dit. »

« En achevant ces mots, je voulus présenter le calumet de paix au Soleil ; mais sans doute quelque génie frappa ce chef de ses traits invisibles, car la pâleur étendit son bandeau blanc sur son front : on se hâta de nous emmener dans une autre partie de la cabane.

« Là, nous fûmes entourés d'une foule curieuse : les jeunes hommes surtout nous sourioient avec complaisance ; plusieurs me serrèrent secrètement la main.

[1] La vengeance.

« Trois héros s'approchèrent de nous : le premier paroissoit rassasié de jours, et cependant on l'auroit pris pour l'immortel vieillard des foudres, tant il traînoit après lui de grandeur. A peine pouvoit-on soutenir l'éclat de ses regards : l'âme brillante, ingénieuse et guerrière de la France respiroit tout entière dans cet homme.

« Le second cachoit, sous des sourcils épais et un air indécis, une expression extraordinaire de vertu et de courage ; on sentoit qu'il pouvoit être le rival du premier héros, et le frein de sa fortune.

« Le troisième guerrier, beaucoup plus jeune que les deux autres, portoit la modération sur ses lèvres et la sagesse sur son front. Sa physionomie étoit fine, son œil observateur, sa parole tranquille. Le premier de ces guerriers achevoit ses jours de gloire dans une superbe cabane, parmi les bois et les eaux jaillissantes, avec neuf vierges célestes qu'on nomma les Muses ; le second ne quittoit le grand village que pour habiter les camps ; le troisième vivoit retiré dans un petit héritage non loin d'un temple où il se promenoit souvent autour des tombeaux.

« J'invitai ces trois enfants des batailles à venir chanter au milieu du sang notre chanson de guerre ; l'aîné des fils d'Areskoui [1] sourit, le second s'éloigna, le troisième fit un mouvement d'horreur [2].

« Ononthio me fit observer plus loin des guerriers qui causoient ensemble avec chaleur. « Voilà, me « dit-il, trois hommes que la France peut opposer à

---

[1] Génie de la guerre.   [2] Condé, Turenne et Catinat.

« l'Europe combinée. Quel feu dans le plus jeune
« des trois ! quelle impétuosité dans sa parole ! Il
« s'efforce de convaincre ce Sachem inflexible qui
« l'écoute, qu'on doit faire servir les galères de la
« mer intérieure sur les flots de l'Océan. Ce fils
« illustre d'un père encore plus fameux fait sou-
« rire le troisième guerrier qui ne veut pas décider
« entre les deux autres, et s excuse en disant qu'il
« ignore les arts de Michabou [1] ; il ne tient que
« d'Areskoui le secret des ceintures inexpugnables
« dont il environne les cités [2]. »

« Dans ce moment un jeune héros s'avança vers
le guerrier au regard sévère [3] ; il lui présenta un
collier [4] de suppliant. Le fils altier de la montagne
jeta les yeux sur le collier, et le rendit durement au
héros, avec les paroles du refus. Le jeune homme
rougit et sortit, en jetant sur la cabane un regard
qui me fit frémir, car il me sembla qu'il avoit
imploré le génie des vengeances [5].

« Je fus distrait de ces pensées par un grand bruit
qui se fit à une porte. Entrent aussitôt deux guerriers qui se tenoient en riant sous le bras. Leur
taille arrondie annonçoit les fils heureux de la joie ;
leurs pas étoient un peu chancelants ; leur haleine
étoit encore parfumée des esprits du plus excellent
jus de feu [6]. Leurs vêtements flottoient négligés
comme au sortir d'un long festin ; leur visage étoit

---

[1] Génie des eaux.
[2] Seignelay, fils de Colbert, Louvois et Vauban.
[3] Louvois. [4] Un placet, une lettre. [5] Le prince Eugène.
[6] Du vin.

tout empreint des poudres chères au conseil des Sachems[1]. Je ne sais quoi de brave, de populaire, de spirituel, d'insouciant, de libéral jusqu'à la prodigalité, étoit répandu sur leur personne ; ils avoient l'air de ne rien voir avec un cœur ennemi, de se divertir des hommes, de penser peu aux dieux, et de rire de la mort. On les eût pris pour des jumeaux qu'Areskoui[2] auroit eus d'une mortelle après la victoire, ou pour les fils illégitimes de quelque roi fameux ; ils mêloient à la noblesse des hautes destinées de leur père ce que l'amour et une plus humble condition ont de gracieux et de fortuné[3].

« A peine ces enfants joufflus des vendanges avoient-ils posé un pied mal assuré dans la cabane, que deux autres guerriers coururent se joindre à eux. Un de ces derniers avoit reçu en naissant un coup fatal de la main d'un génie, mais c'étoit l'enfant des bons succès[4] ; l'autre ressembloit parfaitement à un génie sauveur[5]. Je l'avois vu arrêter par le bras le jeune homme qui étoit sorti de la grande cabane après le refus du guerrier hautain[6].

« Ainsi réunis, ces quatre guerriers alloient parcourant la hutte, réjouissant les cœurs par leurs agréables propos : ils ne dédaignèrent pas de causer avec un Sauvage. Les deux frères me demandèrent si les banquets étoient longs et excellents

---

[1] Du tabac. [2] Génie de la guerre.
[3] Les deux Vendôme, petits-fils de Henri IV, par Gabrielle.
[4] Luxembourg. [5] Villars.
[6] Louvois refusa un régiment au prince Eugène, et celui-ci passa au service de l'empereur.

dans mes forêts, et si l'on sommeilloit beaucoup d'heures sur la peau d'ours. Je tâchai de faire honneur à mes bois, et de mettre dans ma réponse la gaieté qui respiroit sur les lèvres de ces hommes. Un esprit me favorisa, car ils parurent contents, et me voulurent montrer eux-mêmes la somptuosité de la hutte du Soleil.

« Nous parcourûmes d'immenses galeries dont les voûtes étoient habitées par des génies, et dont les murs étoient couverts d'or, d'eau glacée[1], et de merveilleuses peintures. Les guerriers blancs désirèrent savoir ce que je pensois de ces raretés.

« Mes hôtes, répondis-je, je vous dirai la vérité,
« telle que les Manitous me l'inspirent, dans toute
« la droiture de mon cœur : vous me semblez très
« à plaindre et fort misérables ; jamais je n'ai tant
« regretté la cabane de mon père Outalissi, ce
« guerrier honoré des nations comme un génie.
« Ce palais dont vous vous enorgueillissez a-t-il
« été bâti par l'ordre des esprits? N'a-t-il coûté ni
« sueurs ni larmes? Ses fondements sont-ils jetés
« dans la sagesse, seul terrain solide? Il faut une
« vertu magnifique pour oser habiter la magnifi-
« cence de ces lieux : le vice seroit hideux sous ces
« dômes. A la pesanteur de l'air que je respire, à
« je ne sais quoi de glacé dans cet air, à quelque
« chose de sinistre et de mortel que j'aperçois sous
« le voile des sourires, il me semble que cette hutte
« est la hutte de l'esclavage, des soucis, de l'ingra-
« titude et de la mort. N'entendez-vous pas une

[1] Des glaces.

« voix douloureuse qui sort de ces murs, comme
« s'ils étoient l'écho où se viennent répéter les sou-
« pirs des peuples? Ah! qu'il seroit grand ici le
« bruit des pleurs, si jamais il commençoit à se
« faire entendre! Un tel édifice tombé ne seroit
« point rebâti, tandis que ma hutte se peut relever
« plus belle en moins d'une journée. Qui sait si les
« colonnes de mes chênes ne verdiront point en-
« core à la porte de ma cabane, lorsque les piliers
« de marbre de ce palais seront prosternés dans la
« poudre? »

« C'est ainsi, ô René! qu'un ignorant Sauvage de la Nouvelle-France devisoit avec les plus grands hommes de ta vieille patrie, sous le règne du plus grand roi, au milieu des pompes de Versailles. Nous quittâmes les galeries, et nous descendîmes dans les jardins au milieu du fracas des armes.

« Dans ces jardins, malgré les préjugés de ma natte, je fus vraiment frappé d'étonnement: la façade entière du palais semblable à une immense ville, cent degrés de marbre blanc conduisant à des bocages d'orangers, des eaux jaillissant au milieu des statues et des parterres, des grottes, séjour des esprits célestes, des bois où les premiers héros, les plus belles femmes, les esprits les plus divins erroient en méditant les triples merveilles de la guerre, de l'amour et du génie, tout ce spectacle enfin saisit fortement mon âme. Je commençai à entrevoir une grande nation où je n'avois aperçu que des esclaves, et pour la première fois je rougis de ma superbe du désert

« Nous nous avançâmes parmi les bronzes, les marbres, les eaux et les ombrages : chaque flot, contraint de sortir de la terre, apportoit un génie à la surface des bassins. Ces génies varioient selon leur puissance : les uns étoient armés de tridents, les autres sonnoient des conques recourbées; ceux-ci étoient montés sur des chars, ceux-là vomissoient l'onde en tourbillon. Mes compagnons s'étant écartés, je m'assis au bord d'un bain solitaire. La rêverie vint planer autour de moi; elle secouoit sur mes cheveux les songes et les souvenirs : elle m'envoya la plus douce des tristesses du cœur, celle de la patrie absente.

« Nous abandonnâmes enfin la hutte des rois, et la Nuit, marchant devant nous avec la fraîcheur, nous reconduisit au grand village.

« Lorsque les dons du sommeil eurent réparé mes forces, Ononthio me tint ce discours : « Chactas
« fils d'Outalissi, vous vous plaignez que vous n'avez
« point encore vu les guerriers libres, et vous me
« demandez sans cesse où ils sont : je vous les veux
« faire connoître. Un esclave va vous conduire aux
« cabanes où s'assemblent diverses espèces de Sa-
« chems : allez et instruisez-vous, car on apprend
« beaucoup par l'étude des mœurs étrangères. Un
« homme qui n'est point sorti de son pays ne con-
« noît pas la moitié de la vie. Quant aux autres
« chefs, vos compagnons, comme ils n'entendent
« pas la langue de la terre des chairs blanches, ils
« préféreront sans doute rester sur la natte, à fumer
« leur calumet et à parler de leur pays. »

« Il dit. Plein de joie, je sors avec mon guide : comme un aigle qui demande sa pâture, je m'élance plein de la faim de la sagesse. Nous arrivons à une cabane [1] où étoient assemblés des hommes vénérables.

« J'entrai avec un profond respect dans le conseil, et je fus d'autant plus satisfait, qu'on ne parut faire aucune attention à moi. Je remerciai les génies, et je me dis : « Voici enfin la nation françoise. C'est comme nos Sachems ! » Je pris une pipe consacrée à la paix, et je m'apprêtai à répondre à ce qu'on alloit sans doute me demander touchant les mœurs, les usages et les lois des chairs rouges. Je prêtai attentivement l'oreille, et je promis le sacrifice d'un ours à Michabou [2], s'il vouloit m'envoyer la prudence pour faire honneur à mon pays.

« Par le Grand-Lièvre [3], ô mon fils ! je fus dans la dernière confusion, quand je m'aperçus que je n'entendois pas un mot de ce que disoient les divins Sachems. Je m'en pris d'abord à quelque Manitou, ennemi de ma gloire et de mes forêts : je m'allois retirer plein de honte, lorsque l'un des vieillards, se tournant vers moi, dit gravement : « Cet homme est rouge, non par nature, car il a la « peau blanche comme l'Européen. » Un autre soutint que la nature m'avoit donné une peau rouge ; un troisième fut d'avis de m'adresser des questions ; mais un quatrième s'y opposa, disant que,

---

[1] Le Louvre. [2] Génie des eaux.
[3] Divinité souveraine des chasseurs.

d'après la conformation extérieure de ma tête, il étoit impossible que je comprisse ce qu'on me demanderoit.

« Pensant, dans la simplicité de mon cœur, que les Sachems se divertissoient, je me pris à rire. « Voyez, » s'écria celui qui avoit énoncé la dernière opinion, « je vous l'avois dit ! Je serois assez porté « à croire, à en juger par ses longues oreilles, que « le Canadien est l'espèce mitoyenne entre l'homme « et le singe. » Ici s'éleva une dispute violente sur la forme de mes oreilles. « Mais voyons, » dit enfin un des vieillards qui avoit l'air plus réfléchi que les autres : « il ne se faut pas laisser aller à des « préventions. »

« Alors le Sachem s'approcha de moi avec des précautions qu'il crut nécessaires, et me dit : « Mon « ami, qu'avez-vous trouvé de mieux dans ce « pays-ci ? »

« Charmé de comprendre enfin quelque chose à tous ces discours, je répondis : « Sachem, on voit « bien à votre âge que les génies vous ont accordé « une grande sagesse : les mots qui viennent de « sortir de votre bouche prouvent que je ne me « suis pas trompé. Je n'ai pas encore acquis beau- « coup d'expérience, et je pourrois être un de vos « fils : quand je quittai les rives du Meschacebé, les « magnolias avoient fleuri dix-sept fois, et il y a dix « neiges que je pleure la hutte de ma mère. Cepen- « dant, tout ignorant que je suis, je vous dirai la « vérité. Jusqu'à présent je n'ai point encore vu « votre nation, ainsi je ne saurois vous parler des

« guerriers libres; mais voici ce que j'ai trouvé de
« mieux parmi vos esclaves : les huttes de com-
« merce[1] où l'on expose la chair des victimes, me
« semblent bien entendues et parfaitement utiles. »

« A cette réponse, un rire qui ne finissoit point
bouleversa l'assemblée : mon conducteur me fit sortir, priant les Sachems d'excuser la stupidité d'un
Sauvage. Comme je traversois la hutte, j'entendis
argumenter sur mes ongles, et ordonner de noter
aux colliers[2] ce conseil, comme un des meilleurs
de la lune dans laquelle on étoit alors.

« De cette assemblée, nous nous rendîmes à celle
des Sachems appelés juges. J'étois triste, en songeant à mon aventure, et je rougissois de n'avoir
pas plus d'esprit. Arrivé dans une île[3] au milieu
du grand village, je traversai des huttes obscures
et désertes, et je parvins au lieu[4] où résidoit le
conseil. De vénérables Sachems, vêtus de longues
robes rouges et noires, écoutoient un orateur qui
parloit d'une voix claire et perçante : « Voici, dis-je
« intérieurement, les vrais Sachems; les autres, je
« le vois à présent, ne sont que des sorciers et des
« jongleurs. »

« Je me plaçai dans le rang des spectateurs avec
mon guide, et m'adressant à mon voisin : « Vaillant
« fils de la France, lui dis-je, cet orateur à la voix

---

[1] Boutiques de charcutier et de boucher. Les Sauvages amenés à Paris, sous Louis XIV, ne furent frappés que de l'étal des viandes de boucherie.

[2] Registres, livres, contrats, lettres, en général toute sorte d'écrits
[3] La Cité.   [4] Le Palais de Justice.

« de cigale parle sans doute pour ou contre la
« guerre, ce fléau des peuples? Quelle est, je te
« supplie de me le dire, l'injustice dont il se plaint
« avec tant de véhémence ? »

« L'étranger, me regardant avec un sourire, me
répondit: « Mon cher Sauvage, il s'agit bien de la
« guerre ici! De la guerre, oui, à ce misérable que
« tu vois, et qui sera sans doute étranglé pour avoir
« eu la foiblesse de confesser dans les tourments
« un crime dont il n'y a d'autre preuve que l'aveu
« arraché à ses douleurs. »

« Je conjurai mon conducteur de me remener à
la hutte d'Ononthio, puisqu'on s'amusoit partout
de ma simplicité.

« Nous retournions en effet chez mon hôte, lorsqu'en passant devant la cabane des prières [1], nous
vîmes la foule rassemblée aux portes : mon guide
m'apprit qu'il y avoit dans cette cabane une fête
de la Mort. Je me sentis un violent désir d'entrer
dans ce lieu saint : nous y pénétrâmes par une
ouverture secrète. On se taisoit alors pour écouter
un génie dont le souffle animoit des trompettes
d'airain [2] : ce génie cessa bientôt de murmurer. Les
colonnes de l'édifice, enveloppées d'étoffes noires,
auroient versé à leurs pieds une obscurité impénétrable, si l'éclat de mille torches n'eût dissipé cette
obscurité. Au milieu du sanctuaire, que bordoient
des chefs de la prière [3], s'élevoit le simulacre d'un
cercueil. L'autel et les statues des hommes pro-

---

[1] Une église. [2] L'orgue. [3] Les prêtres.

tecteurs de la patrie se cachoient pareillement sous des crêpes funèbres. Ce que le grand village et la cabane du Soleil contenoient de plus puissant et de plus beau étoit rangé en silence dans les bancs de la nef.

« Tous les regards étoient attachés sur un orateur vêtu de blanc au milieu de ce deuil, et qui, debout, dans une galerie suspendue [1], les yeux fermés, les mains croisées sur sa poitrine, s'apprêtoit à commencer un discours : il sembloit perdu dans les profondeurs du ciel. Tout à coup ses yeux s'ouvrent, ses mains s'étendent, sa voix, interprète de la mort, remplit les voûtes du temple, comme la voix même du Grand-Esprit [2]. Avec quelle joie je m'aperçus que j'entendois parfaitement le chef de la prière ! Il me sembloit parler la langue de mon pays, tant les sentiments qu'il exprimoit étoient naturels à mon cœur !

« Je m'aurois voulu jeter aux pieds de ce sacrificateur, pour le prier de parler un jour sur ma tombe, afin de réjouir mon esprit dans la contrée des âmes ; mais lorsque je vins à songer à mon peu de vertu, je n'osai demander une telle faveur : le murmure du vent et du torrent est la seule éloquence qui convient au monument d'un Sauvage.

« Je ne sortis point de la cabane de la prière sans avoir invoqué le Dieu de la fille de Lopez. Revenu chez Ononthio, je lui fis part des fruits de ma journée ; je lui racontai surtout les paroles de l'orateur de la mort. Il me répondit :

[1] La cháire.   [2] Bossuet.

LIVRE VI.   131

« Chactas, connois la nature humaine : ce grand
« homme qui t'a enchanté n'a pu se défendre d'être
« importuné d'une autre renommée que la sienne :
« pour quelques mots mal interprétés, il partage
« maintenant la cour et la ville, et persécute un ami [1].

« Tu verras bien d'autres contradictions parmi
« nous. Mais tu ne serais pas aussi sage que ton
« père, fils d'Outalissi, si tu nous jugeois d'après
« ces foiblesses. »

« Ainsi me parloit Ononthio qui avoit vécu bien
des neiges [2]. Les choses qu'il venoit de me dire
m'occupèrent dans le silence de ma nuit. Aussitôt
que la mère du jour, la fraîche Aurore, eut monté
sur l'horizon avec le jeune Soleil, son fils, suspendu
à ses épaules dans des langes de pourpre, nous
secouâmes de nos paupières les vapeurs du sommeil. Par ordre d'Ononthio, nous jetâmes autour
de nous nos plus beaux manteaux de castors, nous
couvrîmes nos pieds de mocassines merveilleusement brodées, et nous ombrageâmes de plumes
nos cheveux relevés avec art : nous devions accompagner notre hôte à la fête que le Grand-Chef
préparoit dans des bois, non loin des bords de la
Seine.

« Vers l'heure où l'Indienne chasse avec un rameau les mouches qui bourdonnent autour du
berceau de son fils, nous partons; nous arrivons
bientôt au séjour des Manitous et des génies [3].
Ononthio nous place sur une estrade élevée.

---

[1] Fénelon.   [2] Années.   [3] Fêtes de Louis XIV.

« Le chef des chefs paroît couvert de pierreries : il étoit monté sur un cheval plus blanc qu'un rayon de la lune, et plus léger que le vent. Il passe sous des portiques semblables à ceux de nos forêts : cent héros l'accompagnent vêtus comme les anciens guerriers de la France.

« Une barrière tombe : les héros s'avancent ; un char immense et tout d'or les suit. Quatre siècles, quatre saisons, les heures du jour et de la nuit, marchent à côté de ce char. On se livre des combats qui nous ravissent.

« La nuit enveloppe le ciel ; les courses cessent, mille flambeaux s'allument dans les bosquets. Tout à coup une montagne brillante de clarté s'élève du fond d'un antre obscur ; un génie et sa compagne sont debout sur sa cime : ils en descendent et couvrent des raretés de la terre et de l'onde une table de cristal. Des femmes éblouissantes de beauté viennent s'asseoir au banquet, et sont servies par des nymphes et des amours.

« Un amphithéâtre sort du sein de la terre, et étale sur ses gradins des chœurs harmonieux qui font retentir mille instruments. A un signal la scène s'évanouit ; quatre riches cabanes, chargées des dons du commerce et des arts, remplacent les premiers prodiges. Ononthio me fait observer les personnages qui distribuent les présents de la munificence royale.

« Voyez-vous, me dit-il, cette femme si belle, « mais d'un port un peu altier[1], qui préside à l'une

[1] Mme de Montespan.

« des quatre cabanes avec le fils d'un roi? Un nuage
« est sur son front : c'est un astre qui se retire
« devant cette autre beauté, au regard plus doux
« mais plein d'art, qui tient la seconde cabane avec
« ce jeune prince [1]. Si le Grand-Chef avoit voulu
« être heureux parmi les femmes, il n'eût écouté
« ni l'une ni l'autre de ces beautés, et l'âme la plus
« tendre ne se consumeroit pas aujourd'hui dans
« une solitude chrétienne [2]. »

« Tandis que j'écoutois ces paroles, je remarquai
plusieurs autres femmes que je désignai à Ononthio. Il me répondit :

« Les Grâces mêmes ont arrangé les colliers [3] que
« cette matrone envoie à sa fille chérie : quant à ces
« trois autres fleurs qui balancent ensemble leurs
« tiges, l'une se plaît au bord des ruisseaux [4], l'autre
« aime à parer le sein des princesses infortunées [5],
« et la troisième offre ses parfums à l'amitié [6]. Voilà
« plus loin deux palmiers illustres par leur race,
« mais ils n'ont pas la grâce des trois fleurs, et ne
« sont ornés que de colliers politiques [7]. Chactas,
« quand ce talent dans les femmes se trouve réuni
« au génie dans les hommes, c'est ce qui établit la
« supériorité d'un peuple. Trois fois favorisées du
« ciel les nations où la muse prend soin d'aplanir
« les sentiers de la vie, les nations chez lesquelles

---

[1] Mme de Maintenon. [2] Mme de La Vallière.
[3] Lettres de Mme de Sévigné. [4] Mme Deshoulières.
[5] Mme de La Fayette. [6] Mme Lambert.
[7] Mémoires de Mlle de Montpensier et de MADAME, seconde femme du frère de Louis XIV.

« règne assez d'urbanité pour adoucir les mœurs,
« pas assez pour les corrompre ! »

« Durant ce discours, la voix de deux hommes se fit entendre derrière nous. Le plus jeune disoit au plus âgé : « Je ne m'étonne pas que vous soyez
« surpris de cette institution de la chambre ardente :
« nous sommes, en tous genres, au temps des choses
« extraordinaires. Si l'on pouvoit parler du *masque*
« *de fer*..... » Ici la voix du guerrier devint sourde comme le bruit d'une eau qui tombe sous des racines, au fond d'une vallée pleine de mousse.

« Je tournai la tête et j'aperçus un guerrier que je reconnus pour étranger à son vêtement : il portoit une coiffure de pourpre. Ononthio, qui vit ma surprise, se hâta de me dire : « Fils de la terre des
« chasseurs, tu te trouves dans le pays des enchan-
« tements. Le guerrier qui nous a interrompus par
« ses propos est lui-même ici une merveille : c'est
« un roi [1] venu de la ville de marbre, pour humi-
« lier son peuple aux pieds du Soleil des François. »

« A peine Ononthio s'étoit exprimé de la sorte, que la terreur saisit toute l'assemblée : le chef des chefs se troubla aux paroles secrètes que lui porta un héraut. Tandis que des cris retentissoient au loin, le silence et l'inquiétude étoient sur toutes les lèvres et sur tous les fronts : un castor, qui a entendu des pas au bord de son lac, suspend les coups dont il battoit le ciment de ses digues, et prête au bruit une oreille alarmée. Après quelques moments,

---

[1] Le doge de Gênes.

les plaintes s'évanouirent, et le calme revint dans la fête. Je demandai à Ononthio la cause de cet accident; il hésita avant de répondre. Voici quelles furent ses paroles :

« C'est une imprudence causée par une troupe
« de guerriers, qui a passé trop près de ce lieu en
« escortant des bannis. »

« Je répliquai : « Ils ont donc commis des crimes ?
« A leurs gémissements, je les aurois pris pour des
« infortunés, plutôt que pour des hommes haïs du
« Grand-Esprit à cause de leurs injustices : il y a
« dans la douleur un accent auquel on ne se peut
« tromper. D'ailleurs, ils me sembloient bien nom-
« breux ces hommes : y auroit-il tant de cœurs amis
« du mal ? »

« Ononthio repartit : « On compte plusieurs mil-
« liers de François ainsi condamnés à l'exil ; on les
« bannit, parce qu'ils veulent adorer Dieu à des
« autels nouvellement élevés [1]. »

— « Ainsi, m'écriai-je, c'est la voix de plusieurs
« milliers de François malheureux que je viens d'en-
« tendre au milieu de cette pompe françoise. O na-
« tion incompréhensible ! d'une main vous faites des
« libations au Manitou des joies, de l'autre vous ar-
« rachez vos frères à leur foyer ! vous les forcez
« d'abandonner, avec toutes sortes de misères, leurs
« génies domestiques ! »

— « Chactas ! Chactas ! s'écria vivement Onon-
« thio, on ne parle point de cela ici. »

---

[1] Les protestants. Révocation de l'édit de Nantes, dragonnades.

« Je me tus; mais le reste des jeux me parut empoisonné : incapable de fixer mes pensées sur les mœurs et les lois des Européens, je regrettai amèrement ma cabane et mes déserts.

« Nous nous retrouvâmes avec délices chez Ononthio. Heureux, me disois-je en cédant au sommeil, heureux ceux qui ont un arc, une peau de castor, et un ami !

« Le lendemain, vers la première veille de la nuit, Ononthio me fit monter avec lui sur son traîneau, et nous arrivâmes au portique d'une longue cabane [1] qu'inondoient les flots des peuples. Par d'étroits passages, éclairés à la lueur de feux renfermés dans des verres, nous pénétrons jusqu'à une petite hutte [2] tapissée de pourpre, dont une esclave nous ouvrit la porte.

« A l'instant je découvre une salle où quatre rangs de cabanes, semblables à celles où j'entrois, étoient suspendus aux contours de l'édifice : des femmes d'une grande beauté, des héros à la longue chevelure et chargés de vêtements d'or, brilloient dans les cabanes à la clarté des lustres. Au-dessous de nous, au fond d'un abîme, d'autres guerriers debout et pressés onduloient comme les vagues de la mer. Un bruit confus sortoit de la foule ; de temps en temps des voix, des cris plus distincts se faisoient entendre, et quelques fils de l'harmonie, rangés au bas d'un large rideau, exécutoient des airs tristes qu'on n'écoutoit pas.

---

[1] Un théâtre. [2] Une loge.

« Tandis que je contemplois ces choses si nouvelles pour moi, tandis qu'Ononthio et ses amis étudioient dans mes yeux les sensations d'un Sauvage, un sifflement tel que celui des perruches dans nos bois part d'un lieu inconnu : le rideau se replie dans les airs comme le voile de la Nuit, touché par la main du Jour.

« Une cabane soutenue par des colonnes se découvre à mes regards. La musique se tait ; un profond silence règne dans l'assemblée. Deux guerriers, l'un jeune, l'autre déjà atteint par la vieillesse, s'avancent sous les portiques. René, je ne suis qu'un Sauvage ; mes organes grossiers ne peuvent sentir toute la mélodie d'une langue parlée par le peuple le plus poli de l'univers ; mais, malgré ma rudesse native, je ne saurois te dire quelle fut mon émotion lorsque les deux héros vinrent à ouvrir leurs lèvres au milieu de la hutte muette. Je crus entendre la musique du ciel : c'étoit quelque chose qui ressembloit à des airs divins, et cependant ce n'étoit point un véritable chant ; c'étoit je ne sais quoi qui tenoit le milieu entre le chant et la parole. J'avois ouï la voix des vierges de la solitude durant le calme des nuits ; plus d'une fois j'avois prêté l'oreille aux brises de la lune, lorsqu'elles réveillent dans les bois les génies de l'harmonie ; mais ces sons me parurent sans charmes auprès de ceux que j'écoutois alors.

« Mon saisissement ne fit qu'augmenter à mesure que la scène se déroula. O Atala ! quel tableau de la passion, source de toutes nos infortunes ! Vaincu par mes souvenirs, par la vérité des peintures [1], par la poésie des accents, les larmes descendirent en torrent de mes yeux : mon désordre devint si grand, qu'il troubla la cabane entière.

« Lorsque le rideau retombé eut fait disparoître ces merveilles, la plus jeune habitante [2] d'une hutte voisine de la nôtre me dit : « Mon cher Huron, je suis « charmée de toi, et je te veux avoir ce soir à souper, « avec celui que tu appelles ton père. » Ononthio me prit à part, et me raconta que cette femme gracieuse étoit une célèbre Ikouessen [3], chez laquelle se réunissoit la véritable nation françoise. Ravi de la proposition, je répondis à l'Ikouessen : « Amante « du plaisir, tes lèvres sont trop aimables pour re- « cevoir un refus. Tu excuseras seulement ma sim- « plicité, parce que je viens des grandes forêts. »

« Dans ce moment la toile s'enleva de nouveau. Je fus plus étonné du second spectacle que je ne l'avois peut-être été du premier, mais je le compris moins. Les passions que vous appelez tragiques sont communes à tous les peuples, et peuvent être entendues d'un Natchez et d'un François; les pleurs sont partout les mêmes, mais les ris diffèrent selon les temps et les pays.

« Les jeux finis, l'Ikouessen s'enveloppa dans un voile, et me forçant, avec la folâtrerie des Amours, à lui donner la main, nous descendîmes les degrés de la hutte, où se pressoit une foule de spectateurs : Ononthio nous suivoit. L'Indien ne sait point rougir; je ne me sentis aucun embarras, et je remar-

---

[1] Phèdre. [2] Ninon. [3] Courtisane.

quai qu'on avoit l'air d'applaudir à la naïve hauteur de ma contenance.

« Nous montons sur un traîneau au milieu des armes protectrices, des torches flamboyantes, et des cris des esclaves qui faisoient retentir les voûtes du nom pompeux de leurs maîtres. Comme le char de la nuit, roulent les cabanes mobiles : l'enfant du commerce, retiré dans la paix de ses foyers, entend frémir les vitrages de sa hutte, et sent trembler sous lui la couche nuptiale. Nous arrivons chez la divinité des plaisirs. S'élançant du traîneau rapide auquel ils étoient suspendus, des esclaves nous en ouvrent les portes : nous descendons sous un vestibule de marbre orné d'orangers et de fleurs. Nous pénétrons dans des cabanes voluptueuses, aux lambris de bois d'ébène gravés en paysages d'or. Partout brûloient les trésors dérobés[1] aux filles des rochers et des vieux chênes. La véritable nation françoise (car je l'avois reconnue au premier coup d'œil) étoit déjà établie aux foyers de l'Ikouessen. Un ton d'égalité, une franchise semblable à celle des Sauvages, régnoient parmi les guerriers.

« J'adressai ma prière à l'Amour hospitalier, Manitou de cette cabane, et me mêlant à la foule, je me trouvai pour la première fois aussi à l'aise que si j'eusse été dans le conseil des Natchez.

« Les guerriers étoient rassemblés en divers groupes, comme des faisceaux de maïs plantés dans le champ des peuples. Chacun enseignoit son voisin, et étoit enseigné par lui : tour à tour les pro-

[1] La cire.

pos étoient graves comme ceux des vieillards, fugitifs comme ceux des jeunes filles. Ces hommes, capables de grandes choses, ne dédaignoient pas les agréables causeries ; ils répandoient au dehors la surabondance de leurs pensées ; ils formoient de discours légers un entretien aimable et varié : dans un atelier européen, des ouvriers aux bras robustes filent le métal flexible qui réunit les diverses parties de la parure de la beauté ; l'un en aiguise la pointe, l'autre en polit la longueur, un troisième y attache l'anneau qui fixe le nuage transparent sur le sein de la vierge, ou le ruban sur sa tête.

« Abandonné à moi-même, j'errois de groupe en groupe, charmé de ce que j'entendois, car je comprenois toutes les paroles : on ne montroit aucune surprise de ma façon étrangère.

« Tandis que je promenois mes pas à travers la foule, j'aperçus, dans un coin, un homme qui ne conversoit avec personne, et qui paroissoit profondément occupé. J'allai droit à lui. « Chasseur, lui
« dis-je, je te souhaite un ciel bleu, beaucoup de
« chevreuils et un manteau de castor. De quel désert
« es-tu ? car, je le vois bien, tu viens comme moi
« d'une forêt. »

« Le héros, qui eut l'air de se réveiller, me regarda, et me répondit : « Oui, je viens d'une
« forêt.

« Je ne dormirai point sous de riches lambris ;
« Mais voit-on que le somme en perde de son prix ?
« En est-il moins profond et moins plein de délices ?
« Je lui voue au désert de nouveaux sacrifices. »

— « Je l'avois bien deviné, m'écriai-je ; ton appa-
« rence est simple, mais tu es excellent. Y a-t-il rien
« de moins brillant que le castor, le rossignol et
« l'abeille? »

« Comme j'achevois de prononcer ces mots, un
guerrier au regard pénétrant s'approcha de nous,
mettant un doigt sur sa bouche. « Je parie, dit-il,
« que nos deux Sauvages sont charmés l'un de
« l'autre. »

« En même temps il passa son bras sous le mien
et m'entraîna dans une autre partie de la cabane.
« Laissons-nous donc tout seul cet enfant des bois? »
lui dis-je. « Oh! répliqua mon conducteur, il
« se suffit à lui-même : il ne parle pas d'ailleurs
« le langage des hommes, et n'entend que celui
« des dieux, des lions, des hirondelles et des co-
« lombes [1]. »

« Nous traversions la foule : un des plus beaux
François que j'aie jamais vus, s'appuyant sur les
bras de deux de ses amis, nous accosta. Mon guide
lui dit : « Quel chef-d'œuvre vous nous avez donné!
« vous avez vu les transports dans lesquels il a jeté
« ce Sauvage. » — « J'avoue, repartit le guerrier,
« que c'est un des succès qui m'ont le plus flatté
« dans ma vie. » — « Et cependant, dit un de ses deux
« amis d'un ton sévère, vous eussiez mieux fait de
« ne pas tant céder au goût du siècle, de retrancher
« votre Aricie, au risque de perdre cette scène qui
« a ravi cet Iroquois. »

[1] La Fontaine.

« Le second ami du guerrier le voulut défendre.
« Voilà vos foiblesses, s'écria le premier, voilà
« comme vous êtes descendu du Misanthrope au sac
« dans lequel vous enveloppez votre Scapin ! » A ce
propos j'allois à mon tour m'écrier :« Sont-ce là les
« hommes aimés du ciel dont j'ai entendu les chants? »
Mais les trois amis s'éloignèrent [1], et je me retrouvai
seul avec mon guide.

« Il me conduisit à l'autre extrémité de la cabane,
et me fit asseoir près de lui sur une natte de soie.
De là, promenant ses yeux sur la foule tantôt en
mouvement, tantôt immobile, il me dit : « Chactas,
« je te veux faire connoître les caractères des per-
« sonnages que tu vois ici ; ils te donneront une idée
« de ce siècle et de ma patrie.

« Remarque d'abord ces guerriers qui sont non-
« chalamment étendus sur cette demi-couche d'édre-
« don. Ce sont les enfants des Jeux et des Ris ; ils
« tiennent l'immortalité de leur naissance, car bien
« qu'ils te paroissent déjà vieux, ils sont toujours
« jeunes comme les Grâces, leurs mères. Retirés
« loin du bruit dans un faubourg paisible, ils pas-
« sent leurs jours assis à des banquets. Les tempes
« ornées de lierre, et le front couronné de fleurs,
« ils mêlent à des vins parfumés l'eau d'une source
« que les hommes nomment Hippocrène et les
« dieux Castalie. Toutefois tu te tromperois, Chac-
« tas, si tu prenois ces hommes pour des efféminés
« sans courage. Nul guerrier n'est peut-être moins

---

[1] Racine, Molière et Boileau.

« qu'eux attaché à la vie ; ils la briseroient avec la
« même insouciance que les vases fragiles qu'ils
« s'amusent quelquefois à fracasser dans les fes-
« tins. »

« Émerveillé de la fine peinture de mon curieux
démonstrateur, je regardois avec intérêt ces hommes [1] qui présentoient un caractère inconnu chez
les Sauvages ; mais mon hôte m'arracha à ces réflexions pour me faire observer une espèce d'er-
mite qui causoit avec l'Ikouessen. « Il a été prêtre,
« me dit-il, il va devenir roi, et avant qu'il s'ennuie
« de son second bandeau, il vit ici en simple jon-
« gleur [2]. Quant à cet autre guerrier si vieux, dont
« les pieds sont supportés par un coussin de velours,
« c'est un étranger nouvellement arrivé. Son père
« conduisit un monarque à l'échafaud, et mit sur
« sa tête la couronne qu'il avoit abattue [3]. Richard,
« plus sage qu'Olivier, a préféré le repos à l'agita-
« tion d'une vie éclatante : rentré dans l'état obscur
« de ses aïeux, il n'estime la gloire de son père
« qu'autant qu'il la compte au nombre de ses plai-
« sirs. »

—« Par Michabou [4], m'écriai-je, voici un étrange
« mélange ! il ne manquoit ici qu'un Sauvage
« comme moi. » Mon exclamation fit rire l'observateur des hommes, qui me répondit : « Tu es loin,
« mon cher Chactas, d'avoir tout vu : quelle que
« soit ton envie de connoître, on la peut aisément

[1] La société du Marais, Chaulieu, La Fare, etc.
[2] Casimir, roi de Pologne.   [3] Olivier Cromwell.
[4] Génie des eaux.

« rassasier. Ces quatre hommes appuyés contre cette
« table d'albâtre sont les quatre artistes qui ont
« créé les merveilles de Versailles : l'un en a élevé
« les colonnes, l'autre en a dessiné les jardins, le
« troisième en a sculpté les statues, le quatrième en a
« peint les tableaux[1].

« Regarde assis à leurs pieds, sur ces tapis d'o-
« rient, ces hommes au visage bronzé et aux robes
« de soie : ils sont venus des portes de l'Aurore,
« comme toi de celles du Couchant, eux pour être
« ambassadeurs à notre cour[2], toi pour servir sur
« nos galères; mais eux et toi pour payer également
« un tribut à notre génie, et faire de ce siècle un
« siècle à jamais miraculeux.

« Du reste, ces Sauvages de l'Inde sont plus heu-
« reux aujourd'hui que ceux de la Louisiane, car ils
« trouvent du moins ici à parler le langage de leur
« patrie. Ces guerriers blancs, qui s'entretiennent
« avec eux, sont des voyageurs qui ont recueilli
« les simples des montagnes, ou les débris de l'an-
« tiquité[3].

« Ces autres hommes, resserrés dans l'embrasure
« de cette fenêtre, sont des savants que la munifi-
« cence de notre roi a été chercher jusque dans
« une terre ennemie, pour les combler de bienfaits.
« Les lettres qu'ils tiennent à la main, et qu'ils par-
« courent avec tant d'intérêt, sont la correspondance
« de plusieurs Sachems qui, bien que nés dans des pays

[1] Mansard, Le Nôtre, Coustou, Le Brun.
[2] Ambassadeurs de Siam.
[3] Tournefort, Boucher, Gerbillon, Chardin, etc.

« divers, forment, en Europe, une illustre républi-
« que dont Paris est le centre. Par ces lettres ils
« s'apprennent mutuellement leurs découvertes : l'un
« d'entre eux, au moment où je te parle, vient de
« trouver le vrai système de la nature, et un autre
« lui fait passer en réponse ses calculs sur l'infini [1].

« Non loin de ces étrangers, tu peux remarquer
« un homme qui raisonne avec une grande force :
« c'est un fameux Sachem de ceux que nous appe-
« lons philosophes. Albion est sa patrie ; mais de-
« puis quelque temps il s'est exilé sur les rives
« bataves, d'où il est venu rendre hommage à la
« France [2].

« Eh bien ! continua notre hôte, que penses-tu
« maintenant de notre nation ? Trouves-tu ici assez
« d'hommes et de choses extraordinaires ? Des pré-
« lats aussi différents de talents que de principes,
« des gens de lettres remarquables par le contraste
« de leur génie, des bureaux de beaux-esprits en
« guerre, des filles de la volupté intriguant avec
« des moines auprès du trône, des courtisans se
« disputant leurs dépouilles mutuelles, des géné-
« raux divisés, des magistrats qui ne s'entendent
« pas, des ordonnances admirables, mais transgres-
« sées, la loi, proclamée souveraine, mais toujours
« suspendue par la dictature royale, un homme en-
« voyé aux galères pour un temps, mais y demeurant
« toute sa vie, la propriété déclarée inviolable, mais
« confisquée par le bon plaisir du maître, tous les
« citoyens libres d'aller où ils veulent et de dire ce

---

[1] Newton, Leibnitz.   [2] Locke.

« qu'ils pensent, sous la réserve d'être arrêtés s'il
« plaît au roi, et d'être envoyés au gibet en témoi-
« gnage de la liberté des opinions; enfin, des édifices
« élevés, des manufactures formées, des colonies
« fondées, la marine créée, l'Europe à demi subju-
« guée, une partie de la nation chassant une autre
« partie de cette nation : tel est ce siècle dont tu
« vois l'abrégé dans cette salle; siècle qui, malgré
« ses erreurs, restera modèle de gloire; siècle dont
« on ne sentira bien la grandeur que lorsqu'on le
« prétendra surpasser. »

« En achevant ces mots, mon instructeur me quitta
pour aller ailleurs observer les hommes : il ne me
parut pas une des moindres raretés du siècle qu'il
venoit de peindre [1].

« Des esclaves annoncèrent le banquet aux con-
viés. Des tables couvertes de fleurs, de fruits et
d'oiseaux, nous offrirent leurs élégantes richesses.
Le vin étoit excellent, la gaieté véritable, et les
propos aussi fins que ceux des Hurons. La volage
Ikouessen, qui m'avoit donné un siége à sa droite,
se railloit de moi, et me disoit : « Parle-moi donc
« de tes forêts. Je voudrois savoir si en Huronie il
« y a, comme parmi nous, de grandes dames qui
« veulent faire enfermer au couvent de pauvres
« jeunes filles, parce que ces jeunes filles préten-
« dent jouir de leur liberté. Oh! c'est un beau
« pays que le tien, où l'on dit ce que l'on pense au
« Grand-Chef, et où chacun fait ce qu'il a envie de

[1] La Bruyère.

« faire ! Ici c'est précisément le contraire : tout le
« monde est obligé de mentir au Soleil, et de se
« soumettre à la volonté de son voisin : c'est pour
« cela que tout va chez nous à merveille. »

« Cette femme ajouta beaucoup d'autres propos
où, sous l'apparence de la frivolité, je découvris
des pensées très graves. On joua gracieusement
sur la réponse que j'avois faite aux sorciers de la
grande hutte, et que l'Ikouessen disoit être admirable. « Mais, ajouta-t-elle, je veux savoir à mon
« tour ce que tu as trouvé de plus sensé parmi
« nous. Comme je ne t'ai parlé ni de ta peau, ni de
« tes oreilles, j'espère que tu me feras une autre
« réponse que celle qui t'a perdu dans l'esprit de
« nos philosophes. »

— « Mousse blanche des chênes qui sers à la
« couche des héros, répondis-je, les galériens et
« les femmes comme toi me semblent avoir toute
« la sagesse de ta nation. »

« Ce mot fit rire la table hospitalière, et la coupe
de la liberté fut vidée en l'honneur de Chactas.

« Alors les génies des amours dérobèrent la
conversation et la tournèrent sur un sujet trop
aimable. Le souvenir de la fille de Lopez remua
les secrets de mon sein et le fit palpiter. Un convive remarqua que si la passion crée des tempêtes,
l'âge les vient bientôt calmer, et que l'on recouvre
en peu de temps la tranquillité d'âme où l'on étoit
avant d'avoir perdu la paix de l'enfance. Les
guerriers applaudirent à cette observation : je
répondis :

« Je ne puis trouver le calme, dont on jouit après
« l'orage, semblable à celui qui a précédé cet orage:
« le voyageur qui n'est pas parti, n'est pas le voya-
« geur revenu; le bûcher qui n'a point encore été
« allumé, n'est pas le bûcher éteint. L'innocence et
« la raison sont deux arbres plantés aux extrémités
« de la vie : à leurs pieds, il est vrai, on trouve
« également le repos; mais l'arbre de l'innocence
« est chargé de parfums, de boutons de fleurs, de
« jeune verdure; l'arbre de la raison n'est qu'un
« vieux chêne séché sur sa tige, dépouillé de son
« ombrage par la foudre et les vents du ciel. »

« C'étoit ainsi que nous devisions à ce festin :
je t'en ai fait le détail minutieux, car c'est là
qu'ayant aperçu les hommes à leur plus haut point
de civilisation, je te les devois peindre avec une
scrupuleuse exactitude. Les choses de la société
et de la nature, présentées dans leur extrême
opposition, te fourniront le moyen de peser, avec
le moins d'erreur possible, le bien et le mal des
deux états.

« Nous étions prêts à quitter les tables, lorsqu'on
apporta à notre magicienne un berceau couronné
de fleurs : il renfermoit un enfant du voisinage,
qui réclamoit, disoit la nourrice, les présents
de naissance. L'Ikouessen connoissoit les parents
du nouveau-né : elle le prit dans ses bras, lui
trouva un air malicieux [1], et promit de lui donner
un jour des grains de porcelaines [2] pour acheter
des colliers [3].

[1] Voltaire. [2] De l'argent. [3] Des livres.

LIVRE SEPTIÈME.

« LE lendemain de ce jour si complétement employé, je me résolus de chercher moi-même la nation françoise, et d'essayer si je ne la rencontrerois pas mieux seul qu'à l'aide d'un conducteur.

« Je sortis sans guide, vers la première moitié du matin. Après avoir parcouru des chemins étroits et tortueux, j'arrivai à un pont, où je saluai un roi bienfaisant que portoit un cheval de bronze [1]. De là, remontant le cours du fleuve aux eaux blanches, dans lequel les femmes lavoient des tuniques de lin, je parvins à la place du sang [2]. Une grande foule s'y trouvoit rassemblée : on me dit qu'on alloit attacher une victime à la machine qu'on me montra, et sur laquelle j'aperçus le génie de la mort [3] sous la forme d'un homme.

« Persuadé qu'il s'agissoit de l'exécution d'un prisonnier de guerre, je m'assis pour entendre chanter ce prisonnier et pour l'encourager à souffrir les tourments comme un Indien. Je dis à l'un de mes voisins qui paroissoit fort touché : « Fils de l'huma-
« nité, ce guerrier a-t-il été pris en combattant avec
« courage, ou bien est-ce un enfant des foibles, que
« l'homicide Areskoui [4] a saisi dans sa fuite ? »

[1] Le Pont-Neuf et la statue de Henri IV.
[2] La Grève.   [3] Le bourreau.   [4] Génie de la guerre.

« Le guerrier me répondit : « Ce n'est point un
« soldat qui va cesser de vivre ; c'est un chef de la
« prière [1], qui, banni de la France pour des opi-
« nions religieuses, n'a pu supporter les chagrins
« de l'exil. Vaincu par le sentiment qui subjugue
« tous les hommes, il est revenu déguisé dans son
« pays : le jour il se tenoit caché dans un souter-
« rain, la nuit il erroit autour du champ paternel,
« à la clarté des astres qui présidèrent à sa nais-
« sance. Quelques misérables l'ont reconnu dans
« ces promenades où il respiroit en secret l'air de
« sa patrie ; ils l'ont dénoncé : la loi le condamne à
« mort pour avoir rompu son ban. »

« Le guerrier se tut, et je vis un vieillard s'avancer au milieu de la foule. Arrivé aux piliers de
sang, ce vieillard dépouilla sa robe, se mit à genoux, et adora. Ensuite, mettant un pied assuré
sur le premier barreau de l'échelle, et s'élevant
d'échelon en échelon, il sembloit monter vers le
ciel. Ses cheveux blancs flottoient sur son cou ridé
et bruni par l'âge ; on voyoit sa vieille poitrine à
nu, qui respiroit tranquillement sous sa tunique
entr'ouverte : il jeta un dernier regard sur la
France, et la mort le lia par la cime comme une
gerbe moissonnée.

« Je me levai dans le trouble de mes sens, qui
ne m'avoit pas d'abord permis de me dérober à
l'abominable spectacle. Je m'écriai : « Remenez-moi
« à mes déserts ! reconduisez-moi dans mes forêts ! »

---

[1] Un ministre protestant.

et je m'éloignai à grands pas. Long-temps j'errai à l'aventure tout en pleurs, et comme hors de moi-même. Mais enfin la lassitude du corps parvint à distraire les fatigues de l'âme; et, me trouvant aussi harassé qu'un chasseur qui a poursuivi un cerf agile, je fus contraint de demander quelque part les dons de l'hospitalité.

« Je heurte à la porte d'une très belle cabane; un esclave vient m'ouvrir : « Que veux-tu ? » me dit-il brusquement. « Va dire à ton maître, répondis-je, « qu'un guerrier des chairs rouges veut boire avec « lui la coupe du banquet. » L'esclave se prit à rire, et referma la porte.

« Cette épreuve ne me découragea point. A quelque distance, dans une petite voie écartée, une habitation assez semblable à nos huttes s'offrit à mes regards. Je me présente sur le seuil de cette demeure. J'aperçois au fond d'une case obscure un guerrier demi-nu, une femme et trois enfants; j'augurai bien de mes hôtes, lorsque je vis qu'ils restoient tranquilles à mon aspect comme des Indiens. J'entre dans la cabane, je m'assieds au foyer dont je salue le Manitou domestique, et, prenant dans mes bras le plus jeune des trois enfants, ces douces lumières de leur mère, j'entonne la chanson du suppliant.

« Quand cela fut fait, je dis en françois : « J'ai « faim, » et le guerrier me répondit : « Tu as faim ? » ce qui me fit penser qu'il avoit été voyageur chez les peuples de la solitude. Il se leva, prit un gâteau de maïs noir et me le donna : je ne le pus manger, car je vis la mère répandre une larme, et les enfants dévorer des yeux le pain que je portois à ma bouche. Je le distribuai à leur innocence, et je dis au guerrier leur père : « Les mânes des ours n'ont « donc pas été apaisés par des sacrifices la neige [1] « dernière, puisque la chasse n'a pas été bonne et « que tes enfants ont faim ? » — « Faim ! répondit mon « hôte, oui ! Pour nous autres, misérables, cette « faim dure toute notre vie. »

« Je repartis : « Il y a sans doute quelque autre « guerrier dont le soleil a regardé les érables, et « dont les flèches ont été plus favorisées du grand « Castor; il te fera part de son abondance. » L'homme sourit amèrement, ce qui me fit juger que j'avois dit une chose peu sage.

« Une veuve qui, du lit désert où elle est couchée, voit les toiles de l'insecte suspendues sur sa tête, se plaint de l'abandon de sa cabane ; ainsi la laborieuse matrone, dont je recevois l'hospitalité, adressa les paroles de l'injure à son époux, en l'accusant d'oisiveté. Le guerrier frappa rudement son épouse : je me hâtai d'étendre le calumet de paix entre mes hôtes, et d'apaiser la colère qui monte du cœur au visage en nuage de sang. J'eus alors pour la première fois l'idée de la dégradation européenne dans toute sa laideur. Je vis l'homme abruti par la misère, au milieu d'une famille affamée, ne jouissant point des avantages de la société, et ayant perdu ceux de la nature.

[1] Année.

« Je me levai; je mis un grain d'or dans la main du guerrier, je l'invitai à venir s'asseoir avec sa famille dans ma cabane. « Ah! s'écria mon hôte tout « ému, quoique vous ne soyez qu'un Iroquois, on « voit bien que vous êtes un roi des Sauvages. » — « Je ne suis point un roi, » répondis-je en me hâtant de quitter cette cabane où j'avois trouvé quelques vertus primitives poussant encore foiblement au milieu des vices de la civilisation : le bouquet de romarin que nos chefs décédés emportent avec eux au tombeau prend quelquefois racine sur l'argile même de l'homme, et végète jusque dans la main des morts.

« J'avoue qu'après de telles expériences, je fus prêt à renoncer à mes études, à retourner chez Ononthio. En vain je cherchois ta nation et des mœurs, et je ne trouvois ni les secondes ni la première. La nature me sembloit renversée; je ne la découvrois, dans la société, que comme ces objets dont on voit les images inverties dans les eaux. Génie propice, qui arrêtâtes mes pas, qui m'engageâtes à continuer mes recherches, puissiez-vous, en récompense des faveurs que vous m'avez faites, puissiez-vous approcher le plus près du Grand-Esprit! Sans vous, sans votre conseil, je ne serois pas ce que je suis, je n'aurois pas connu un homme qui m'a réconcilié avec les hommes, et de qui mes cheveux blancs tiennent le peu de sagesse qui les couronne.

« Je marchois le cœur serré, la tête baissée, lorsque la voix de deux esclaves, qui causoient à la porte d'une cabane, me tira de ma rêverie. Mon premier mouvement fut de m'éloigner; mais, frappé de l'air d'honnêteté des deux esclaves, je me sentis disposé à faire une dernière tentative. Je m'avançai donc, et, m'adressant au plus vieux des serviteurs : « Va, lui dis-je, apprendre à ton maître « qu'un guerrier étranger a faim. »

« L'esclave me regarda avec étonnement, mais je ne vis point l'impudence et la bassesse dans ses regards. Sans me répondre, il entra précipitamment dans les cours de la cabane, et, revenant quelques moments après tout hors d'haleine, il me dit : « Seigneur Sauvage, mon maître vous prie de « lui faire l'honneur d'entrer. » Je suivis aussitôt le bon esclave.

« Nous montons les degrés de marbre qui circuloient autour d'une rampe de bronze. Nous traversons plusieurs huttes où régnoit, avec la paix, une demi-lumière, et nous arrivons enfin à une cabane pleine de colliers[1]. Là, je vis un homme occupé à tracer sur des feuilles les signes de ses pensées. Il étoit assez maigre, et d'une taille élevée : un air de bonté intelligente étoit répandu sur son visage; l'expression de ses yeux ne se sauroit décrire : c'étoit un mélange de génie et de tendresse, une beauté, ne sais laquelle, que jamais peintre n'a pu exprimer. Ainsi me le raconta depuis Ononthio.

« Chactas, me dit l'homme en se levant aussitôt

---

[1] De livres, de papiers, etc. Une bibliothèque.

« qu'il m'aperçut, nous ne sommes déjà plus des
« étrangers l'un à l'autre. Un de mes parents, qui
« a prêché notre sainte religion en Amérique, se
« hâta de m'écrire lorsque vous fûtes si injustement
« arrêté. Je sollicitai, de concert avec le gouver-
« neur du Canada, votre délivrance, et nous avons
« eu le bonheur de l'obtenir. Je vous ai vu depuis à
« Versailles, et, d'après le portrait qu'on m'a fait
« de vous, il me seroit difficile de vous méconnoître.
« Je vous avouerai d'ailleurs que la manière dont
« vous venez, par hasard, de me faire demander
« l'hospitalité, m'a singulièrement touché; car,
« ajouta-t-il avec un léger sourire, je suis moi-même
« un peu Sauvage. »

—« Serois-tu, m'écriai-je aussitôt, ce généreux
« chef de la prière qui s'est intéressé à ma liberté
« et à celle de mes frères? Puisse le Grand-Esprit
« te récompenser! Je ne t'ai vu encore qu'un mo-
« ment, mais je sens que je t'aime et te respecte déjà
« comme un Sachem. »

« Mon hôte, me prenant par la main, me fit asseoir avec lui auprès d'une table. On servit le pain
et le vin, la force de l'homme. Les esclaves s'étant
retirés pleins de vénération pour leur maître, je
commençai à échanger les paroles de la confiance
avec le serviteur des autels.

« Chactas, me dit-il, nous sommes nés dans des
« pays bien éloignés l'un de l'autre, mais croyez-
« vous qu'il y ait entre les hommes de grandes dif-
« férences de vertus et conséquemment de bonheur?

« Je lui répondis : « Mon père, à te parler sans

« détour, je crois les hommes de ton pays plus mal-
« heureux que ceux du mien. Ils s'enorgueillissent
« de leurs arts et rient de notre ignorance; mais si
« toute la vie se borne à quelques jours, qu'importe
« que nous ayons accompli le voyage dans un petit
« canot d'écorce, ou sur une grande pirogue char-
« gée de lianes et de machines? Le canot même est
« préférable, car il voyage sur le fleuve le long de
« la terre où il peut trouver mille abris : la pirogue
« européenne voyage sur un lac orageux où les ports
« sont rares, les écueils fréquents, et où souvent on
« ne peut jeter l'ancre, à cause de la profondeur de
« l'abîme.

« Les arts ne font donc rien à la félicité de la vie,
« et c'est là pourtant le seul point où vous paroissez
« l'emporter sur nous. J'ai été ce matin témoin d'un
« spectacle exécrable, qui seul décideroit la question
« en faveur de mes bois. Je viens de frapper à la
« porte du riche et à celle du pauvre : les esclaves
« du riche m'ont repoussé; le pauvre n'est lui-même
« qu'un esclave.

« Jusqu'à présent j'avois eu la simplicité de croire
« que je n'avois point encore vu ta nation; ma der-
« nière course m'a donné d'autres idées. Je com-
« mence à entrevoir que ce mélange odieux de rangs
« et de fortunes, d'opulence extraordinaire et de
« privations excessives, de crime impuni et d'inno-
« cence sacrifiée, forme en Europe ce qu'on appelle
« la société. Il n'en est pas de même parmi nous :
« entre dans les huttes des Iroquois, tu ne trouveras
« ni grands, ni petits, ni riches, ni pauvres; partout

« le repos du cœur et la liberté de l'homme. » Ici, je fis le mieux qu'il me fut possible la peinture de notre bonheur, et je finis, comme à l'ordinaire, par inviter mon hôte à se faire Sauvage.

« Il m'avoit écouté avec la plus grande attention : le tableau de notre félicité le toucha : « Mon enfant, « me dit-il; je me confirme dans ma première pen-« sée : les hommes de tous les pays, quand ils ont « le cœur pur, se ressemblent, car c'est Dieu alors « qui parle en eux, Dieu qui est toujours le même. « Le vice seul établit entre nous des différences hi-« deuses : la beauté n'est qu'une; il y a mille lai-« deurs. Si jamais je trace le tableau d'une vie « heureuse et sauvage, j'emploierai les couleurs sous « lesquelles vous me la venez de peindre.

« Mais, Chactas, je crains que dans vos opinions « vous n'apportiez un peu de préjugés, car les In-« diens en ont comme les autres hommes. Il arrive « un temps où le genre humain, trop multiplié, ne « peut plus exister par la chasse : il faut alors avoir « recours à la culture. La culture entraîne des lois, « les lois des abus. Seroit-il raisonnable de dire « qu'il ne faut point de lois, parce qu'il y a des « abus ? Seroit-il sensé de supposer que Dieu a « rendu la condition sociale la pire de toutes, lors-« que cette condition paroît être l'état universel des « hommes ?

« Ce qui vous blesse, sincère Sauvage, ce sont « nos travaux, l'inégalité de nos rangs, enfin cette « violation du droit naturel, qui fait que vous nous « regardez comme des esclaves infiniment malheu-

« reux : ainsi votre mépris pour nous tombe en
« partie sur nos souffrances. Mais, mon fils, s'il
« existoit une félicité relative dont vous n'avez ni ne
« pouvez avoir aucune idée ; si le laboureur à son
« sillon, l'artisan dans son atelier, goûtoient des
« biens supérieurs à ceux que vous trouvez dans
« vos forêts, il faudroit donc retrancher d'abord
« de votre mépris tout ce que vous donnez de ce
« mépris à nos prétendues misères.

« Comment vous expliquerai-je ensuite ce sixième
« sens où les cinq autres viennent se confondre, le
« sens des beaux-arts ? Les arts nous rapprochent
« de la Divinité ; ils nous font entrevoir une per-
« fection au-dessus de la nature, et qui n'existe que
« dans notre intelligence. Si vous m'objectiez que
« les jouissances dont je parle sont vraisemblable-
« ment inconnues de la classe indigente de nos
« villes, je vous répondrois qu'il est d'autres plai-
« sirs sociaux accordés à tous : ces plaisirs sont ceux
« du cœur.

« Chez vous, les attachements de la famille ne
« sont fondés que sur des rapports intéressés de
« secours accordés et rendus : chez nous, la société
« change ces rapports en sentiments. On s'aime
« pour s'aimer ; on commerce d'âmes ; on arrive
« au bout de sa carrière à travers une vie pleine
« d'amour. Est-il un labeur pénible à celui qui tra-
« vaille pour un père, une mère, un frère, une
« sœur ? Non, Chactas, il n'en est point ; et, tout
« considéré, il me semble que l'on peut tirer de la
« civilisation autant de bonheur que de l'état sau-

« vage. L'or n'existe pas toujours sous sa forme pri-
« mitive, tel qu'on le trouve dans les mines de votre
« Amérique : souvent il est façonné, filé, fondu en
« mille manières; mais c'est toujours de l'or.

« La condition politique qui nous courbe vers la
« terre, qui oblige l'un à se sacrifier à l'autre, qui
« fait des pauvres et des riches, qui semble, en un
« mot, dégrader l'homme, est précisément ce qui
« l'élève : la générosité, la pitié céleste, l'amour
« véritable, le courage dans l'adversité, toutes ces
« choses divines sont nées de cette condition poli-
« tique. Le citoyen charitable qui va chercher, pour
« la secourir, l'humanité souffrante dans les lieux
« où elle se cache, peut-il être un objet de mépris?
« Le prêtre vertueux qui naguère trempoit vos fers
« de ses larmes sera-t-il frappé de vos dédains?
« L'homme qui, pendant de longues années, a lutté
« contre le malheur, qui a supporté sans se plaindre
« toutes les sortes de misères, est-il moins admi-
« rable dans sa force que le prisonnier sauvage, dont
« le mépris se réduit à braver quelques heures de
« tourments ?

« Si les vertus sont des émanations du Tout-
« Puissant; si elles sont nécessairement plus nom-
« breuses dans l'ordre social que dans l'ordre natu-
« rel, l'état de société qui nous rapproche davantage
« de la Divinité est donc un état supérieur à celui
« de nature.

« Il est parmi nous d'ardents amis de leur patrie,
« des cœurs nobles et désintéressés, des courages
« magnanimes, des âmes capables d'atteindre à ce

« qu'il y a de plus grand. Songeons, quand nous
« voyons un misérable, non à ses haillons, non à
« son air humilié et timide, mais aux sacrifices qu'il
« fait, aux vertus quotidiennes qu'il est obligé de
« reprendre chaque matin, avec ses pauvres vête-
« ments, pour affronter les tempêtes de la journée!
« Alors, loin de le regarder comme un être vil,
« vous lui porterez respect. Et s'il existoit dans la
« société un homme qui en possédât les vertus sans
« en avoir les vices, seroit-ce à cet homme que vous
« oseriez comparer le Sauvage? En paroissant tous
« les deux au tribunal du Dieu des chrétiens, du
« Dieu véritable, quelle seroit la sentence du juge?
« Toi, diroit-il au Sauvage, tu ne fis point de mal,
« mais tu ne fis point de bien. Qu'il passe à ma
« droite, celui qui vêtit l'orphelin, qui protégea la
« veuve, qui réchauffa le vieillard, qui donna à
« manger au Lazare, car c'est ainsi que j'en agis,
« lorsque j'habitois entre les hommes[1]. »

« Ici le chef de la prière cessa de se faire entendre.
Le miel distilloit de ses lèvres; l'air se calmoit autour de lui à mesure qu'il parloit. Ce qu'il faisoit
éprouver n'étoit pas des transports, mais une succession de sentiments paisibles et ineffables. Il y
avoit dans son discours je ne sais quelle tranquille
harmonie, je ne sais quelle douce lenteur, je ne

---

[1] J'avois pris autrefois quelque chose de ce dernier paragraphe
pour le transporter dans un morceau littéraire, sur un voyage
de M. de Humboldt, que l'on peut voir dans les *Mélanges littéraires*,
tome xv de l'édition complète. Je n'ai pas cru devoir retrancher
cette vingtaine de lignes dans le récit de Chactas : elles se trouvent
ici à leur véritable place.

sais quelle longueur de grâces, qu'aucune expression ne peut rendre. Saisi de respect et d'amour, je me jetai aux pieds de ce bon génie.

« Mon père, lui dis-je, tu viens de faire de moi
« un nouvel homme. Les objets s'offrent à mes yeux
« sous des rapports qui m'étoient auparavant in-
« connus. O le plus vénérable des Sachems! chaste
« et pure hermine des vieux chênes, que ne puis-je
« t'emmener dans mes forêts! Mais, je le sens, tu
« n'es pas fait pour habiter parmi des Sauvages; ta
« place est chez un peuple où l'on peut admirer ton
« génie et jouir de tes vertus. Je vais bientôt ren-
« trer dans les déserts du Nouveau-Monde; je vais
« reprendre la vie errante de l'Indien; après avoir
« conversé avec ce qu'il y a de plus sublime dans la
« société, je vais entendre les paroles de ce qu'il
« y a de plus simple dans la nature : mais quels que
« soient les lieux où le Grand-Esprit conduise mes
« pas, sous l'arbre, au bord du fleuve, sur le rocher,
« je rappellerai tes leçons, et je tâcherai de devenir
« sage de ta sagesse. »

— « Mon fils, me répondit mon hôte en me re-
« levant, chaque homme se doit à sa patrie : mon
« devoir me retient sur ces bords pour y faire le
« peu de bien dont je suis capable; le vôtre est de
« retourner dans votre pays. Dieu se sert souvent
« de l'adversité comme d'un marchepied pour nous
« élever; il a permis contre vous une injustice afin
« de vous rendre meilleur. Partez, Chactas; allez
« retrouver votre cabane. Moins heureux que vous,
« je suis enchaîné dans un palais. Si je vous ai ins-

« piré quelque estime, répandez-la sur ma nation,
« de même que je chéris la vôtre; devenez parmi
« vos compatriotes le protecteur des François. N'ou-
« bliez pas que, tous tant que nous sommes, nous
« méritons plus de pitié que de mépris. Dieu a fait
« l'homme comme un épi de blé; sa tige est fragile,
« et se tourmente au moindre souffle, mais son grain
« est excellent.

« Souvenez-vous enfin, Chactas, que, si les ha-
« bitants de votre pays ne sont encore qu'à la base
« de l'échelle sociale, les François sont loin d'être
« arrivés au sommet : dans la progression des lu-
« mières croissantes, nous paraîtrons nous-mêmes
« des Barbares à nos arrière-neveux. Ne vous irritez
« donc point contre cette civilisation qui appar-
« tient à notre nature, contre une civilisation qui,
« peut-être un jour, envahissant vos forêts, les
« remplira d'un peuple où la liberté de l'homme
« policé s'unira à l'indépendance de l'homme sau-
« vage. »

« Le chef de la prière se leva; nous marchâmes
lentement vers la porte. « Je ne suis pas ici chez
« moi, me dit-il; je retourne au palais d'un prince
« dont l'éducation me fut confiée. Si je puis vous
« être utile, ne craignez pas de vous adresser à mon
« zèle; mais vous autres Sauvages, vous avez peu
« de chose à demander aux rois. »

« Je répondis : « Ta bonté m'enhardit; je laisse en
« France un père qui languit dans l'adversité. De-
« mande son nom à toutes les infortunes soulagées,
« elles te diront qu'il s'appelle Lopez. »

« A ces paroles, que je prononçai d'une voix altérée, un génie porta les larmes que j'avais aux yeux dans ceux de mon hôte. Cet hôte, plein de bonté, m'apprit que le chef de la prière qui visitoit mes chaînes à Marseille lui avoit raconté les traverses de mon ami, et les liens qui m'unissoient à cet Espagnol; que déjà Lopez étoit à l'abri de l'indigence, et qu'il retourneroit bientôt riche et heureux dans sa vieille patrie. On avoit même adouci le sort d'Honfroy, mon compagnon de boulet.

« Ces mots inondèrent mon cœur d'un torrent de joie, et la vivacité de ma reconnoissance m'ôta la force de l'exprimer. Cependant l'homme miséricordieux avoit tiré un cordon qui correspondoit à un écho d'airain; à la voix de cet écho, les esclaves accoururent, et nous conduisirent aux degrés de marbre. Là, je dis un dernier adieu au pasteur des peuples; je pleurois comme un Européen. Je brisai mon calumet en signe de deuil, et j'entonnai à demi-voix le chant de l'absence : « Bénissez « cette cabane hospitalière, ô génie des fleuves « errants! que l'herbe ne couvre jamais le sentier « qui mène à ses portes, jour et nuit ouvertes au « voyageur! »

« Tandis que ma voix attendrie résonnoit sous le vestibule, le prêtre, les yeux levés vers le ciel, offroit à Dieu sa prière. Les serviteurs tombèrent à genoux, et reçurent la bénédiction que le sacrificateur pacifique répandit sur moi. Alors, dans un grand désordre, je descendis précipitamment les degrés. Parvenu au dernier marbre, je levai la tête et j'aperçus mon hôte[1], qui, penché sur les fleurs de bronze, me suivoit complaisamment de ses regards : bientôt il se retira comme s'il se sentoit trop ému. Je restai quelque temps immobile dans l'espérance de le revoir, mais le retentissement des portes que j'entendis se fermer m'avertit qu'il étoit temps de m'arracher de ce lieu. Dans la cour, et sous les péristyles, une foule indigente attendoit les bienfaits du maître charitable : je joignis mes vœux à ceux que faisoient pour lui tant d'infortunés, et je sortis de cette cabane, plein de reconnoissance, d'admiration et d'amour.

« Ononthio reçut enfin l'ordre de son départ et du nôtre. Nous quittâmes Paris pour nous rendre à un golfe du lac sans rivages [2]. Comme notre traîneau passoit sur un pont d'où l'on découvroit la file prolongée des cabanes du grand village, je m'écriai : « Adieu, terre des palais et des arts ! adieu
« terre sacrée où j'aurois voulu passer ma vie, si
« les tombeaux de mes ancêtres ne s'élevoient loin
« d'ici ! »

« Je me laissai retomber au fond du traîneau. Oui, mon fils, j'éprouvai de vifs regrets en quittant la France. Il y a quelque chose dans l'air de ton pays que l'on ne sent point ailleurs, et qui feroit oublier à un Sauvage même ses foyers paternels.

« Nous fîmes un voyage charmant jusqu'au port où nous attendoient les vaisseaux. Nous roulâmes d'abord sur des chaussées bordées d'arbres à perte

---

[1] Fénelon.   [2] La mer.

de vue; ensuite nous descendîmes au bord d'un fleuve [1] qui couloit dans un vallon enchanté. On ne voyoit que des laboureurs qui creusoient des sillons, ou des bergers qui paissoient des troupeaux. Là le vigneron effeuilloit le cep sur une colline pierreuse; ici le cultivateur appuyoit les branches du pommier trop chargé; plus loin, des paysannes chassoient devant elles l'âne paresseux qui portoit le lait et les fruits à la ville, tandis que des barques, traînées par de forts chevaux, rebroussoient le cours du fleuve. Des étrangers, des gens de guerre, des commerçants, alloient et venoient sur toutes les voies publiques. Les coteaux étoient couronnés de riants villages ou de châteaux solitaires. Les tours des cités apparoissoient dans les lointains; des fumées s'élevoient du milieu des arbres : on voyoit se dérouler la brillante écharpe des campagnes, toute diaprée de l'azur des fleuves, de l'or des moissons, de la pourpre des vignes, et de la verdure des prés et des bois.

« Ononthio me disoit : « Tu vois ici, Chactas, « l'excuse des fêtes de Versailles : dans toute l'éten- « due de la France, c'est la même richesse; les tra- « vaux seulement et les paysages diffèrent, car ce « royaume renferme dans son sein tout ce qui peut « servir aux besoins ou aux délices de la vie. L'at- « tention que l'œil du maître donne à l'agriculture « s'étend sur les autres parties de l'État. Nous avons « été chercher jusque dans les pays étrangers les

---

[1] La Loire.

« hommes qui pouvoient faire fleurir le commerce
« et les manufactures. Ce roi qui t'a paru si su-
« perbe, si occupé de ses plaisirs, travaille labo-
« rieusement avec ses Sachems; il entre jusque dans
« les moindres détails. Le plus petit citoyen lui peut
« soumettre des plans et obtenir audience de lui :
« de la même main qui protége les arts et fait céder
« l'Europe à nos armes, il corrige les lois et intro-
« duit l'unité dans nos coutumes.

« Il est trois choses que les ennemis de ce siècle
« lui reprochent : le faste des monuments et des
« fêtes, l'excès des impôts, l'injustice des guerres.

« Quant à nos fêtes, ce n'est pas aux François
« à en faire un crime à leur souverain : elles sont
« dans nos mœurs, et elles ont contribué à impri-
« mer à notre âge cette grandeur que le temps
« n'effacera point. Nous sommes devenus la pre-
« mière nation du monde par nos édifices et par nos
« jeux, comme le furent jadis, par les mêmes pom-
« pes, les habitants d'un pays appelé la Grèce.

« Le reproche relatif à l'accroissement de l'impôt
« n'a aucun fondement raisonnable : nul royaume
« ne paye moins à son gouvernement, en propor-
« tion de sa fertilité, que la France.

« Il est malheureux qu'on ne puisse aussi facile-
« ment nous justifier du reproche fait à notre am-
« bition. Mais, belliqueux Sauvage, tu le sais, est-il
« beaucoup de guerres dont les motifs soient équi-
« tables? Louis a révélé à la France le secret de
« ses forces; il a prouvé qu'elle se peut rire des li-
« gues de l'Europe jalouse. Après tout, les étrangers,

« qui cherchent à rabaisser notre gloire, doivent
« cependant ce qu'ils sont à notre génie. Louis est
« moins le législateur de la France que celui de
« l'Europe. Descendez sur les rivages d'Albion, pé-
« nétrez dans les forêts de la Germanie, franchissez
« les Alpes ou les Pyrénées, partout vous reconnoî-
« trez qu'on a suivi nos édits pour la justice, nos
« règlements pour la marine, nos ordonnances pour
« l'armée, nos institutions pour la police des che-
« mins et des villes : jusqu'à nos mœurs et nos ha-
« bits, tout a été servilement copié. Telle nation qui,
« dans son orgueil, se vante aujourd'hui de ses éta-
« blissements publics, en a emprunté l'idée à notre
« nation. Vous ne pouvez faire un pas chez les
« étrangers sans retrouver la France mutilée : Louis
« est venu après des siècles de barbarie, et il a créé
« le monde civilisé. »

« Après six jours de voyage nous arrivâmes au
bord de la grande eau salée. Nous passâmes une
lune entière à attendre des vents favorables. Je
contemplai avec étonnement ce port[1] qui venoit
d'être construit dans le lac qui marche[2], de même
que j'avois vu cet autre[3] port du lac immobile[4]
auquel le Manitou de la nécessité m'avoit contraint
de travailler. Je visitai les arsenaux et les bassins ;
je n'eus pas moins de sujet d'admirer le génie de
ta nation dans ces arts nouveaux pour elle, que
dans ceux où depuis long-temps elle était exercée.

---

[1] Rochefort. [2] L'Océan.
[3] Toulon. [4] La Méditerranée.

Une activité générale régnoit dans le port et dans la ville : on voyoit sortir des vaisseaux qui emportoient des colonies aux extrémités du monde, en même temps que des flottes rapportoient à la France les richesses des terres les plus éloignées. Un matelot embrassoit sa mère sur la grève, au retour d'une longue course; un autre recevoit en s'embarquant les adieux de sa femme. Onze mille guerriers des troupes d'Areskoui [1], cent soixante-six mille enfants des mers, mille jeunes fils de vieux marins, instruits dans les hautes sciences de Michabou [2], cent quatre-vingt-dix-huit monstres nageants [3] qui vomissoient des feux par soixante bouches, trente galères dont je dois me souvenir, vous rendoient alors les dominateurs des flots, comme vous étiez les maîtres de la terre.

« Enfin le Grand-Esprit envoya le vent du milieu du jour qui nous étoit favorable : l'ordre du départ est proclamé; on s'embarque en tumulte. De petits canots nous portent aux grands navires; nous arrivons sous leurs flancs; nous y demeurons quelque temps balancés par la lame grossie : nous montons sur les machines flottantes à l'aide de cordes qu'on nous jette. A peine avons-nous atteint le bord que nos matelots, comme des oiseaux de la tempête, se répandent sur les vergues. La foudre [4], sortant du vaisseau d'Ononthio, donne le signal au reste de la flotte : tous les vaisseaux, avec de longs efforts,

---

[1] Génie de la guerre. [2] Génie de la mer
[3] Vaisseaux de guerre. [4] Le canon.

arrachent leur pied ¹ d'airain des vases tenaces. La double serre ne s'est pas plutôt déprise de la chevelure de l'abîme qu'un mouvement se fait sentir dans le corps entier du vaisseau. Les bâtiments se couvrent de leurs voiles : les plus basses, déployées dans toute leur largeur, s'arrondissent comme de vastes cylindres; les plus élevées, comprimées dans leur milieu, ressemblent aux mamelles gonflées d'une jeune mère. Le pavillon sans tache de la France se déroule sur les haleines harmonieuses du matin. Alors de la flotte épandue s'élève un chœur qui salue par trois cris d'amour les rivages de la patrie. A ce dernier signal, nos coursiers marins déploient leurs dernières ailes, s'animent d'un souffle plus impétueux, et, s'excitant mutuellement dans la carrière, ils labourent à grand bruit le champ des mers.

« Les transports de la joie ne descendirent point dans mon cœur à ce départ de la contrée des mille cabanes. J'avois perdu Atala; je quittois Lopez; le pays des belliqueuses nations du Canada n'étoit pas celui qui m'avoit vu naître : sorti presque enfant de la terre des sassafras, que retrouverois-je dans la hutte de mes aïeux, si jamais les génies bienfaisants me permettoient de rentrer sous son écorce?

« La scène imposante que j'avois sous les yeux servoit à nourrir ma mélancolie : je ne pouvois me rassasier du spectacle de l'Océan. Ma retraite

---

¹ L'ancre.

favorite, lorsque je voulois méditer durant le jour, étoit la cabane grillée ¹ du grand mât de notre navire, où je montois et m'asseyois, dominant les vagues au-dessous de moi. La nuit, renfermé dans ma couche étroite, je prêtois l'oreille au bruit de l'eau qui couloit le long du bord : je n'avois qu'à déployer le bras pour atteindre de mon lit à mon cercueil.

« Cependant le cristal des eaux que nous avoient donné les rochers de la France commençoit à s'altérer. On résolut d'aborder aux îles non loin desquelles les vaisseaux se trouvoient alors. Nous saluons les génies de ces terres propices ; nous laissons derrière nous Fayal enivrée de ses vins, Tercère aux moissons parfumées, Santa-Crux qui ignore les forêts, et Pico dont la tête porte une chevelure de feu. Comme une troupe de colombes passagères, notre flotte vient ployer ses ailes sous les rivages de la plus solitaire des filles de l'Océan.

« Quelques marins étant descendus à terre, je les suivis; tandis qu'ils s'arrêtoient au bord d'une source, je m'égarai sur les grèves et je parvins à l'entrée d'un bois de figuiers sauvages : la mer se brisoit en gémissant à leurs pieds, et dans leurs cimes on entendoit le sifflement aride du vent du nord. Saisi de je ne sais quelle horreur, je pénètre dans l'épaisseur de ce bois, à travers les sables blancs et les joncs stériles. Arrivé à l'extrémité

¹ La hune.

opposée, mes yeux découvrent une statue portée sur un cheval de bronze : de sa main droite elle montroit les régions du couchant [1].

« J'approche de ce monument extraordinaire. Sur sa base baignée de l'écume des flots étoient gravés des caractères inconnus : la mousse et le salpêtre des mers rongeoient la surface du bronze antique; l'alcyon perché sur le casque du colosse y jetoit, par intervalles, des voix langoureuses; des coquillages se colloient aux flancs et aux crins du coursier, et lorsqu'on approchoit l'oreille de ses naseaux ouverts, on croyoit ouïr des rumeurs confuses. Je ne sais si jamais rien de plus étonnant s'est présenté à la vue et à l'imagination d'un mortel.

« Quel dieu ou quel homme éleva ce monument? quel siècle, quelle nation le plaça sur ces rivages? qu'enseigne-t-il par sa main déployée? Veut-il prédire quelque grande révolution sur le globe, laquelle viendra de l'Occident? Est-ce le génie même de ces mers qui garde son empire et menace quiconque oseroit y pénétrer?

« A l'aspect de ce monument qui m'annonçoit un noir océan de siècles écoulés, je sentis l'impuissance et la rapidité des jours de l'homme. Tout nous échappe dans le passé et dans l'avenir; sortis du néant pour arriver au tombeau, à peine connoissons-nous le moment de notre existence.

« Je m'empressai de retourner aux vaisseaux, et de raconter à Ononthio la découverte que j'avois

---

[1] Tradition historique.

faite. Il se préparoit à visiter avec moi cette merveille; mais une tempête s'éleva, et la flotte fut obligée de gagner la haute mer.

« Bientôt cette flotte est dispersée. Demeuré seul et chassé par le souffle du midi, notre vaisseau, pendant douze nuits entières, vole sur les vagues troublées. Nous arrivons dans ces parages où Michabou fait paître ses innombrables troupeaux [1]. Une brume froide et humide enveloppe la mer et le ciel; les flots glapissent dans les ténèbres: un bourdonnement continu sort des cordages du vaisseau, dont toutes les voiles sont ployées; la lame couvre et découvre sans cesse le pont inondé; des feux sinistres voltigent sur les vergues, et, en dépit de nos efforts, la houle qui grossit nous pousse sur l'île des Esquimaux [2].

« J'avois, ô mon fils, été coupable d'un souhait téméraire : j'avois appelé de mes vœux le spectacle d'une tempête. Qu'il est insensé celui qui désire être témoin de la colère des génies! Déjà nous avions été le jouet des mers, autant de jours qu'un étranger peut en passer dans une cabane, avant que son hôte lui demande le nom de ses aïeux : le soleil avoit disparu pour la sixième fois. La nuit étoit horrible : j'étois couché dans mon hamac agité; je prêtois l'oreille aux coups des vagues qui ébranloient la structure du vaisseau : tout à coup j'entends courir sur le pont, et des paquets de cordages tomber; j'éprouve en même temps le

---

[1] Le banc de Terre-Neuve.   [2] Terre-Neuve.

mouvement que l'on ressent lorsqu'un vaisseau vire de bord. Le couvercle de l'entre-pont s'ouvre et une voix appelle le capitaine. Cette voix solitaire, au milieu de la nuit et de la tempête, avoit quelque chose qui faisoit frémir. Je me dresse sur ma couche; il me semble ouïr des marins discutant le gisement d'une terre que l'on avoit en vue. Je monte sur le pont : Ononthio et les passagers s'y trouvoient déjà rassemblés.

« En mettant la tête hors de l'entre-pont, je fus frappé d'un spectacle affreux, mais sublime. A la lueur de la lune qui sortoit de temps en temps des nuages, on découvroit sur les deux bords du navire, à travers une brume jaune et immobile, des côtes sauvages. La mer élevoit ses flots comme des monts dans le canal où nous étions engouffrés. Tantôt les vagues se couvroient d'écume et d'étincelles; tantôt elles n'offroient plus qu'une surface huileuse, marbrée de taches noires, cuivrées ou verdâtres, selon la couleur des bas-fonds sur lesquels elles mugissoient : quelquefois une lame monstrueuse venoit roulant sur elle-même sans se briser, comme une mer qui envahiroit les flots d'une autre mer. Pendant un moment le bruit de l'abîme et celui des vents étoient confondus; le moment d'après, on distinguoit le fracas des courants, le sifflement des récifs, la triste voix de la lame lointaine. De la concavité du bâtiment sortoient des bruits qui faisoient battre le cœur au plus intrépide. La proue du navire coupoit la masse épaisse des vagues avec un froissement affreux, et, au gouvernail, des torrents d'eau s'écouloient en tourbillonnant comme au débouché d'une écluse. Au milieu de ce fracas, rien n'étoit peut-être plus alarmant qu'un murmure sourd, pareil à celui d'un vase qui se remplit.

« Cependant des cartes, des compas, des instruments de toutes les sortes, étoient étendus à nos pieds. Chacun parloit diversement de cette terre où étoit assis sur un écueil le génie du naufrage. Le pilote déclara que le naufrage étoit inévitable. Alors l'aumônier du vaisseau lut à haute voix la prière qui porte, dans un tourbillon, l'âme du marin au dieu des tempêtes. Je remarquai que des passagers alloient chercher ce qu'ils avoient de plus précieux, pour le sauver : l'espérance est comme la montagne Bleue dans les Florides : de ses hauts sommets le chasseur découvre un pays enchanté, et il oublie les précipices qui l'en séparent. Moi et les autres chefs sauvages, nous prîmes un poignard pour nous défendre, et un fer tranchant pour couper un arc et tailler une flèche. Hors la vie qu'avions-nous à perdre? Le flot qui nous jetoit sur une côte inhabitée nous rendoit à notre bonheur : l'homme nu saluoit le désert et rentroit en possession de son empire.

« Il plut à la souveraine sagesse de sauver le vaisseau; mais la même vague qui le poussa hors des écueils emporta l'un de ses mâts et me jeta dans l'abîme : j'y tombai comme un oiseau de mer qui se précipite sur sa proie. En un clin d'œil le vaisseau, chassé par les vents, parut à une immense distance de moi; il ne pouvoit s'arrêter sans s'exposer une seconde fois au naufrage, et il fut contraint de m'abandonner. Perdant tout espoir de le rejoindre, je commençai à nager vers la côte éloignée. »

LIVRE HUITIÈME.

« LES premiers pas du matin s'étoient imprimés en taches rougeâtres dans les nuages de la tempête, lorsque couvert de l'écume des flots j'abordai au rivage. Courant sur les limons verdis, tout hérissés des pyramides de l'insecte des sables, je me dérobe à la fureur du génie des eaux. A quelque distance s'offroit une grotte dont l'entrée étoit fermée par des framboisiers. J'écarte les broussailles et pénètre sous la voûte du rocher où je fus agréablement surpris d'entendre couler une fontaine. Je puisai de l'eau dans le creux de ma main, et faisant une libation : « Qui que tu sois, m'écriai-je, « Manitou de cette grotte, ne repousse pas un sup- « pliant que le Grand-Esprit a jeté sur tes rivages; « que cette malédiction du ciel ne t'irrite pas contre « un infortuné. Si jamais je revois la terre des sas- « safras, je te sacrifierai deux jeunes corbeaux dont « les ailes seront plus noires que celles de la nuit. »

« Après cette prière, je me couchai sur des branches de pin : épuisé de fatigue je m'endormis aux soupirs du Sommeil qui baignoit ses membres délicats dans l'eau de la fontaine.

« A l'heure où le fils des cités, couvert d'un riche manteau, se livre aux joies d'un festin servi par la main de l'abondance, je me réveillai dans ma grotte solitaire. En proie aux attaques de la faim, je me lève : comme un élan échappé à la flèche du chasseur croit bientôt retourner à ses forêts; près de rentrer sous leur ombrage, il rencontre une autre troupe de guerriers qui l'écartent avec des cris, et le poursuivent de nouveau sur les montagnes : ainsi j'étois éloigné de ma patrie par les traits de la fortune.

« A l'instant où je sortois de la grotte, un ours blanc se présente pour y entrer; je recule quelques pas et tire mon poignard. Le monstre, poussant un mugissement, me menace de ses serres énormes, de son museau noirci et de ses yeux sanglans : il se lève et me saisit dans ses bras comme un lutteur qui cherche à renverser son adversaire. Son haleine me brûle le visage; la faim de ses dents est prête à se rassasier de ma chair; il m'étouffe dans ses embrassements; aussi facilement qu'ils ouvrent un coquillage au bord de la mer, ses ongles vont séparer mes épaules. J'invoque le Manitou de mes pères, et, de la main qui me reste libre, je plonge mon poignard dans le cœur de mon ennemi. Les bras du monstre se relâchent; il abandonne sa proie, s'affaisse, roule à terre, expire.

« Plein de joie, j'assemble des mousses et des racines à l'entrée de ma grotte : deux cailloux me donnent le feu; j'allume un bûcher dont la flamme et la fumée s'élèvent au-dessus des bois. Je dépouille la victime; je la mets en pièces; je brûle les filets de la langue et les portions consacrées aux génies : je prends soin de ne point briser les os, et je fais rôtir les morceaux les plus succulents. Je m'assieds sur des pierres polies par la douce lime des eaux; je commence un repas avec l'hostie de la destinée, avec des cressons piquants et des mousses de roches aussi tendres que les entrailles d'un jeune chevreuil. La solitude de la terre et de la mer étoit assise à ma table : je découvrois à l'horizon, non sans une sorte d'agréable tristesse, les voiles du vaisseau où j'avois fait naufrage.

« L'abondance ayant chassé la faim, et la nuit étant revenue sur la terre, je me retirai de nouveau au fond de l'antre, avec la fourrure du monstre que j'avois terrassé. Je remerciai le Grand-Esprit qui m'avoit fait Sauvage, et qui me donnoit dans ce moment tant d'avantages sur l'homme policé. Mes pieds étoient rapides, mon bras vigoureux, ma vie habituée aux déserts : un génie ami des enfants, le Sommeil, fils de l'Innocence et de la Nuit, ferma mes yeux, et je bus le frais sumac du Meschacebé dans la coupe dorée des songes.

« Les sifflements du courlis et le cri de la barnacle, perchée sur les framboisiers de la grotte, m'annoncèrent le retour du matin : je sors. Je suspends par des racines de fraisiers les restes de la victime à mes épaules; j'arme mon bras d'une branche de pin; je me fais une ceinture de joncs où je place mon poignard, et, comme un lion marin, je m'avance le long des flots.

« Pendant mon séjour chez les Cinq-Nations iroquoises, le commerce et la guerre m'avoient conduit chez les Esquimaux, et j'avois appris quelque chose de la langue de ce peuple. Je savois que l'île [1] de mon naufrage s'approchoit, dans la région de l'étoile immobile [2], des côtes du Labrador : je cherchai donc à remonter vers ce détroit.

« Je marchai autant de nuits qu'une jeune femme qui n'a point encore nourri de premier né reste dans le doute sur le fruit que son sein a conçu : craignant de tromper son époux, elle ne confie ses tendres espérances qu'à sa mère ; mais aux défaillances de cette femme, annonces mystérieuses de l'homme, à son secret, qui éclate dans ses regards, le père devine son bonheur, et, tombant à genoux, offre au Grand-Esprit son fils à naître.

« Je traversai des vallées de pierres revêtues de mousse, et au fond desquelles couloient des torrents d'eau demi-glacée : des bouquets de framboisiers, quelques bouleaux, une multitude d'étangs salés couverts de toutes sortes d'oiseaux de mer, varioient la tristesse de la scène. Ces oiseaux me procuroient une abondante nourriture, et des fraises, des oseilles, des racines, ajoutoient à la délicatesse de mes banquets.

« Déjà mes pas étoient arrivés au détroit des tempêtes. Les côtes du Labrador se montroient quelquefois par-delà les flots au coucher et au lever du soleil. Dans l'espoir de rencontrer quelque navigateur, je cheminois le long des grèves ; mais lorsque j'avois franchi des caps orageux, je n'apercevois

---

[1] Terre-Neuve.
[2] Étoile polaire.

qu'une suite de promontoires aussi solitaires que les premiers.

« Un jour j'étois assis sous un pin : les flots étoient devant moi ; je m'entretenois avec les vents de la mer et les tombeaux de mes ancêtres. Une brise froide s'élève des régions du nord, et un reflet lumineux voltige sous la voûte du ciel. Je découvre une montagne de glace flottante, poussée par le vent, elle s'approche de la rive. Manitou du foyer de ma cabane! dites quel fut mon étonnement lorsqu'une voix, sortant de l'écueil mobile, vint frapper mon oreille. Cette voix chantoit ces paroles dans la langue des Esquimaux :

« Salut, esprit des tempêtes, salut, ô le plus beau
« des fils de l'Océan !

« Descends de ta colline où l'importun soleil ne
« luit jamais ; descends, charmante Élina ! Embar-
« quons-nous sur cette glace. Les courants nous em-
« portent en pleine mer ; les loups marins viennent
« se livrer à l'amour sur la même glace que nous. »

« Sois-moi propice, esprit des tempêtes, ô le plus
« beau des fils de l'Océan !

« Élina, je darderai pour toi la baleine ; je te ferai
« un bandeau pour garantir tes beaux yeux de l'é-
« clat des neiges ; je te creuserai une demeure sous
« la terre pour y habiter avec un feu de mousse ;
« je te donnerai trente tuniques impénétrables aux
« eaux de la mer. Viens sur le sommet de notre
« rocher flottant. Nos amours y seront enchaînées
« par les vents, au milieu des nuages et de l'écume
« des flots.

« Salut, esprit des tempêtes, ô le plus beau des
« fils de l'Océan ! »

« Tel étoit ce chant extraordinaire. Couvrant mes yeux de ma main, et jetant dans les flots une partie de mon vêtement, je m'écriai : « Divinité de cette « mer dont je viens d'entendre la voix, soyez-moi « propice; favorisez mon retour. » Aucune réponse ne sortit de la montagne qui vint s'échouer sur les sables à quelque distance du lieu où j'étois assis.

« J'en vis bientôt descendre un homme et une femme vêtus de peaux de loups marins. Aux caresses qu'ils prodiguoient à un enfant, je les reconnus pour mari et femme. Ainsi l'a voulu le Grand-Esprit; le bonheur est de tous les peuples et de tous les climats : le misérable Esquimaux, sur son écueil de glace, est aussi heureux que le monarque européen sur son trône; c'est le même instinct qui fait palpiter le cœur des mères et des amantes dans les neiges du Labrador et sur le duvet des cygnes de la Seine.

« Je dirige mes pas vers la femme, dans l'espérance que l'homme accourroit au secours de son épouse et de son enfant. L'esprit qui m'inspira cette pensée ne trompa point mon attente. Le guerrier s'avance vers moi avec fureur : il étoit armé d'un javelot surmonté d'une dent de vache marine : ses yeux sanglants étinceloient derrière ses ingénieuses lunettes; sa barbe rousse, se joignant à ses cheveux noirs, lui donnoit un air affreux. J'évite les premiers coups de mon adversaire, et m'élançant sur lui je le terrasse.

« Élina, arrêtée à quelque distance, faisoit éclater les signes de la plus vive douleur; ses genoux fléchirent; elle tomba sur le rocher. Comme le pois fragile qui s'élève autour de la gerbe de maïs, sa fleur délicate se marie au blé robuste, et joint ainsi la grâce à la vie utile de son époux; mais si la pierre tranchante de l'Indienne vient à moissonner l'épi, l'humble pois, qu'une tige amie ne soutient plus, s'affaisse, et couvre de ses grappes fanées le sol qui l'a vu naître : ainsi la jeune Sauvage étoit tombée sur la terre. Elle tenoit embrassé son fils, tendre fleur de son sein.

« Je rassure l'Esquimaux vaincu; je le caresse en passant la main sur ses bras, comme un chasseur encourage l'animal fidèle qui le guide au fond des bois; l'Esquimaux se relève à demi, et presse mes genoux, en signe de reconnoissance et de foiblesse. Dans cette attitude, il n'avoit rien de rampant à la manière de l'Europe : c'étoit l'homme obéissant à la nécessité.

« La femme revient de son évanouissement. Je l'appelle; elle fait un pas vers nous, fuit, revient, et toujours resserrant le cercle, s'approche de plus en plus de son maître et de son mari. Bientôt elle met les mains à terre et s'avance ainsi jusqu'à mes pieds. Je prends l'enfant qu'elle portoit sur son dos; je lui prodigue des caresses : ces caresses apprivoisèrent tellement la mère de l'enfant, qu'elle se mit à bondir de joie à mes côtés. Lorsqu'un guerrier emporte dans ses bras un chevreau qu'il a trouvé sur la montagne, la mère, traînant ses longues mamelles, et surmontant sa frayeur, suit avec de doux bêlements le ravisseur qu'elle semble craindre d'irriter contre le jeune hôte des forêts.

« Aussitôt que l'Esquimaux eut reconnu mon droit de force, il devint aussi soumis qu'il s'étoit montré intraitable. Je descendis la côte avec mes deux nouveaux sujets, et je leur fis entendre que je voulois passer au Labrador.

« L'Esquimâux va prendre sur le rocher de glace des peaux de loup marin que je n'avois pas aperçues; il les étend avec des barbes de baleine; il en forme un long canot; il recouvre ce canot d'une peau élastique. Il se place au milieu de cette espèce d'outre, et m'y fait entrer avec sa femme et son enfant: refermant alors la peau autour de ses reins, semblable à Michabou lui-même, il gourmande les mers.

« Un traîneau parti du grand village de tes pères, au moment où nous quittâmes l'île du naufrage, n'auroit atteint le palais de tes rois qu'après notre arrivée aux rivages du Labrador. C'étoit l'heure où les coquillages des grèves s'entr'ouvrent au soleil, et la saison où les cerfs commencent à changer de parure. Les génies me préparoient encore une nouvelle destinée : je commandois, j'allois servir.

« Nous ne tardâmes pas à rencontrer un parti d'Esquimaux. Ces guerriers, sans s'informer des arbres de mon pays, ni du nom de ma mère, me chargèrent de l'attirail de leurs pêches, et me contraignirent d'entrer dans un grand canot. Ils armèrent mon bras d'une rame, comme si depuis long-temps leurs Manitous eussent été en alliance avec les miens, et nous remontâmes le long des rochers du Labrador.

« Les deux époux, naguère mes esclaves, s'étoient embarqués avec nous; ils ne me donnèrent pas la moindre marque de pitié ou de reconnoissance : ils avoient cédé à mon pouvoir ; ils trouvoient tout simple que je subisse le leur : au plus fort l'empire, au plus foible l'obéissance.

« Je me résignai à mon sort.

« Nous arrivâmes à une contrée où le soleil ne se couchoit plus. Pâle et élargi, cet astre tournoit tristement autour d'un ciel glacé; de rares animaux erroient sur des montagnes inconnues. D'un côté s'étendoient des champs de glace contre lesquels se brisoit une mer décolorée; de l'autre, s'élevoit une terre hâve et nue qui n'offroit qu'une morne succession de baies solitaires et de caps décharnés. Nous cherchions quelquefois un asile dans des trous de rochers, d'où les aigles marins s'envoloient avec de grands cris. J'écoutois alors le bruit des vents répétés par les échos de la caverne, et le gémissement des glaces qui se fendoient sur la rive.

« Et cependant, mon jeune ami, il est quelquefois un charme à ces régions désolées. Rien ne te peut donner une idée du moment où le soleil, touchant la terre, sembloit rester immobile, et remontoit ensuite dans le ciel, au lieu de descendre sous l'horizon. Les monts revêtus de neige, les vallées tapissées de la mousse blanche que broutent les rennes, les mers, couvertes de baleines et semées de glaces flottantes, toute cette scène, éclairée comme à la fois par les feux du couchant et par la lumière de l'aurore, brilloit des plus tendres et des plus riches couleurs : on ne savoit si on assistoit à la création ou à la fin du monde. Un petit oiseau, semblable à celui qui chante la nuit dans tes bois, faisoit entendre un ramage plaintif. L'amour amenoit alors le sauvage Esquimaux sur le rocher où l'attendoit sa compagne : ces noces de l'homme aux dernières bornes de la terre n'étoient ni sans pompe ni sans félicité.

« Mais bientôt à une clarté perpétuelle succéda une nuit sans fin. Un soir le soleil se coucha et ne se leva plus. Une aurore stérile, qui n'enfanta point l'astre du jour, parut dans le septentrion. Nous marchions à la lueur du météore dont les flammes mouvantes et livides s'attachoient à la voûte du ciel comme à une surface onctueuse.

« Les neiges descendirent ; les daims, les carribous, les oiseaux même disparurent : on voyoit tous ces animaux passer et retourner vers le midi : rien n'étoit triste comme cette migration qui laissoit l'homme seul. Quelques coups de foudre qui se prolongeoient dans des solitudes où aucun être animé ne les pouvoit entendre, semblèrent séparer les deux scènes de la vie et de la mort. La mer fixa ses flots ; tout mouvement cessa, et au bruit des glaces brisées succéda un silence universel.

« Aussitôt mes hôtes s'occupèrent à bâtir des cabanes de neige : elles se composoient de deux ou trois chambres qui communiquoient ensemble par des espèces de portes abaissées. Une lampe de pierre, remplie d'huile de baleine et dont la mèche étoit faite d'une mousse séchée, servoit à la fois à nous réchauffer et à cuire la chair des veaux marins. La voûte de ces grottes sans air fondoit en gouttes glacées; on ne pouvoit vivre qu'en se pressant les uns contre les autres, et en s'abstenant, pour ainsi dire, de respirer. Mais la faim nous forçoit encore de sortir de ces sépulcres de frimas : il falloit aller aux dernières limites de la mer gelée épier les troupeaux de Michabou.

« Mes hôtes avoient alors des joies si sauvages, que j'en étois moi-même épouvanté. Après une longue abstinence, avions-nous dardé un phoque, on le traînoit sur la glace : la matrone la plus expérimentée montoit sur l'animal palpitant, lui ouvroit la poitrine, lui arrachoit le foie, et en buvoit l'huile avec avidité. Tous les hommes, tous les enfants se jetoient sur la proie, la déchiroient avec les dents, dévoroient les chairs crues ; les chiens, accourus au banquet, en partageoient les restes, et léchoient le visage ensanglanté des enfants. Le guerrier vainqueur du monstre recevoit une part de la victime plus grande que celle des autres ; et lorsque, gonflé de nourriture, il ne se pouvoit plus repaître, sa femme, en signe d'amour, le forçoit encore d'avaler d'horribles lambeaux qu'elle lui enfonçoit dans la bouche. Il y avoit loin de là, René, à ma visite au palais de tes rois, et au souper chez l'élégante Ikouessen.

« Un chef des Esquimaux vint à mourir; on le

laissa auprès de nous, dans une des chambres de la hutte où l'humidité causée par les lampes amena la dissolution du corps. Les ossements humains, ceux des dogues et les débris des poissons, étoient jetés à la porte de nos cabanes; l'été, fondant le tombeau de glace qui croissoit autour de ces dépouilles, les laissoit pêle-mêle sur la terre.

« Un jour nous vîmes arriver sur un traîneau, que tiroient six chiens à longs poils, une famille alliée à celle dont j'étois l'esclave. Cette famille retourna bientôt après aux lieux d'où elle étoit venue; mon maître l'accompagna et m'ordonna de le suivre.

« La tribu d'Esquimaux chez laquelle nous arrivâmes n'habitoit point, comme la nôtre, dans des cabanes de neige; elle s'étoit retirée dans une grotte dont on fermoit l'ouverture avec une pierre. Comme on voit, au commencement de la lune voyageuse, des corneilles se réunir en bataillons dans quelque vallée; ou comme des fourmis se retirent sous une racine de chêne, ainsi cette nombreuse tribu d'Esquimaux étoit réfugiée dans le souterrain.

« Je fis le tour de la salle, pour chercher quelques vieillards qui sont la mémoire des peuples : le Grand-Esprit lui-même doit sa science à son éternité. Je remarquai un homme âgé, dont la tête étoit enveloppée dans la dépouille d'une bête sauvage. Je le saluai en lui disant : « Mon père! » Ensuite j'ajoutai : « Tu as beaucoup honoré tes parents, car « je vois que le ciel t'a accordé une longue vie. En « faveur de mon respect pour tes aïeux, permets- « moi de m'asseoir sur la natte à tes côtés. Si je sa-

« vois où une douce mort à déposé les os de tes
« pères, je te les aurois apportés pour te réjouir. »

« Le vieillard souleva son bonnet de peau d'ours,
et me regarda quelque temps, en méditant sa réponse. Non, le bruit des ailes de la cigogne qui
s'élève d'un bocage de magnolias dans le ciel des
Florides est moins délicieux à l'oreille d'une vierge,
que ne le furent pour moi les paroles de cet homme,
lorsque je retrouvai sur ses lèvres, dans l'antre des
affreux Esquimaux, le langage du prêtre divin des
bords de la Seine.

« Je suis fils de la France, me dit le vieillard :
« lorsque nous enlevâmes aux enfants d'Albion les
« forts bâtis aux confins du Labrador, je suivois le
« brave d'Iberville. Ma tendresse pour une jeune
« fille des mers me retint dans ces régions désolées,
« où j'ai adopté les mœurs et la vie des aïeux de
« celle que j'aimois. »

« Tels que dans les puits des savanes d'Atala on
voit sortir des canaux souterrains l'habitant des
ondes, brillant étranger que l'amour a égaré loin
de sa patrie, ainsi, ô Grand-Esprit! tu te plais à
conduire les hommes par des chemins qui ne sont
connus que de ta providence. René, on trouve les
guerriers de ton pays chez tous les peuples : les
plus civilisés des hommes, ils en deviennent, quand
ils le veulent, les plus barbares. Ils ne cherchent
point à nous policer, nous autres Sauvages; ils
trouvent plus aisé de se faire Sauvages comme
nous. La solitude n'a point de chasseurs plus adroits,
de combattants plus intrépides; on les a vus sup-

porter les tourments du cadre de feu [1] avec la fortitude des Indiens mêmes, et malheureusement devenir aussi cruels que leurs bourreaux. Seroit-ce que le dernier degré de la civilisation touche à la nature? Seroit-ce que le François possède une sorte de génie universel qui le rend propre à toutes les vies, à tous les climats? Voilà ce que pourroit seule décider la sagesse du père Aubry, ou du chef de la prière [2] qui corrigea l'orgueil de mon ignorance.

« Je passai la saison des neiges dans la société du vieillard demi-sauvage, à m'instruire de tout ce qui regardoit les lois ou plutôt les mœurs des peuples au milieu desquels j'habitois.

« L'hiver finissoit; la lune avoit regardé trois mois, du haut des airs, les flots fixes et muets qui ne réfléchissoient point son image. Une pâle aurore se glissa dans les régions du midi, et s'évanouit : elle revint, s'agrandit et se colora. Un Esquimaux, envoyé à la découverte, nous apprit, un matin, que le soleil alloit paroître; nous sortîmes en foule du souterrain pour saluer le père de la vie. L'astre se montra un moment à l'horizon, mais il se replongea soudain dans la nuit, comme un juste qui, élevant sa tête rayonnante du séjour des morts, se recoucheroit dans son tombeau à la vue de la désolation de la terre : nous poussâmes un cri de joie et de deuil.

« Le soleil parcourut peu à peu un plus long chemin dans le ciel. Des brouillards couvrirent la

---

[1] Les tourments que l'on fait subir aux prisonniers de guerre.
[2] Fénelon.

terre et la mer. La surface solide des fleuves se détacha des rivages ; on entendit pour premier bruit le cri d'un oiseau; ensuite quelques ruisseaux murmurèrent : les vents retrouvèrent la voix. Enfin les nuages amassés dans les airs crevèrent de toutes parts. Des cataractes d'une eau troublée se précipitèrent des montagnes; les monceaux de neiges tombèrent avec fracas des rocs escarpés : le vieil Océan, réveillé au fond de ses abîmes, rompit ses chaînes, secoua sa tête hérissée de glaçons, et, vomissant les flots renfermés dans sa vaste poitrine, répandit sur ses rivages les marées mugissantes.

« A ce signal les pêcheurs du Labrador quittèrent leur caverne et se dispersèrent : chaque couple retourna à sa solitude pour bâtir son nouveau nid et chanter ses nouvelles amours. Et moi, me dérobant par la fuite à mon maître, je m'avançai vers les régions du midi et du couchant, dans l'espoir de rencontrer les sources de mon fleuve natal.

« Après avoir traversé d'immenses déserts et vécu quelques années chez des hordes errantes, j'arrivai chez les Sioux, hommes chéris des génies pour leur hospitalité, leur justice, leur piété et pour la douceur de leurs mœurs.

« Ces peuples habitent des prairies entre les eaux du Missouri et du Meschacebé, sans chef et sans loi; ils paissent de nombreux troupeaux dans les savanes.

« Aussitôt qu'ils apprirent l'arrivée d'un étranger, ils accoururent et se disputèrent le bonheur de me recevoir. Nadoué, qui comptoit six garçons et un grand nombre de gendres, obtint la préférence ; on déclara qu'il la méritoit comme le plus juste des Sioux et le plus heureux par sa couche. Je fus introduit dans une tente de peaux de buffle, ouverte de tous côtés, supportée par quatre piquets, et dressée au bord d'un courant d'eau. Les autres tentes, sous lesquelles on apercevoit les joyeuses familles, étoient distribuées çà et là dans les plaines.

« Après que les femmes eurent lavé mes pieds, on me servit de la crème de noix et des gâteaux de malomines. Mon hôte ayant fait des libations de lait et d'eau de fontaine au paisible Tébée, génie pastoral de ces peuples, conduisit mes pas à un lit d'herbe, recouvert de la toison d'une chèvre. Accablé de lassitude, je m'endormis au bruit des vœux de la famille hospitalière, aux chants des pasteurs, et aux rayons du soleil couchant, qui, passant horizontalement sous la tente, fermèrent avec leurs baguettes d'or mes paupières appesanties.

« Le lendemain je me préparai à quitter mes hôtes ; mais il me fut impossible de m'arracher à leurs sollicitations. Chaque famille me voulut donner une fête. Il fallut raconter mon histoire, que l'on ne se lassoit point d'entendre et de me faire répéter.

« De toutes les nations que j'ai visitées, celle-ci m'a paru la plus heureuse : ni misérable comme le pêcheur du Labrador, ni cruel comme le chasseur du Canada, ni esclave comme jadis le Natchez, ni corrompu comme l'Européen, le Sioux réunit tout ce qui est désirable chez l'homme sauvage et chez l'homme policé. Ses mœurs sont douces comme les plantes dont il se nourrit; il fuit les hivers, et, s'attachant au printemps, il conduit ses troupeaux de prairie en prairie : ainsi la voyageuse des nuits, la lune, semble garder dans les plaines du ciel les nuages qu'elle mène avec elle; ainsi l'hirondelle suit les fleurs et les beaux jours; ainsi la jeune fille, dans ses gracieuses chimères, laisse errer ses pensées de rivages en rivages et de félicités en félicités.

« Je pressois mon hôte de me permettre de retourner à la cabane de mes aïeux. Un matin, au lever du soleil, je fus étonné de voir tous les pasteurs rassemblés. Nadoué se présente à moi avec deux de ses fils, et me conduit au milieu des anciens : ils étoient assis en cercle à l'ombre d'un petit bocage d'où l'on découvroit toute la plaine. Les jeunes gens se tenoient debout autour de leurs pères.

« Nadoué prit la parole et me dit : « Chactas, la
« sagesse de nos vieillards a examiné ce qu'il y avoit
« de mieux pour la nation des Sioux. Nous avons vu
« que le Manitou de nos foyers n'alloit point avec
« nous aux batailles, et qu'il nous livroit à l'ennemi,
« car nous ignorons les arts de la guerre. Or, vous
« avez le cœur droit; l'expérience des hommes a
« rempli votre âme d'excellentes choses : soyez notre
« chef, défendez-nous; régnez avec la justice. Nous
« quitterons pour vous les coutumes des anciens
« jours; nous cesserons de former des familles iso-

« lées; nous deviendrons un peuple : par-là vous
« acquerrez une gloire immortelle.

« Or voici ce que nous ferons : vous choisirez la
« plus belle des filles des Sioux. Chaque famille vous
« offrira quatre génisses de trois ans avec un fort
« taureau, sept chèvres pleines, cinquante autres
« donnant déjà une grande abondance de lait, et six
« chiens rapides qui pressent également les che-
« vreuils, les cerfs et toutes les bêtes fauves. Nous
« joindrons à ces dons quarante toisons de buffles
« noirs pour couvrir votre tente. En voyant vos
« grandes richesses, nul ne pourra s'empêcher
« de vous réputer heureux. Que les génies vous
« gardent de rejeter notre prière ! Votre père n'est
« plus; votre mère dort avec lui. Vous ne serez qu'un
« étranger dans votre patrie. Si nous allions vous
« maudire dans notre douleur, vous savez que le
« Grand-Esprit accomplit les malédictions pronon-
« cées par les hommes simples. Soyez donc touché
« de notre peine et entendez nos paroles. »

« Frappé des flèches invisibles d'un génie, je de-
meurai muet au milieu de l'assemblée. Rompant
enfin le silence, je répondis : « O Nadoué, que les
« peuples honorent ! je vous dirai la vérité toute
« pure. Je prends à témoin les Manitous hospita-
« liers du foyer où je reçus un asile, que la parole
« du mensonge n'a jamais souillé mes lèvres : vous
« voyez si je suis touché. Sioux des savanes ! jamais
« l'accueil que j'ai reçu de vous ne sortira de ma
« mémoire. Les présents que vous m'offrez ne pour-
« roient être rejetés par aucun homme qui auroit

« quelque sens ; mais je suis un infortuné condamné
« à errer sur la terre. Quel charme la royauté m'of-
« friroit-elle ? Craignez d'ailleurs de vous donner
« un maître ; un jour vous vous repentiriez d'avoir
« abandonné la liberté. Si d'injustes ennemis vous
« attaquent, implorez le ciel, il vous sauvera, car
« vos mœurs sont saintes.

« O Sioux ! puisqu'il est vrai que je vous ai inspiré
« quelque pitié, ne retenez plus mes pas ; conduisez-
« moi aux rives du Meschacebé ; donnez-moi un
« canot de cyprès : que je descende à la terre des
« sassafras. Je ne suis point un méchant que les
« génies ont puni pour ses crimes ; vous n'avez point
« à craindre la colère du Grand-Esprit en favorisant
« mon retour. Mes songes, mes veilles, mon repos,
« sont tout remplis des images d'une patrie que je
« pleure sans cesse. Je suis le plus misérable des
« chevreuils des bois ; ne fermez pas l'oreille à mes
« plaintes. »

« Les bergers furent attendris : le Grand-Esprit
les avoit faits compatissants. Quand le murmure
de la foule eut cessé, Nadoué me dit : « Les hommes
« sont touchés de vos paroles, et les génies le sont
« aussi. Nous vous accordons la pirogue du retour.
« Mais contractons d'abord l'alliance : rassemblons
« des pierres pour en faire un haut lieu, et man-
« geons dessus. »

« Or cela fut fait comme il avoit été dit : le Manitou de Nadoué, celui des Sioux, celui des Natchez, reçurent le sacrifice. L'alliance accomplie et trouvée parfaitement belle par les pasteurs, je marchai avec eux pendant six jours pour arriver au Meschacebé; mon cœur tressailloit en approchant. Du plus loin que je découvris le fleuve, je me mis à courir vers lui ; je m'y élançai comme un poisson qui, échappé du filet, retombe plein de joie dans les flots. Je m'écriai en portant à ma bouche l'eau sacrée :

« Te voilà donc enfin, ô fleuve qui coules dans le
« pays de Chactas ! fleuve où mes parents me plon-
« gèrent en venant au monde ! fleuve où je me jouois
« dans mon enfance avec mes jeunes compagnons !
« fleuve qui baignes la cabane de mon père et l'arbre
« sous lequel je fus nourri ! Oui, je te reconnois !
« Voilà les osiers pliants qui croissent dans ton lit
« aux Natchez, et que j'avois accoutumé de tresser
« en corbeilles; voilà les roseaux dont les nœuds me
« servoient de coupe. C'est bien encore le goût et
« la douceur de ton onde, et cette couleur qui res-
« semble à celle du lait de nos troupeaux. »

« Ainsi je parlois dans mon transport, et les délices de la patrie couloient déjà dans mon cœur. Les Sioux, doués de simplicité et de justice, se réjouissoient de mon bonheur. J'embrassai Nadoué et ses fils; je souhaitai toutes sortes de dons à mes hôtes, et, entrant dans ma pirogue chargée de présents, je m'abandonnai au cours du Meschacebé. Les Sioux rangés sur la rive me saluoient du geste et de la voix ; moi-même je les regardois en faisant des signes d'adieu, et priant les génies d'accorder leur faveur à cette nation innocente. Nous continuâmes de nous donner des marques d'amour jus-

13.

qu'au détour d'un promontoire qui me déroba la vue des pasteurs; mais j'entendois encore le son de leurs voix affoiblies, que les brises dispersoient sur les eaux, le long des rivages du fleuve.

« Maintenant chaque heure me rapprochoit de ce champ paternel dont j'étois absent depuis tant de neiges. J'en étois sorti sans expérience, dans ma dix-septième lune des fleurs; j'allois y rentrer dans ma trente-troisième feuille tombée, et plein de la triste connoissance des hommes. Que d'aventures éprouvées! que de régions parcourues! que de peuples les pas de mes malheurs avoient visités! Ces réflexions rouloient dans mon esprit, et le courant entraînoit ma nacelle.

« Je franchis l'embouchure du Missouri. Je vis à l'orient le désert des Casquias et des Tamarouas qui vivent dans les républiques unies; au confluent de l'Ohio, fils de la montagne Allegany et du fleuve Monhougohalla, j'aperçus le pays des Chéroquois qui sèment comme l'Européen, et des Wabaches, toujours en guerre avec les Illinois. Plus loin je passai la rivière Blanche fréquentée des crocodiles, et l'Akensas qui se joint au Meschacebé par la rive occidentale. Je remarquai à ma gauche la contrée des Chicassas venus du midi et celle des Yazous coureurs des montagnes; à ma droite je laissai les Sélonis et les Panimas qui boivent les eaux du ciel et vivent sous des lataniers. Enfin je découvris la cime des hauts magnolias qui couronnent le village des Natchez. Mes yeux se troublèrent, mon cœur flotta dans mon sein: je tombai sans mouvement au fond de ma pirogue qui, poussée par la main du fleuve, alla s'échouer sur la rive.

« Bocages de la mort, qui couvrirez bientôt de votre ombre les cendres du vieux Chactas! chênes antiques, mes contemporains de solitude! vous savez quelles furent mes pensées, quand, revenu de l'atteinte du génie de la patrie, je me trouvai assis au pied d'un arbre et livré à une foule curieuse qui s'empressoit autour de moi. Je regardois le ciel, la terre, le fleuve, les Sauvages, sans pouvoir ni parler, ni déclarer les transports de mon âme. Mais lorsqu'un des inconnus vint à prononcer quelques mots en natchez, alors, soulagé et tout en pleurs, je serre dans mes bras ma terre natale, j'y colle mes lèvres comme un amant à celles d'une amante, puis me relevant :

« Ce sont donc là les Natchez! Manitou de mes « malheurs, ne me trompez-vous point encore? « Est-ce la langue de mon pays que je viens d'en- « tendre? Mon oreille ne m'a-t-elle point déçu? »

« Je touchois les mains, le visage, le vêtement de mes frères. Je dis à la troupe étonnée : « Mes « amis, mes chers amis, parlez, répétez ces mots « que je n'ai point oubliés! Parlez, que je retrouve « dans votre bouche les doux accents de la patrie ! « O langage chéri des génies! langage dans lequel « j'appris à prononcer le nom de mon père, et que « j'entendois lorsque je reposois encore dans le sein « maternel! »

« Les Natchez ne pouvoient revenir de leur surprise : au désordre de mes sens, ils se persuadèrent que j'étois un homme possédé d'Athaënsic, pour quelque crime commis dans un pays lointain; ils songeoient déjà à m'écarter, comme un sacrilége, du bois du temple et des bocages de la mort.

« La foule grossissoit. Tout à coup un cri s'élève; je pousse moi-même un cri en reconnaissant les chefs compagnons de mon esclavage dans ta patrie, et, en m'élançant dans leurs bras, nous mêlons nos pleurs d'amitié et de joie...« Chactas ! Chactas ! » C'est tout ce qu'ils peuvent dire dans leur attendrissement. Mille voix répètent : « Chactas ! Chac-
« tas ! Génies immortels, est-ce là le fils d'Outalissi,
« ce Chactas que nous n'avons point connu, et qu'on
« disoit enseveli au sein des flots ? »

« Telles étoient les acclamations. On entendoit un bruit confus semblable aux échos des vagues dans les rochers. Mes amis m'apprirent qu'arrivés à Québec sur le vaisseau, après mon naufrage, ils retournèrent d'abord chez les Iroquois, d'où ils vinrent, après trois ans, conter mes malheurs à mes parents et à mon pays. Leur récit achevé, ils me conduisirent au temple du Soleil, où je suspendis mes vêtements en offrande. De là, après m'être purifié et avant d'avoir pris aucune nourriture, je me rendis au bocage de la mort pour saluer les cendres de mes aïeux. Les vieillards m'y vinrent trouver, car la nouvelle de mon retour avoit déjà volé de cabane en cabane. Plusieurs d'entre eux me reconnurent à ma ressemblance avec mon père. L'un disoit : « Voilà les cheveux d'Outalissi. » Un autre : « C'est son regard et sa voix. » Un troisième :

« C'est sa démarche, mais il diffère de son aïeul
« par sa taille qui est plus élevée. »

« Les hommes de mon âge accouroient aussi, et, à l'aide de circonstances reproduites à ma mémoire, ils me rappeloient les jours de notre jeunesse; alors je retrouvois sur leur visage des traits qui ne m'étoient point inconnus. Les matrones et les jeunes femmes ne pouvoient rassasier leur curiosité : elles m'apportoient toutes sortes de présents.

« La sœur de ma mère existoit encore, mais elle étoit mourante : mes amis me conduisirent auprès d'elle. Lorsqu'elle entendit prononcer mon nom, elle fit un effort pour me regarder; elle me reconnut, me tendit la main, leva les yeux au ciel avec un sourire, et accomplit sa destinée. Je me retirai l'âme en proie aux plus tristes pressentiments en voyant mon retour marqué par la mort du dernier parent que j'eusse au monde.

« Mes compagnons d'esclavage me menèrent à leur hutte d'écorce; j'y passai la nuit avec eux. Nous y racontâmes sur la peau d'ours beaucoup de choses tirées du fond du cœur, de ces choses que l'on dit à un ami échappé d'un grand danger.

« Le lendemain, après avoir salué la lumière, les arbres, les rochers, le fleuve et toute la patrie, je désirai rentrer dans la cabane de mon père. Je la trouvai telle que l'avoient mise la solitude et les années : un magnolia s'élevoit au milieu, et ses branches passoient à travers le toit; les murs crevassés étoient recouverts de mousse, et un lierre embrassoit le contour de la porte de ses mains noires et chevelues.

« Je m'assis au pied du magnolia, et je m'entretins avec la foule de mes souvenirs. « Peut-être, « me disois-je, selon ma religion du désert, est-ce « ma mère elle-même qui est revenue dans sa ca- « bane, sous la forme de ce bel arbre ! » Ensuite je caressois le tronc de ce suppliant réfugié au foyer de mes ancêtres, et qui s'en étoit fait le génie domestique pendant l'ingrate absence des amis de ma famille. J'aimois à retrouver pour successeur sous mon toit héréditaire, non les fils indifférents des hommes, mais une paisible génération d'arbres et de fleurs : la conformité des destinées, qui sembloit exister entre moi et le magnolia demeuré seul debout parmi ces ruines, m'attendrissoit. N'étoit-ce pas aussi une rose de magnolia que j'avois donnée à la fille de Lopez, et qu'elle emporta dans la tombe ?

« Plein de ces pensées qui font le charme intérieur de l'âme, je songeois à rétablir ma hutte, à consacrer le magnolia à la mémoire d'Atala, lorsque j'entendis quelque bruit. Un Sachem, aussi vieux que la terre, se présente sous les lierres de la porte : une barbe épaisse ombrageoit son menton ; sa poitrine étoit hérissée d'un long poil semblable aux herbes qui croissent dans le lit des fleuves ; il s'appuyoit sur un roseau ; une ceinture de joncs pressoit ses reins ; une couronne de fleurs de marais ornoit sa tête, un manteau de loutre et de castor flottoit suspendu à ses épaules ; il paroissoit sortir du fleuve, car l'eau ruisseloit de ses vêtements, de sa barbe et de ses cheveux.

« Je n'ai jamais su si ce vieillard étoit en effet quelque antique Sachem, quelque prêtre instruit de l'avenir et habitant une île du Meschacebé, ou si ce n'étoit pas l'ancêtre des fleuves, le Meschacebé lui-même. « Chactas, » me dit-il d'un son de voix semblable au bruit de la chute d'une onde, « cesse
« de méditer le rétablissement de cette cabane. En
« disputeras-tu la possession contre un génie, ô le
« plus imprudent des hommes ? Crois-tu donc être
« arrivé à la fin de tes travaux, et qu'il ne te reste
« plus qu'à t'asseoir sur la natte de tes pères ? Un
« jour viendra que le sang des Natchez.... »

« Il s'interrompt, agite le roseau qu'il tenoit à la main, me lance des regards prophétiques, tandis que, baissant et relevant la tête, sa barbe limoneuse frappe sa poitrine. Je me prosterne aux pieds du vieillard ; mais lui, s'élançant dans le fleuve, disparoît au milieu des vagues bouillonnantes.

« Je n'osai violer les ordres de cet homme ou de ce génie, et j'allai bâtir ma nouvelle demeure sur la colline où tu la vois aujourd'hui. Adario revint du pays des Iroquois ; je travaillai avec lui et le vieux Soleil à l'amélioration des lois de la patrie. Pour un peu de bien que j'ai fait, on m'a rendu beaucoup d'amour.

« J'avance à grands pas vers le terme de ma carrière ; je prie le ciel de détourner les orages dont il a menacé les Natchez, ou de me recevoir en sacrifice. A cette fin je tâche de sanctifier mes jours, pour que la pureté de la victime soit agréable aux génies : c'est la seule précaution que j'aie prise contre l'avenir. Je n'ai point interrogé les jongleurs : nous devons remplir les devoirs que nous enseigne la vertu, sans rechercher curieusement les secrets de la Providence. Il est une sorte de sagesse inquiète et de prudence coupable que le ciel punit. Telle est, ô mon fils! la trop longue histoire du vieux Chactas. »

LIVRE NEUVIÈME.

LE récit de Chactas avoit conduit les Natchez jusqu'aux vallées fréquentées par les castors, dans le pays des Illinois. Ces paisibles et merveilleux animaux furent attaqués et détruits dans leurs retraites. Après des holocaustes offerts à Michabou, génie des eaux, les Indiens, au jour marqué par le jongleur, commencèrent à dépouiller, tous ensemble, leurs victimes. A peine le fer avoit-il entr'ouvert les peaux moelleuses, qu'un cri s'élève : « Une femelle de castor ! » Les guerriers les plus fermes laissent échapper leur proie ; Chactas lui-même paroît troublé.

Trois causes de guerre existent entre les Sauvages : l'invasion des terres, l'enlèvement d'une famille, la destruction des femelles de castor. Ignorant du droit public des Indiens, et n'ayant point encore l'expérience des chasseurs, René avoit tué des femelles de castor. On délibère en tumulte : Ondouré veut qu'on abandonne le coupable aux Illinois pour éviter une guerre sanglante. Le frère d'Amélie est le premier à se présenter en expiation. « Je traîne partout mes infortunes, dit-il à Chactas ; « délivrez-vous d'un homme qui pèse sur la terre. »

Outougamiz soutint que le guerrier blanc dont il portoit le Manitou d'or, gage de l'amitié jurée,

n'avoit péché que par ignorance : « Ceux qui ont
« une si grande terreur des Illinois, s'écria-t-il,
« peuvent les aller supplier de leur accorder la
« paix. Quant à moi, je sais un moyen plus sûr de
« l'obtenir, c'est la victoire. L'homme blanc est mon
« ami, quiconque est son ennemi est le mien. » En
prononçant ces paroles, le jeune Sauvage laissoit
tomber sur Ondouré des regards terribles.

Outougamiz étoit renommé chez les Natchez
pour sa candeur autant que pour son courage : ils
l'avoient surnommé Outougamiz le Simple. Jamais
il ne prenoit la parole dans un conseil, et ses vertus ne se manifestoient que par des actions. Les
chasseurs furent étonnés de la hardiesse avec laquelle il s'exprima, et de la soudaine éloquence que
l'amitié avoit placée sur ses lèvres : ainsi la fleur de
l'hémerocale, qui referme son calice pendant la
nuit, ne répand ses parfums qu'aux premiers rayons
de la lumière. La jeunesse, généreuse et guerrière,
applaudit aux sentiments d'Outougamiz. René lui-
même avoit pris sur ses compagnons sauvages
l'empire qu'il exerçoit involontairement sur les
esprits : l'avis d'Ondouré fut rejeté ; on conjura les
mânes des femelles des castors ; Chactas recom-
manda le secret ; mais le rival du frère d'Amélie
s'étoit déjà promis de rompre le silence.

Cependant on crut devoir abréger le temps des
chasses : le retour précipité des guerriers étonna les
Natchez. Bientôt on murmura tout bas la cause
secrète de ce retour. Repoussé de plus en plus de
Céluta, Ondouré se rapprocha de son ancienne

amante, et chercha dans l'ambition des consolations et des vengeances à l'amour.

Durant l'absence des chasseurs, les habitants de la colonie s'étoient répandus dans les villages indiens : des aventuriers sans mœurs, des soldats dans l'ivresse, avoient insulté les femmes. Fébriano, digne ami d'Ondouré, avoit tourmenté Céluta, et d'Artaguette l'avoit protégée. Au retour d'Outougamiz, l'orpheline raconta à son frère les persécutions par elle éprouvées; Outougamiz les redit à René, qui, déjà défendu dans le conseil par le généreux capitaine, l'alla remercier au fort Rosalie. Un attachement, fondé sur l'estime, commença entre ces deux nobles François. Trop touché de la beauté de Céluta, d'Artaguette cédoit au penchant qui l'entraînoit vers l'homme aimé de la vertueuse Indienne. Ainsi se formoient de toutes parts des liens que le ciel vouloit briser, et des haines que le temps devoit accroître. Un événement développa tout à coup ces germes de malheurs.

Une nuit, Chactas, au milieu de sa famille, veilloit sur sa natte : la flamme du foyer éclairoit l'intérieur de la cabane. Une hache teinte de sang tombe aux pieds du vieillard : sur le manche de cette hache étoient gravés l'image de deux femelles de castors, et le symbole de la nation des Illinois. Dans les cabanes des différents Sachems de pareilles armes furent jetées, et les hérauts illinois, qui étoient ainsi venus déclarer la guerre, avoient disparu dans les ténèbres.

Ondouré, dans l'espoir de perdre celui qui lui

enlevoit le cœur de Céluta, avoit fait avertir secrètement les Illinois de l'accident de la chasse. Peu importoit à ce chef de plonger son pays dans un abîme de maux, s'il pouvoit à la fois rendre son rival odieux à la nation, et atteindre peut-être par la chance des armes à la puissance absolue. Il avoit prévu que le vieux Soleil seroit obligé de marcher à l'ennemi : au défaut de la flèche des Illinois, Ondouré ne pourroit-il pas employer la sienne pour se débarrasser d'un chef important? Akansie, mère du jeune Soleil, disposeroit alors du pouvoir souverain, et par elle l'homme qu'elle adoroit parviendroit facilement à la dignité d'édile, dignité qui le rendroit tuteur du nouveau prince. Enfin Ondouré, qui détestoit les François, mais qui les servoit pour se faire appuyer d'eux, ne trouveroit-il pas quelque moyen de les chasser de la Louisiane, lorsqu'il seroit revêtu de l'autorité suprême? Maître alors de la fortune, il immoleroit le frère d'Amélie, et soumettroit Céluta à son amour.

Tels étoient les desseins qu'Ondouré rouloit vaguement dans son âme. Il connoissoit Akansie; il savoit qu'elle se prêteroit à tous ses forfaits, s'il la persuadoit de son repentir, si elle se pouvoit croire aimée. Il affecte donc pour cette femme une ardeur qu'il ne ressent pas; il promet de sacrifier Céluta, exigeant à son tour d'Akansie qu'elle serve une ambition dont elle recueillera les fruits. La crédule amante consent à des crimes pour une caresse.

La passion de Céluta s'augmentoit en silence. René étoit devenu l'ami d'Outougamiz. Ne seroit-il pas possible à Céluta d'obtenir la main de René? Les murmures que l'on commençoit à élever de toutes parts contre le guerrier blanc ne faisoient qu'attacher davantage l'Indienne à ce guerrier : l'amour se plaît au dévouement et aux sacrifices. Les prêtres ne cessoient de répéter que des signes s'étoient montrés dans les airs, la nuit de la convocation du conseil; que le serpent sacré avoit disparu le jour d'une adoption funeste; que les femelles de castors avoient été tuées; que le salut de la nation se trouvoit exposé par la présence d'un étranger sacrilége : il falloit des expiations. Redits autour d'elle, ces propos troubloient Céluta : l'injustice de l'accusation la révoltoit, et le sentiment de cette injustice fortifioit son amour, désormais irrésistible.

Mais René ne partageoit point ce penchant; il n'avoit point changé de nature; il accomplissoit son sort dans toute sa rigueur. Déjà la distraction qu'un long voyage et des objets nouveaux avoient produite dans son âme, commençoit à perdre sa puissance : les tristesses du frère d'Amélie revenoient, et le souvenir de ses chagrins, au lieu de s'affoiblir par le temps, sembloit s'accroître. Les déserts n'avoient pas plus satisfait René que le monde, et dans l'insatiabilité de ses vagues désirs, il avoit déjà tari la solitude, comme il avoit épuisé la société. Personnage immobile au milieu de tant de personnages en mouvement, centre de mille passions qu'il ne partageoit point, objet de toutes les pensées par des raisons diverses; le frère d'Amélie devenoit la cause invisible de tout : aimer et souffrir étoit la double fatalité qu'il imposoit à quiconque s'approchoit de sa personne. Jeté dans le monde comme un grand malheur, sa pernicieuse influence s'étendoit aux êtres environnants : c'est ainsi qu'il y a de beaux arbres sous lesquels on ne peut s'asseoir ou respirer sans mourir.

Toutefois René ne se voyoit pas sans une douleur amère, tout innocent qu'il étoit, la cause de la guerre entre les Illinois et les Natchez. « Quoi ! se disoit-il, pour prix de l'hospitalité que j'ai reçue, je livre à la désolation les cabanes de mes hôtes ! Qu'avois-je besoin d'apporter à ces Sauvages le trouble et les misères de ma vie ? Je répondrai à chaque famille du sang qui sera versé. Ah ! qu'on accepte plutôt en réparation le sacrifice de mes jours ! »

Ce sacrifice n'étoit plus possible que sur le champ de bataille : la guerre étoit déclarée, et il ne restoit aux Natchez qu'à la soutenir avec courage. Le Soleil prit le commandement de la tribu de l'Aigle, avec laquelle il fut résolu qu'il envahiroit les terres des Illinois. Adario demeura aux Natchez avec la tribu de la Tortue et du Serpent, pour défendre la patrie. Outougamiz fut nommé chef des jeunes guerriers qui devoient garder les cabanes. René, adopté dans la tribu de l'Aigle, devoit être de l'expédition commandée par le vieux Soleil.

Le jour du départ étant fixé, Outougamiz dit au frère d'Amélie : « Tu me quittes ; les Sachems « m'obligent à demeurer ici ; tu vas marcher au

« combat sans ton compagnon d'armes : c'est bien
« mal à moi de te laisser seul ainsi. Si tu meurs,
« comment ferai-je pour t'aller rejoindre? Souviens-
« toi de nos Manitous dans la bataille. Voici la chaîne
« d'or de notre amitié, qui m'avertira de tout ce que
« tu feras. J'aurois voulu au moins que tu eusses
« été mon frère avant de me quitter. Ma sœur t'aime;
« tout le monde le dit; il n'y a que toi qui l'ignores.
« Tu ne lui parles jamais d'amour. Comment! ne la
« trouves-tu pas belle? Ton âme est-elle engagée
« ailleurs? Je suis Outougamiz, qu'on appelle le
« Simple, parce que je n'ai point d'esprit; mais
« je serai toujours heureux de t'aimer, soit que je
« devienne malheureux ou heureux par toi. » Ainsi
parla le Sauvage : René le pressa sur son sein, et
des pleurs d'attendrissement mouillèrent ses yeux.

Bientôt la tribu se mit en marche, ayant le Soleil
à sa tête. Toutes les familles étoient accourues sur
son passage : les femmes et les enfants pleuroient.
Céluta pouvoit à peine contenir les mouvements de
sa douleur, et suivoit des regards le frère d'Amélie.
Chactas bénit en passant son fils adoptif, et regretta
de ne le pouvoir suivre. La petite Mila, à moitié
confuse, cria à René : « Ne va pas mourir! » et ren-
tra, toute rougissante, dans la foule. Le capitaine
d'Artaguette salua le frère d'Amélie lorsqu'il passa
devant lui, en l'invitant à se souvenir de la gloire
de la France. Ondouré fermoit la marche : il devoit
commander la tribu, dans le cas où le vieux Soleil
succomberoit aux fatigues de la marche, ou sous
les coups de l'ennemi.

A peine la tribu de l'Aigle s'étoit éloignée des Natchez, que des inquiétudes se répandirent parmi les habitants du fort Rosalie. Les colons découvrirent les traces d'un complot parmi les noirs, et l'on disoit qu'il avoit des ramifications chez les Sauvages. En effet, Ondouré entretenoit depuis long-temps des intelligences avec les esclaves des Blancs : il avoit fait entendre à leur oreille le doux nom de liberté, pour se servir d'eux, si jamais ils pouvoient devenir utiles à son ambition. Un jeune nègre, nommé Imley, chef de cette association mystérieuse, cultivoit une concession voisine de la cabane de Céluta et d'Outougamiz.

Ces récits sont portés à Fébriano. Le renégat, que la soif de l'or dévore, voit, dans les circonstances où se trouvent les Natchez, une possibilité de destruction dont profiteroient à la fois son avarice et sa lubricité. Fébriano recevoit des présents d'Ondouré, et l'instruisoit de tout ce qui se passoit au conseil des François ; mais, dans l'absence de ce chef, n'ayant plus de guide, il crut trouver l'occasion de s'enrichir de la dépouille des Sauvages.

Comme un dogue que son gardien réveille, Fébriano se lève aux dénonciations de ses agents secrets : il se prépare aux desseins qu'il médite par l'accomplissement des rites de son culte abominable.

Enfermé dans sa demeure, il commence, deminu, une danse magique représentant le cours des astres. Il fait ensuite sa prière, le visage tourné vers le temple de l'Arabie, et il lave son corps dans des eaux immondes. Ces cérémonies achevées, le moine mahométan redevient guerrier chrétien : il enveloppe ses jambes grêles du drap funèbre des combats; il endosse l'habit blanc des soldats de la France. Une touffe de franges d'or, semblable à celle qui pendoit au bouclier de Pallas, embrasse, comme une main, l'épaule gauche de Fébriano : il place sur sa poitrine un croissant d'où jaillissent des éclairs; il suspend à son baudrier une épée à la poignée d'argent, à la lame azurée, qui enfonce une triple blessure dans le flanc de l'ennemi : abaissant sur ses sourcils le chapeau de Mars, le renégat sort et va trouver Chépar.

Pareil à la tunique dévorante qui, sur le mont OEta, fit périr Hercule, l'habit du grenadier françois se colle aux os du fils des Maures, et fait couler dans ses veines les poisons enflammés de Bellone. Le commandant n'a pas plutôt aperçu Fébriano, qu'il se sent lui-même possédé de la fureur guerrière, comme si le démon des combats secouoit, par sa crinière de couleuvres, la tête d'une des trois Gorgones.

« Illustre chef, s'écrie Fébriano, c'est avec raison
« qu'on vous donne les louanges de prudence et de
« courage; vous savez saisir l'occasion, et tandis que
« les plus braves d'entre nos ennemis sont partis
« pour une guerre lointaine, vous jugez qu'il est
« à propos de se saisir des terres des rebelles. Les
« trèves sont au moment d'expirer, et vous ne pré-
« tendez pas qu'on les renouvelle. Vous savez de
« quels dangers la colonie est menacée : on soulève

« les esclaves : c'est un misérable nègre, voisin de
« l'habitation du conspirateur Adario, et de la de-
« meure du François adopté par Chactas, c'est Imley
« que l'on désigne comme le chef de ce complot.
« J'apprends avec joie que vous avez donné des
« ordres, que tout est en mouvement dans le camp,
« et que si les factieux refusent les concessions
« demandées, les cadavres des ennemis du roi de-
« viendront la proie des vautours. »

Par ce discours plein de ruse, Fébriano évite
de blesser l'orgueil de Chépar, toujours prêt à se
révolter contre un conseil direct. Charmé de voir
attribuer à sa prudence des choses auxquelles il
n'avoit pas songé, le commandant répond à Fébriano : « Vous m'avez toujours paru doué de péné-
« tration. Oui : je connoissois depuis long-temps les
« machinations des traîtres. Les dernières instruc-
« tions de la Nouvelle-Orléans me laissent libre :
« je pense qu'il est temps d'en finir. Allez déclarer
« aux Sauvages qu'ils aient à céder les terres, ou
« qu'ils se disposent à me recevoir avec les troupes
« de mon maître. »

Fébriano, dérobant au commandant un sourire
ironique, se hâte d'aller porter aux Natchez la
décision de Chépar. Le père Souël, retiré à la
mission des Yazous, n'étoit plus au fort Rosalie
pour plaider la cause de la justice, et d'Artaguette
reçut l'ordre de se préparer aux combats et non
aux discours.

Le conseil des Sachems se rassemble : on écoute
les paroles et les menaces du messager françois.

« Ainsi, lui répond Chactas, vous profitez de l'ab-
« sence de nos guerriers pour refuser le renouvelle-
« ment des traités : cela est-il digne du courage de
« la noble nation dont vous vous dites l'interprète ?
« Qu'il soit fait selon la volonté du Grand-Esprit !
« Nous désirions vivre en paix, mais nous saurons
« nous immoler à la patrie. »

Dernier essai de la modération et de la prudence ! Chactas veut aller lui-même présenter encore le calumet au fort Rosalie : les Sachems comptoient sur l'autorité de ses années ; ils y comptoient vainement. Les habitants de la colonie poussoient le commandant à la violence ; Fébriano l'obsédoit par le récit de divers complots : dans un camp on désire la guerre, et le soldat est plus sensible à la gloire qu'à la justice. Tout précipitoit donc les partis vers une première action. Non-seulement Chépar refusa la paix, mais, à l'instigation de Fébriano, il retint Chactas au fort Rosalie. « Plus ce
« vieillard est renommé, dit le commandant, plus
« il est utile de priver les rebelles de leur meilleur
« guide. J'estime Chactas, à qui le grand roi offrit
« autrefois un rang dans notre armée : on ne lui
« fera aucun mal ; il sera traité ici avec toutes sortes
« d'égards ; mais il n'ira pas donner à des factieux
« le moyen d'échapper au châtiment. »

— « François, dit Chactas, vous étiez destinés à
« violer deux fois dans ma personne le droit des
« nations ! Quand je fus arrêté au Canada, on pou-
« voit au moins dire que ma main manioit la hache ;
« mais que craignez-vous aujourd'hui d'un vieillard

« aveugle ? » — « Ce ne sont pas tes coups que nous « craignons, s'écrièrent à la fois les colons, mais « tes conseils. »

Chépar avoit espéré que la captivité de leur premier Sachem, répandant la consternation parmi les Natchez, les amèneroit à se soumettre au partage des terres : il en fut autrement. La rage s'empare de tous les cœurs ; on s'assemble en tumulte ; on délibère à la hâte. L'enfer, qui voit ses desseins près d'être renversés, songe à sauver le culte du Soleil de l'attaque imprévue des François. Satan appelle à lui les esprits de ténèbres : il leur ordonne de soutenir les Natchez par tous les moyens dont il a plu à Dieu de laisser la puissance au génie du mal. Afin de donner aux Indiens le temps de se préparer, le prince des démons déchaîne un ouragan dans les airs, soulève le Meschacebé, et rend pendant quelques jours les chemins impraticables. Profitant de cette trêve de la tempête, les Natchez envoient des messagers aux nations voisines : la jeunesse s'empresse d'accourir.

Chépar n'attendoit que la fin de l'orage pour marcher au grand village des Natchez. La sixième aurore ramena la sérénité, et vit les soldats françois porter en avant leurs drapeaux ; mais l'inondation de la plaine contraignit l'armée à faire un long détour.

Aussitôt que la Renommée eut annoncé aux Natchez la nouvelle de l'approche de l'ennemi, l'air retentit de gémissements : les femmes fuient, emportant leurs enfants sur leurs épaules, et laissant les Manitous suspendus aux portes des cabanes abandonnées. On voit s'agiter les guerriers qui n'ont eu le temps de se préparer au combat, ni par les jeûnes, ni par les potions sacrées, ni par l'étude des songes. Le cri de guerre, la chanson de mort, le son de la danse d'Areskoui, se mêlent de toutes parts. Le bataillon des Amis, la troupe des jeunes gens se dispose à descendre à la contrée des âmes : Outougamiz est à la tête de ce bataillon sacré. Outougamiz seul est triste : il n'a point son compagnon, le guerrier blanc, à ses côtés.

Céluta vient trouver son frère; elle le serre dans ses bras, elle le prie de ménager ses jours. « Songe, « lui dit-elle, ô mon aigle protecteur! que je suis « née avec toi dans le nid de notre mère. Le cygne « que tu as choisi pour ami a volé aux rivières loin- « taines; Chactas est prisonnier; Adario va peut- « être recevoir la mort; d'Artaguette est dans les « rangs de l'ennemi : que me restera-t-il, si je te « perds ? »

— « Fille de Tabamica, répond Outougamiz, sou- « viens-toi du repas funèbre; si l'homme blanc étoit « ici, le soin lui en appartiendroit; mais voilà son Ma- « nitou d'or sur mon cœur; il me préservera de tout « péril, car il m'a parlé ce matin, et m'a dit des choses « secrètes. Rassure-toi donc : invoquons l'Amitié et « les génies qui punissent les oppresseurs. Ne crois « pas que les François soient les plus nombreux; « en combattant pour les os de nos pères, nos pères « combattront pour nous. Ne les vois-tu pas, ces « aïeux, qui sortent des bocages funèbres ? « Cou-

« rage ! nous crient-ils, courage ! Ne souffrez pas
« que l'étranger viole nos cendres ; nous accourons
« à votre secours avec les puissances de la nuit et
« de la tombe ! » Crois-tu, Céluta, que les ennemis
« puissent résister à cette pâle milice ? Entends-tu
« la Mort, qui marche à la tête des squelettes, armée
« d'une massue de fer ? O Mort ! nous ne redoutons
« point ta présence : tu n'es pour nos cœurs inno-
« cents qu'un génie paisible. »

Ainsi parle Outougamiz dans l'exaltation de son
âme. Céluta est entraînée dans les bois par Mila et
les matrones.

Toute la force des Natchez est dans la troupe de
jeunes hommes que les Sachems ont placée autour
des bocages de la mort. Les Sachems eux-mêmes
forment entre eux un bataillon qui s'assemble dans
le bois, à l'entrée du temple du Soleil : la nation,
ainsi divisée, s'étoit mise sous la protection des
tombeaux et des autels. Une admiration profonde
saisissoit le cœur à l'aspect des vieillards armés :
on voyoit se mouvoir, dans l'obscurité du bois,
leurs têtes chauves ou blanchies, comme les ondes
argentées d'un fleuve, sous la voûte des chênes.
Adario, qui commande les Sachems, et qui s'élève
au-dessus d'eux de toute la hauteur du front, ressemble à l'antique étendard de cette troupe paternelle. Non loin, sur un bûcher, le grand-prêtre fait
des sacrifices, consulte les esprits, et ne promet
que des malheurs. Ainsi, aux approches des tempêtes de l'hiver, quand la brise du soir apporte
l'odeur des feuilles séchées, la corneille, perchée

sur un arbre dépouillé, prononce des paroles sinistres.

Bientôt, aux yeux éblouis des Natchez, sort du fond d'une vallée la pompe des troupes françoises, semblable au feu annuel dont les Sauvages consument les herbages et qui s'étend comme un lac de feu. Indiens, à ce spectacle vous sentîtes une sorte d'étonnement furieux; la patrie, enchantant vos âmes, les défendoit de la terreur, mais non de la surprise. Vous contempliez les ondulations régulières, les mouvements mesurés, la superbe ordonnance de ces soldats. Au-dessus des flots de l'armée se hérissoient les baïonnettes, telles que ces lances du roseau, qui tremblent dans le courant d'un fleuve.

Un vieillard se présente seul devant les guerriers de la France. D'une main il tient le calumet de paix, de l'autre il lève une hache dégouttante de sang : il chante et danse à la fois, et ses chants et ses pas sont mêlés de mouvements tumultueux et paisibles. Tour à tour il invoque la fureur des jeux d'Areskoui et l'ardeur des luttes de l'amour, la terreur de la bataille des héros et le charme du combat des grâces et de la lyre. Tantôt il tourne sur lui-même en poussant des cris et lançant le tomahawk; tantôt il imite le ton d'un augure qui préside à la fête des moissons. Le visage de ce vieillard est rigide, son regard impérieux, son front d'airain; tout son air décèle le père de la patrie et l'enthousiaste de la liberté. On mène l'envoyé des Natchez à Chépar.

Debout au milieu d'une foule de capitaines, sans s'incliner, sans fléchir le genou, il parle ainsi au commandant des François :

« Mon nom est Adario : de père en fils, tous mes
« ancêtres sont morts pour la défense de leur terre
« natale. Je te viens, de la part des Sachems, re-
« demander Chactas et te proposer une dernière
« fois la paix. Si j'avois été le chef de ma nation,
« tu ne m'eusses vu que la hache à la main. Que
« veux-tu ? Quels sont tes desseins ? Que t'avons-
« nous fait ?

« Prétends-tu nous massacrer dans les cabanes
« où nous avons donné l'hospitalité à tes pères,
« lorsque foibles et étrangers, ils n'avoient ni huttes
« pour se garantir des frimas, ni maïs pour apaiser
« leur faim ?

« Si tu persistes à nous opprimer, sache qu'avant
« que nous te cédions les tombeaux de nos ancê-
« tres, le soleil se lèvera où il se couche, les chênes
« porteront les fruits du noyer, et le vautour nour-
« rira les petits de la colombe.

« Tu as violé la foi publique en arrêtant Chactas.
« Je n'ai pourtant pas craint de me présenter de-
« vant toi : ou ton cœur sera rappelé à des senti-
« ments d'équité, ou tu commettras une nouvelle
« injustice ; dans le premier cas, nous aurons la
« paix ; dans le second, tu combleras la mesure. Le
« Grand-Esprit se chargera de notre vengeance.

« Choisis : voilà le calumet de paix, fume ; voici
« la hache de sang, frappe. »

Tel qu'un fer présenté à la forge se pénètre

d'une pourpre brûlante, ainsi le visage de Chépar s'allume des feux de la colère au discours du Sauvage. L'indomptable vieillard levoit sa tête au-dessus de l'assemblée émue, comme un chêne américain qui, laissé debout sur son sol natal, domine de sa tige inflexible les moissons de l'Europe flottantes à ses pieds. Alors Chépar :

« Rebelle, ce pays appartient au roi mon maî-
« tre; si tu oses t'opposer au partage des terres que
« j'ai distribuées aux habitants de la colonie, je fe-
« rai de ta nation un exemple épouvantable. Retire-
« toi, de peur que je ne te fasse éprouver le châti-
« ment épargné à Chactas. »

— « Et moi, s'écrie Adario brisant le calumet de
« paix, je te déclare, au nom des Natchez, guerre
« éternelle; je te dévoue toi et les tiens à l'implaca-
« ble Athaënsic. Viens faire un pain digne de tes
« soldats avec le sang de nos vieillards, le lait de
« nos jeunes épouses, et les cendres de nos pères!
« Puissent mes membres, quand ton fer les aura
« séparés de mon corps, se ranimer pour la ven-
« geance, mes pieds marcher seuls contre toi, ma
« main coupée lancer la hache, ma poitrine éteinte
« pousser le cri de guerre, et jusqu'à mes cheveux,
« réseau funeste, tendre autour de ton armée les
« inévitables filets de la mort! Génies qui m'écoutez!
« que les os des oppresseurs soient réduits en pou-
« dre, comme les débris du calumet écrasés sous
« mes pieds! que jamais l'arbre de la paix n'étende
« ses rameaux sur les Natchez et sur les François.
« tant qu'il existera un seul guerrier des deux na-

« tions, tant que les mères continueront d'être fé-
« condes chez ces peuples! »

Il dit : les démons exaucent sa prière; ils sortent de l'abîme et remplissent les cœurs d'une rage infernale. Le jour se voile, le tonnerre gronde, les mânes hurlent dans les forêts, et les femmes indiennes entendent leur fruit se plaindre dans leur sein. Adario jette la hache au milieu des guerriers : la terre s'entr'ouvre et la dévore; on l'entend tomber dans de noires profondeurs. Les capitaines françois ne se peuvent empêcher d'admirer le courage du vieillard qui, retourné au milieu des siens, leur adresse ce discours :

« Natchez, aux armes! Assez long-temps nous
« sommes restés assis sur la natte! Jeunesse, que
« l'huile coule sur vos cheveux, que vos visages se
« peignent, que vos carquois se remplissent, que
« vos chants ébranlent les forêts. Désennuyons nos
« morts!

« Il vit infâme celui qui fuit : les femmes lui pré-
« sentent la pagne qui voile la pudeur; il siége au
« conseil parmi les matrones. Mais celui qui meurt
« pour son pays, oh! comme il est honoré! Ses os
« sont recueillis dans des peaux de castor, et dépo-
« sés au tombeau des aïeux; son souvenir se mêle
« à celui de la religion protégée, de la liberté dé-
« fendue, des moissons recueillies. Les vierges di-
« sent à l'époux de leur choix sur la montagne :
« Assure-moi que tu seras semblable à ce héros. »
« Son nom devient la garantie de la publique féli-
« cité, le signal des joies secrètes des familles.

« Sois-nous favorable, Areskoui ! ton casse-tête
« est armé de dents de crocodile; le couteau d'es-
« calpe est à ta ceinture : ton haleine exhale, comme
« celle des loups, l'odeur du carnage ; tu bois le
« bouillon de la chair des morts dans le crâne du
« guerrier. Donne à nos jeunes fils une envie irré-
« sistible de mourir pour la patrie : qu'ils sentent
« une grande joie lorsque le fer de l'ennemi leur
« percera le cœur ! »

Ainsi parle ou plutôt ainsi chante Adario, et les Sauvages lui répondent par des hurlements. Chacun prend son rang et attend l'ordre de la marche. Le grand-prêtre saisit une torche et se place à quelques pas en avant. Sa tunique, tachée du sang des victimes, claque dans l'air; des serpents, qu'il a le pouvoir de charmer, sortent en sifflant de sa poitrine et s'entrelacent autour du simulacre de l'oiseau de la nuit qui surmonte sa chevelure : telle les poëtes ont peint la Discorde, entre les bataillons des Grecs et des Troyens. Le jongleur entonne la chanson de la guerre, que répète le bataillon des Amis : ainsi, sur les ondes de l'Eurotas, les cygnes d'Apollon chantoient leur dernier hymne, en se préparant à rejoindre les dieux.

Alors le prince des ténèbres appelle le Temps et lui dit : « Puissance dévorante que j'ai enfantée,
« toi qui te nourris de siècles, de tombeaux et de
« ruines, rival de l'Éternité assise au ciel et dans
« l'enfer, ô Temps, mon fils ! si je t'ai préparé au-
« jourd'hui une ample pâture, seconde les efforts
« de ton père. Tu vois la foiblesse de nos enfants;

« leur petite troupe est exposée à une destruction
« qui renverseroit nos projets : vole sur les deux
« flancs de l'armée indienne, coupe les bois an-
« tiques, pour en faire un rempart aux Natchez :
« rends inutile la supériorité du nombre chez les
« adorateurs de notre implacable ennemi. »

Le Temps obéit; il s'abat dans la forêt, avec le bruit d'un aigle qui engage ses ailes dans les branches des arbres : les deux armées ouïrent sa chute et tournèrent les yeux de ce côté. Aussitôt on entend retentir, dans la profondeur du désert, les coups de la hache de ce bûcheron qui sape également les monuments de la nature et ceux des hommes. Le père et le destructeur des siècles renverse les pins, les chênes, les cyprès, qui expirent avec de sourds mugissements : les solitudes de la terre et du ciel demeurent nues, en perdant les colonnes qui les unissent.

Le prodige étonne les deux armées : les François le prennent pour le ravage d'un nouvel ouragan, les Natchez y voient la protection de leurs génies. Adario s'écrie : « Les Manitous se déclarent pour « les opprimés, marchons. » Tout s'ébranle. Les François, formés en bataille, s'émerveillent de voir ces hommes demi-nus qui s'avancent en chantant contre le canon et l'étincelante baïonnette. Quel courage n'inspires-tu point, sublime amour de la patrie!

LIVRE DIXIÈME.

DÉJA les Natchez s'approchoient de l'ennemi. Chépar fait un signe : le centre de l'armée se replie et démasque les foudres ; à chaque bronze se tient un guerrier avec une mèche enflammée. L'infanterie exécute un mouvement rapide : les grenadiers du premier rang tombent un genou en terre ; les deux autres rangs tournent obliquement et présentent, par les brisures de la ligne, le flanc et les armes aux Indiens. A ce mouvement, les Natchez s'arrêtent, et retiennent toutes leurs voix ; un silence et une immobilité formidables règnent des deux côtés : on n'entend que le bruit des ailes de la Mort qui plane sur les bataillons.

Lorsque l'ardente canicule engendre dans les mers du Mexique le vent pestilentiel du midi, ce vent destructeur pousse, en haletant, une haleine humide et brûlante. La nature se voile : les paysages s'agrandissent ; la lumière scarlatine des tropiques se répand sur les eaux, les bois et les plaines ; des nuages pendent en énormes fragments aux deux horizons du ciel ; un midi dévorant semble être levé pour toujours sur le monde : on croit toucher à ces temps annoncés de l'embrasement de l'univers : ainsi paroissent les armées arrêtées l'une devant l'autre, et prêtes à se charger avec furie. Mais l'épée de Chépar a brillé..... Muse, soutiens ma voix, et tire de l'oubli les noms de ces guerriers dignes d'être connus de l'avenir!

Une fumée blanche, d'où s'échappent à chaque instant des feux, enveloppe d'abord les deux armées. Une odeur de salpêtre, qui irrite le courage, s'exhale de toutes parts. On entend le cri des Indiens, la voix des chefs françois, le hennissement des chevaux, le sifflement de la balle, du boulet et des bombes qui montent avec une lumière dans le ciel.

Tant que les Natchez conservent du plomb et des poudres, leurs tubes empruntés à l'Europe ne cessent de brûler dans la main de leurs chasseurs : tous les coups que dirige un œil exercé portent le deuil dans le sein de quelque famille. Les traits des François sont moins sûrs : les bombes se croisent sans effet dans les airs, comme l'orbe empenné que des enfants se renvoient sur la raquette. Folard est surpris de l'inutilité de son art, et Chépar de la résistance des Sauvages. Mais lorsque ceux-ci ont épuisé les semences de feu qu'ils avoient obtenues des peuples d'Albion, Adario élève la voix :

« Jeunes guerriers des tribus du Serpent et du « Castor, suivez vos pères, ils vont vous ouvrir le « chemin. » Il dit et fond à la tête des Sachems sur les enfants des Gaules. Outougamiz l'entendit, et se tournant vers ses compagnons : « Amis, imitons « nos pères! » Suivi de toute la jeunesse, il se précipite dans les rangs des François.

Comme deux torrents formés par le même orage, descendent parallèlement le flanc d'une montagne, et menacent la mer de leur égale fureur : ainsi les deux troupes des Sachems et des jeunes guerriers attaquent à la fois les ennemis; et comme la mer repousse ces torrents, ainsi l'armée françoise oppose sa barrière à l'assaut des deux bataillons. Alors commence un combat étrange. D'un côté, tout l'art de la moderne Bellone, telle qu'elle parut aux plaines de Lens, de Rocroy et de Fleurus; de l'autre, toute la simplicité de l'antique Mars, tel qu'on le vit marcher sur la colline des Figuiers et aux bords du Simoïs. Un vent rapide balaie la fumée, et le champ de bataille se découvre. La difficulté du terrain, encombré par les forêts abattues, rend l'habileté vaine et remet la victoire à la seule valeur; les chevaux engagés entre les troncs des arbres déchirent leurs flancs ou brisent leurs pieds; la pesante artillerie s'ensevelit dans des marais; plus loin, les lignes de l'infanterie, rompues par l'impétuosité des Sauvages, ne peuvent se reformer sur un terrain inégal, et l'on combat partout homme à homme.

Maintenant, ô Calliope, quel fut le premier Natchez qui signala sa valeur dans cette mêlée sanglante?

Ce fut vous, fils magnanime du grand Siphane, indomptable et terrible Adario.

Les Sauvages ont raconté que sous les ombrages de la Floride, dans une île au milieu d'un lac qui étend ses ondes comme un voile de gaze, coule une mystérieuse fontaine. Les eaux de cette fontaine peuvent redresser les membres pliés par les ans [1], et rebrunir, au feu des passions, la chevelure sur la tête blanchie des vieillards. Un éternel printemps habite au bord de cette source : là, les ormeaux n'entretiennent avec le lierre que des amitiés nouvelles; là, les chênes sont étonnés de ne compter leurs années que par l'âge des roses. Les illusions de la vie, les songes du bel âge, habitent avec les zéphyrs les feuilles de lianes qui projettent sur le cristal de la fontaine un réseau d'ombre. Les vapeurs qui s'exhalent des bois d'alentour sont les parfums de la jeunesse; les colombes qui boivent l'eau de la source, les fleurs qu'elle arrose dans son cours, ont sans cesse des œufs dans leur nid, des boutons sur leur tige. Jamais l'astre de la lumière ne se couche sur ces bords enchantés, et le ciel y est toujours entr'ouvert par le sourire de l'Aurore.

Ce fut à cette fontaine, dont la renommée attira les premiers Européens dans la Floride, que le génie de la patrie alla, d'après le récit des Natchez, puiser un peu d'eau : il verse, au milieu de la bataille, quelques gouttes de cette eau sur la tête du fils de Siphane. Le Sachem sent rentrer dans ses veines le sang de sa première jeunesse : ses pas deviennent rapides; son bras s'étend et s'assouplit; sa main reprend la fermeté de son cœur.

Il y avoit, dans l'armée françoise, un jeune homme nommé Sylvestre, que le chagrin d'un amour sans espérance avoit amené sur ces rives lointaines pour y chercher la gloire ou la mort. Le riche et

[1] Tradition historique.

inflexible Aranville n'avoit jamais voulu consentir à l'hymen de son fils avec l'indigente Isabelle. Adario aperçut Sylvestre au moment où il essayoit de dégager ses pieds d'une vigne rampante: le Sachem, levant sa massue, en décharge un coup sur la tête de l'héritier d'Aranville : la tête se brise comme la calebasse sous le pied de la mule rétive. La cervelle de l'infortuné fume en se répandant à terre. Adario insulte par ces paroles à son ennemi :

« En vérité, c'est dommage que ta mère ne soit
« pas ici! elle baigneroit ton front dans l'eau d'es-
« quine! Moi qui ne suis qu'un barbare, j'ai gros-
« sièrement lavé tes cheveux dans ton sang! Mais
« j'espère que tu pardonneras à ma débile vieillesse,
« car je te promets un tombeau..... dans le sein des
« vautours. »

En achevant ces mots, Adario se jette sur Lesbin; il lui enfonce son poignard entre la troisième et la quatrième côte, à l'endroit du cœur : Lesbin s'abat comme un taureau que le stylet a frappé. Le Sachem lui appuie un pied sur le cou; d'une main, il saisit et tire à lui la chevelure du guerrier, de l'autre il la découpe avec une partie du crâne, et, suspendant l'horrible trophée à sa ceinture, il assaillit le brave Hubert qui l'attendoit. D'un coup de son fort genou Adario lui meurtrit le flanc, et, tandis qu'Hubert se roule sur la poussière, du tranchant de sa hache, l'Indien lui abat les deux bras, et le laisse expirer rugissant.

Comme un loup qui, ayant dévoré un agneau, ne respire plus que le meurtre, le Sachem vise l'enseigne Gédoin, et d'une flèche lui attache la main au bâton du drapeau françois. Il blesse ensuite Adémar, le fils de Charles. Habitant des rives de la Dordogne, Adémar avoit été élevé avec toute sorte de tendresse par un vieux père dont il étoit le seul appui, et qu'il nourrissoit de l'honorable prix donné à ses armes. Mais Charles ne devoit jamais presser son fils dans ses bras, au retour des pays lointains. La hache du Sachem, atteignant Adémar au visage, lui enleva une partie du front, du nez et des lèvres. Le soldat reste quelque temps debout, objet affreux, au milieu de ses compagnons épouvantés : tel se montre un bouleau dont les Sauvages ont enlevé l'écorce au printemps; le tronc mis à nu, et teint d'une sève rougie, se fait apercevoir de loin parmi les arbres de la forêt. Adémar tombe sur son visage mutilé, et la nuit éternelle l'environne.

Comme une laie de Cilicie, ou comme un tigre du désert de Sahara, qui défend ses petits, Adario, redoublant de fureur à la vue de ses propres exploits, s'écrie : « Voilà comme vous périrez tous, « vils étrangers! tel est le sort que vous réservent « les Natchez! » En même temps il arrache un mousquet à Kerbon, et lui plonge dans la bouche la baïonnette; le triple glaive perce le palais et sort par le haut du crâne de la pâle victime, dont les yeux s'ouvrent et se ferment avec effort. Adario abandonne l'arme avec le cadavre, qui demeurent écartés et debout, comme les deux branches d'un compas.

Soulevant une pierre énorme, telle que deux Européens la porteroient à peine pour marquer la borne de quelques jeux dans une fête publique, le Sachem la lance aussi légèrement qu'une flèche contre le fils de Malherbe. La pierre roule et fracasse les jambes du soldat : il frappe le sol de son front, et, dans sa douleur, mord les ronces ensanglantées. O Malherbe! la faux de la mort te moissonne au milieu de tes belles années! Mais tant que les Muses conserveront le pouvoir d'enchanter les peuples, ton nom vivra comme ceux des François auxquels ton illustre aïeul donna l'immortalité!

Partout Adario se fait jour avec la hache, la massue, le poignard ou les flèches. Geblin, qu'enivre la gloire; d'Assas, au nom héroïque; l'imprudent d'Estaing, qui eût osé défier Mars lui-même; Marigni, Comines, Saint-Alban, cèdent au fils de Siphane. Animés par son exemple, les Natchez viennent mugissant comme des taureaux sauvages, bondissant comme des léopards. La terre se pèle et s'écorche sous les pas redoublés et furieux des guerriers; des tourbillons de poussière répandent de nouveau la nuit sur le champ de bataille; les visages sont noircis, les armes brisées, les vêtements déchirés, et la sueur coule en torrents du front des soldats.

Alors le ciel envoya l'épouvante aux François. Fébriano, qui combattoit devant le Sachem, fut le premier à prendre la fuite, et les soldats, abandonnés de leurs chefs, ouvrent leurs rangs.

Adario et les Sachems y pénètrent avec un bruit semblable à celui des flots qui jaillissent contre les épieux noircis, plantés devant les murs d'une cité maritime. Chépar, du haut d'une colline, voit la défaite de l'aile gauche de son armée; il ordonne à d'Artaguette de faire avancer ses grenadiers. En même temps Folard, parvenu à sauver quelques bronzes, les place sur un tertre découvert, et commence à foudroyer les Sachems.

Vous prévîtes le dessein du commandant des François, vaillant frère de Céluta! et pour sauver vos pères, vous vous élançâtes, soutenu des jeunes Indiens, contre la troupe choisie. Trois fois les compagnons d'Outougamiz s'efforcent de rompre le bataillon des grenadiers, trois fois ils se viennent briser contre la masse impénétrable.

L'ami de René s'adressant au ciel : « O génies ! « si vous nous refusez la victoire, accordez-nous « donc la mort. » Et il attaque d'Artaguette.

Deux coursiers, fils des vents, et amants d'une cavale, fille d'Éole, du plus loin qu'ils s'aperçoivent dans la plaine, courent l'un à l'autre avec des hennissements. Aussitôt que leurs haleines enflammées se mêlent, ils se dressent sur leurs jarrets, s'embrassent, couvrent d'écume et de sang leur crinière, et cherchent mutuellement à se dévorer; puis tout à coup se quittant pour se charger de nouveau, tournant la croupe, dressant leurs queues hérissées, ils heurtent leurs soles dans les airs : des étincelles jaillissent du demi-cercle d'airain qui couvre leurs pieds homicides. Ainsi combattoient d'Artaguette et Outougamiz; tels étoient les éclairs qui partoient de l'acier de leurs glaives. La foudre dirigée par Folard les oblige à se séparer, et répand le désordre dans les rangs des jeunes Natchez.

« Tribus du Serpent et de la Tortue! s'écrie le « frère de Céluta, soutenez l'assaut de d'Artaguette, « tandis que je vais, avec les alliés, m'emparer des « tonnerres. »

Il dit : les guerriers alliés marchent derrière lui deux à deux, et s'avancent vers la colline où les attend Folard. Intrépides Sauvages, si mes chants se font entendre dans l'avenir, si j'ai reçu quelque étincelle du feu de Prométhée, votre gloire s'étendra parmi les hommes aussi long-temps que le Louvre dominera les flots de la Seine; aussi long-temps que le peuple de Clovis continuera d'être le premier peuple du monde; aussi long-temps que vivra la mémoire de ces laboureurs qui viennent de renouveler le miracle de votre audace dans les champs de la Vendée[1].

Outougamiz commence à gravir la colline : bientôt il disparoît dans un torrent de feu et de fumée : tel Hercule s'élevoit vers l'Olympe, dans les flammes de son bûcher; tel sur la voie d'airain, et près du temple des Euménides, un orage ravit OEdipe au séjour des dieux. Rien n'arrête les Indiens dont le péril s'accroît à mesure qu'ils approchent des bouches dévorantes. A chaque pas la mort enlève quelques-uns des assaillants. Tansou, qui se plaît

---

[1] On voit, par ce passage, à quelle époque ce livre a été écrit.

à porter un arc de cèdre, reçoit un boulet au milieu du corps; il se sépare en deux comme un épi rompu par la main d'un enfant. Kiousse, qui, prêt à s'engager dans les chaînes de l'hymen, avoit déjà éteint le flambeau dans la cabane de sa maîtresse, voit ses pieds rapides soudainement écrasés; il tombe du haut d'un roc dans une terre limoneuse, où il demeure enfoncé jusqu'à la ceinture; Tani est frappé d'un globe d'airain à la tête, son crâne emporté se va suspendre par la chevelure à la branche fleurie d'un érable.

De tous ces guerriers, Sépine suivoit Outougamiz avec le plus d'ardeur. Ce héros descendoit d'OEkala qui avoit régné sur les Siminoles. OEkala eut trois fils: Nape, qui devançoit les chevreuils à la course; Téran, qui épousa Nitianis, dont les esprits stériles fermèrent le sein; et Scoute, qui fut le dernier des trois enfants d'OEkala. Scoute eut de la chaste Nibila la charmante Élisoë et le fier Alisinape, père de Sépine. Cet ardent Sauvage avoit promis à sa mère de lui apporter la chevelure du commandant des François; mais il avoit négligé de faire des sacrifices aux génies, et il ne devoit plus rentrer dans la cabane de ses pères. Un boulet l'atteignit dans les parties inférieures du corps. Renversé sur la terre, il se roule dans ses entrailles. Son ami, Télaza, lui tend la main pour l'aider à se relever, mais un second boulet arrache le bras secourable qui va frapper Outougamiz.

Déjà il ne restoit plus que soixante guerriers de la troupe qui escaladoit la colline des foudres : ils arrivent au sommet. Outougamiz, perçant à travers les baïonnettes que Folard oppose à ses efforts, s'élance le premier sur un canon, abat la tête du Cyclope qui alloit y porter la mèche, embrasse le tube, et appelle à lui les Sauvages. Là se fait un carnage épouvantable des François et des Indiens. Folard crie aux premiers : « Quelle honte pour « vous si vous étiez vaincus ! » Outougamiz crie aux seconds : « Encore un moment de courage, et « à nous la victoire ! »

On entend le frémissement du sang qui se dessèche et s'évapore en tombant sur la machine rougie, pour la possession de laquelle on combat. Les décharges des mousquets et des batteries font de la colline un effroyable chaos. Tels sont les mugissements, les ténèbres et les lueurs de l'Etna, lorsque le volcan se réveille : un ciel d'airain, d'où tombe une pluie de cendre, s'abaisse sur les campagnes obscurcies, au milieu desquelles la montagne brûle comme un funèbre flambeau ; des fleuves d'un feu violet sillonnent les plaines mouvantes; les hommes, les cités, les monuments, disparoissent, et Vulcain, vainqueur de Neptune, fait bouillonner les mers sur ses fourneaux embrasés.

Toutes les fureurs de la guerre se rassemblent autour du bronze qu'a saisi le frère de Céluta. Les Indiens tâchent d'ébranler la lourde masse, et de la précipiter du haut du coteau : les uns l'embrassent par sa bouche béante; les autres poussent avec effort les roues qui laissent dans le sol de profondes traces; ceux-ci tournent contre les François les armes qu'ils leur ont arrachées; ceux-là se font massacrer sur le canon que souillent la moelle éparse, les cervelles fumantes, les lambeaux de chair, les fragments d'os. Chaque soldat, noirci par le salpêtre, est couvert du sang de ses amis et de ses ennemis. On se saisit par les cheveux; on s'attaque avec les pieds et les mains : tel a perdu les bras qui se sert de ses dents pour combattre : c'est comme un festin de la mort. Déjà Folard est blessé ; déjà l'héroïsme de quelques Sauvages l'emporte sur tout l'art européen, lorsqu'un grenadier parvient à mettre le feu au tube. Aussitôt la couleuvre de bronze dégorge ses entrailles avec un dernier rugissement : sa destinée étant accomplie, elle éclate, mutile, renverse, tue la plus grande partie des guerriers qui l'environnent. L'on n'entend qu'un cri, suivi d'un silence formidable.

Comme deux flottes puissantes, se disputant l'empire de Neptune, se rencontrent à l'embouchure de l'antique Égyptus ; le combat s'engage à l'entrée de la nuit. Bientôt un vaisseau s'enflamme par sa poupe pétillante : à la lueur du mouvant incendie on distingue la mer semblable à du sang et couverte de débris : la terre est bordée des nations du désert; les navires, ou démâtés, ou rasés au niveau des vagues, dérivent en brûlant. Tout à coup le vaisseau en feu mugit ; son énorme carcasse crève, et lance jusqu'au ciel les tubes d'airain, les pins embrasés et les cadavres des matelots : la nuit et le silence s'étendent sur les ondes. Outougamiz reste seul de toute sa troupe, après l'explosion du foudre. Il se vouloit jeter parmi les François; mais le génie de l'amitié lui fait au fond du cœur cette réprimande : « Où cours-tu, insensé? de quel fruit « ta mort peut-elle être maintenant à ta patrie ? « Réserve ce sacrifice pour une occasion plus favo- « rable, et souviens-toi que tu as un ami. » Ému par ces tendres sentiments, le fils de Tabamica bondit du haut de la colline, va se plonger dans le fleuve; et, ranimé par la fraîcheur de l'onde, il rejoint les guerriers qui n'avoient cessé de combattre contre d'Artaguette.

Les Sachems, aussi prudents qu'intrépides, craignant d'être coupés dans leur retraite, s'étoient réunis aux bataillons de leurs fils. Tous ensemble soutenoient à peine les efforts de Beaumanoir, qui, du côté des François, obtenoit l'honneur de la journée. Beaumanoir avoit pour ancêtre ce fameux chevalier breton qui but son sang au combat des Trente. Douze générations séparoient Beaumanoir de cette source illustre : Étienne, Matthieu, Charles, Robert, Geofroy, le second Étienne, Paul, François, qui mourut à Jarnac, George le Balafré, Thomas, François deuxième du nom, et Jean le Solitaire, qui habitoit le donjon d'où l'on découvre la colline isolée[1] que couronnent les ruines d'un temple druidique.

Armé d'un casse-tête à l'instar de l'ennemi, Beaumanoir ravage les rangs des Natchez : Adario soutient à peine sa furie. Déjà le vieux Nabal, le riche

[1] Le Mont-Dol.

Lipoé qui possédoit deux cents peaux de castor, trente arcs de bois de merisier et trois cabanes; Ouzao, de la tribu du Serpent; Arimat qui portoit un aigle d'azur sur son sein, une perle à sa lèvre, et une couronne de plumes sur sa tête, tous ces guerriers avoient péri sous les ongles de ce fier lion, Beaumanoir.

On remarquoit dans l'armée des Natchez un Sachem redouté, le robuste Nipane; trois fils secondoient son courage : Tanitien aux oreilles découpées, Masinaïke, favori de sa mère, et le grand Ossani. Les trois Nipanides, s'avançant à la tête des Sauvages, lançoient leurs flèches contre les François et se retiroient ensuite à l'abri de la valeur de leur père. Comme un serpent à la peau changeante, à la queue sonore, reposant aux ardeurs du soleil, veille sur ses enfants qui se jouent autour de lui; si quelque bruit vient à se faire entendre, les jeunes reptiles se réfugient dans la bouche de leur mère; l'amour les renferme de nouveau dans le sein dont l'amour les fit sortir : tel étoit Nipane et ses fils.

Au moment où les trois frères alloient attaquer Beaumanoir, Beaumanoir fond sur eux comme le milan sur des colombes. Nipane, qui observe le mouvement du guerrier françois, s'avance pour secourir les objets de sa vigilante tendresse. Privé d'une victoire qu'il regardoit comme assurée, le soldat breton se tourne vers le Sachem, et l'abat d'un coup de massue.

A la vue de Nipane terrassé, les Natchez poussent un cri : Tanitien, Masinaïke et Ossani lancent à la fois leurs flèches contre le meurtrier de leur père. Beaumanoir se baisse pour éviter la mort, et, se jetant sur les trois jeunes sauvages, il les immole.

Nipane, revenu de son évanouissement, mais répandant le sang par les yeux et par les narines, ne peut, heureux dans son infortune, apercevoir ses fils étendus à ses côtés. « O mes fils! dit-il d'une « voix mourante, sauvez mon corps de la rage des « François. Est-il rien de plus pitoyable qu'un Sa- « chem renversé par Areskoui? Les ennemis comp- « tent ses cheveux blancs et insultent à son cadavre: « Insensé, disent-ils, pourquoi quittois-tu le bâton « de chêne? » Ils le dépouillent et plaisantent entre « eux sur les restes inanimés du vieillard. » Nipane expire, parlant en vain à ses fils, et, arrivé chez les morts, il gémit de retrouver ces mêmes fils qui l'ont précédé dans la tombe.

Le grand-prêtre, armé d'une torche ardente, rallie les Sauvages autour du corps de Nipane. Adario et Outougamiz enlèvent le cadavre; mais Beaumanoir saisit d'une main le Sachem, l'oblige à lâcher sa proie, tandis que de l'autre main il lève la massue. Adario recule et détourne le coup. Alors le ciel marque à la fois la fin de la gloire et de la vie de Beaumanoir. D'un revers de sa hache, Adario fend le côté de son ennemi: le Breton sent l'air entrer dans sa poitrine par un chemin inconnu, et son cœur palpiter à découvert. Ses yeux deviennent blancs; il tord les lèvres; ses dents craquent; la massue échappe à sa main; il tombe: la vie l'abandonne; ses membres se roidissent dans la mort.

Adario s'élançant sur Beaumanoir pour lui enlever la chevelure : «A moi, Natchez! s'écrie-t-il, « Nipane est vengé! » Les Sauvages jettent de grandes clameurs, et reviennent à l'attaque. Du côté des François, les tambours battent la charge, la musique et les clairons retentissent : d'Artaguette, faisant baisser la baïonnette à ses grenadiers, s'avance pour protéger le corps de son loyal compagnon d'armes. La mêlée devient horrible : Lameck reçoit au-dessous des côtes un coup d'épée, comme il saisissoit par les pieds le cadavre de Beaumanoir. La membrane qui soutenoit les entrailles de Lameck est rompue; elles s'affaissent dans les aines, lesquelles se gonflent comme une outre. L'Indien se pâme avec d'accablantes douleurs, et un dur sommeil ferme ses yeux.

Le sort du noble Yatzi ne fut pas moins déplorable : ce guerrier descendoit des rois Yendats, qui avoient régné sur les grands lacs. Lorsque les Iroquois envahirent la contrée de ses pères, sa mère le sauva dans une peau d'ours, et, l'emportant à travers les montagnes, elle devint suppliante aux foyers des Natchez. Élevé sur ces bords étrangers, Yatzi déploya au sortir de l'enfance la générosité d'un roi et la vaillance de ses ancêtres. Sa hutte étoit ouverte à tous les infortunés, car il l'avoit été lui-même : la solitude n'avoit point de cœur plus hospitalier.

Yatzi voit dans les rangs ennemis un François qu'il avoit reçu jadis sur la natte : le fils de l'exil prenant à sa ceinture un calumet de paix, s'avance pour renouveler l'alliance de la cabane; mais le François, qui ne le reconnoît pas, lui appuie un pistolet sur la poitrine : le coup part; la balle fracasse la moelle épinière; Yatzi, enveloppé d'une nuit soudaine, roule aux pieds de son hôte. Son âme, égarée sur ses lèvres, est prête à s'envoler vers celui qui reçoit le voyageur fatigué.

Transporté de colère, Siégo, autre banni des bois canadiens, Siégo qui étoit né sous un savanier (car sa mère fut surprise des douleurs de l'enfantement en allant à la fontaine), Siégo prétend tirer une vengeance éclatante du sort que vient d'éprouver son ami. Insensé qui couroit lui-même à sa perte! une balle lancée au hasard lui crève le réservoir du fiel. Le guerrier sent aussitôt sur sa langue une grande amertume; son haleine expirante fait monter, comme par le jeu d'une pompe, le sang qui vient bouillonner à ses lèvres. Ses genoux chancellent; il s'affaisse doucement sur l'infortuné Yatzi qui, d'un dernier mouvement convulsif, le serre dans ses bras : ainsi l'abeille se repose dans le calice de la miraculeuse Dionée, mais la fleur se referme sur la fille du Ciel, et l'étouffe dans un voile parfumé.

Les Indiens à leur tour arrachent à la vie une foule de François, et sarclent le champ de bataille. A la supériorité de l'art, ils opposent les avantages de la nature : leurs coups sont moins nombreux, mais ils portent plus juste. Le climat ne leur est point un fardeau; les lieux où ils combattent sont ceux où ils s'exercèrent aux jeux de leur enfance;

tout leur est arme, rempart ou appui; ils nagent dans les eaux, ils glissent ou ils volent sur la terre. Tantôt cachés dans les herbes, tantôt montés sur les chênes, ils rient du boulet qui passe sur leur tête ou sous leurs pieds. Leurs cris, leurs chants le bruit de leurs chichikoués et de leurs fifres, annoncent un autre Mars, mais un Mars non moins redoutable que celui des François. Les cheveux rasés ou retroussés des Indiens, les plumes et les ornements qui les décorent, les couleurs qui peignent le visage du Natchez, les ceintures où brille la hache, où pend le casse-tête et le couteau d'escalpe, contrastent avec la pompe guerrière européenne. Quelquefois les Sauvages attaquent tous ensemble, remplissant l'espace qui les sépare des ennemis, de gestes et de danses héroïques; quelquefois ils viennent un à un combattre un adversaire qu'ils ont remarqué comme étant le plus digne d'éprouver leur valeur.

Outougamiz se distingue de nouveau dans cette lutte renaissante. On le prendroit pour un guerrier échappé récemment au repos de ses foyers, tant il déploie de force et d'ardeur. Le tranchant de sa hache étoit fait d'un marbre aiguisé avec beaucoup de soin par Akomanda, aïeul du jeune héros. Ce marbre avoit ensuite été inséré, comme une greffe, dans la tige fendue d'un plant de cormier : l'arbuste, en croissant, s'étoit refermé sur la pierre; et, coupé à une longueur de flèche, il étoit devenu un instrument de mort dans la main des guerriers.

Outougamiz fait tourner l'arme héréditaire autour de sa tête, et, la laissant échapper, elle va, d'un vol impétueux, frapper Valbel au-dessous de l'oreille gauche : la vertèbre est coupée. Le soldat ami de la joie penche la tête sur l'épaule droite, tandis que son sang rougit son bras et sa poitrine : on diroit qu'il s'endort au milieu des coupes de vin répandues, comme il vouloit faire dans les orgies d'un festin.

Le rapide Sauvage suit la hache qu'il a lancée, la reprend, et en décharge un coup effroyable sur Bois-Robert, dont la poitrine s'ouvre comme celle d'une blanche victime sous le couteau du sacrificateur. Bois-Robert avoit pour aïeul ce guerrier qui escalada les rochers de Fécamp. Il comptoit à peine dix-sept années : sa mère, assise sur le rivage de la France, avoit long-temps regardé, en répandant des pleurs, le vaisseau qui emportoit le fils de son amour. Outougamiz est tout à coup frappé de la pâleur du jeune homme, de la grâce de cette chevelure blonde qui ombrage un front décoloré, et descend, second voile, sur des yeux déjà recouverts de leurs longues paupières.

« Pauvre nonpareille, lui dit-il, qui te revêtois à
« peine d'un léger duvet, te voilà tombée de ton
« nid ! Tu ne chanteras plus sur la branche ! Puisse
« ta mère, si tu as une mère, pardonner à Outou-
« gamiz ! Les douleurs d'une mère sont bien grandes.
« Hélas ! tu étois à peu près de mon âge ! Et moi
« aussi, il me faudra mourir ; mais les esprits sont
« témoins que je n'avois aucune haine contre toi ;

« je n'ai fait ce mal qu'en défendant la tombe de
« ma mère. » Ainsi vous parliez, naïf et tendre Sauvage; les larmes rouloient dans vos yeux. Bois-Robert entendit votre simple éloge funèbre, et il sourit en exhalant son dernier soupir.

Tandis que, vaincus et vainqueurs, les François et les Natchez continuent de toute part le combat, Chépar ordonne aux légers dragons de mettre pied à terre, d'écarter les arbres et les morts pour ouvrir un passage à la pesante cavalerie et au bataillon helvétique. L'ordre est exécuté. On roule avec effort, on soulève, avec des leviers faits à la hâte, le tronc des chênes, les débris des canons et des chars : un écoulement est ouvert aux eaux dont le fleuve a inondé la plaine.

De paisibles castors, dans des vallons solitaires, s'empressent à finir un commun ouvrage : les uns scient des bouleaux et les abattent sur le courant d'une onde, afin d'en former une digue ; les autres traînent sur leur queue les matériaux destinés aux architectes ; les palais de la Venise du désert s'élèvent ; des artisans de luxe en tapissent les planchers avec une fraîche verdure, et préparent les salles du bain, tandis que des constructeurs bâtissent plus loin, au bord du lac, les agréables châteaux de la campagne. Cependant de vieux castors pleins d'expérience dirigent les travaux de la république, font préparer les magasins de vivres, placent des sentinelles avancées pour la sûreté du peuple, récompensent les citoyens diligents, et exilent les paresseux : ainsi l'on voyoit travailler les François sur le champ des combats. Partout se forment des pyramides où les guerriers moissonnés par le fer sont entassés au hasard : les uns ont le visage tourné vers la terre, qu'ils pressent de leurs bras roidis ; les autres laissent flotter leurs chevelures sanglantes du haut des pyramides funèbres, comme les plantes humides de rosée pendent du flanc des roches ; ceux-ci sont tournés sur le côté ; ceux-là semblent regarder le ciel de leurs yeux hagards, et sur leurs traits immobiles la mort a fixé les convulsions de la vie fugitive. Des têtes séparées du tronc, des membres mutilés remplissent les vides de ces trophées ; du sang épaissi cimente ces épouvantables monuments de la rage des hommes et de la colère du ciel. Bien différents, s'élèvent dans une riante prairie, au milieu des ruisseaux et des doux ombrages, ces monceaux d'herbes et de fleurs tombées sous la faux de l'homme champêtre : Flore, un râteau à la main, invite les bergers à danser à la fête printanière; et les jeunes filles, avec leurs compagnes, se laissent rouler en folâtrant du sommet de la meule embaumée.

La trompette sonne, et la cavalerie se précipite dans les chemins qui lui sont ouverts. Un bruit sourd s'élève de la terre, que l'on sent trembler sous ses pas. Des batteries soudainement démasquées mugissent à la fois. Les échos des forêts multiplient la voix de ces tonnerres, et le Meschacebé y répond en battant ses rives. Satan mêle à ce tumulte des rumeurs surnaturelles qui glaceroient d'effroi les cœurs les plus intrépides. Jamais tel bruit n'avoit été ouï, depuis le jour où le chaos, forcé de fuir devant le Créateur, se précipita aux confins des mondes arrachés de ses entrailles; un fracas plus affreux ne se fera point entendre, lorsque la trompette de l'ange, réveillant les morts dans leur poussière, tous les tombeaux s'ouvriront à la fois, et reproduiront la race pâlissante des hommes. Les légions infernales répandues dans les airs obscurcissent le soleil : les Indiens crurent qu'il s'alloit éteindre. Tremblantes sur leurs bases, les Andes secouèrent leurs glaçons, et les deux Océans soulevés menacèrent de rompre l'isthme qui joint l'une et l'autre Amérique.

Suivi de ses centaures, Causans plonge dans les rangs des Natchez. Comme, dans une colonie naissante, un laboureur, empruntant de son voisin des poulains et des cavales, les fait entrer dans une grange où les gerbes de froment sont régulièrement étendues ; des enfants, placés au centre de l'aire, contraignent par leurs cris joyeux les paisibles animaux à fouler les richesses rustiques; une charmante harmonie règne entre la candeur des enfants, l'innocence des dons de Cérès, et la légèreté des jeunes poulains qui bondissent sur les épis, en suivant leurs mères : Causans et ses chevaux homicides broient sous leurs pas une moisson de héros. Et, comme des abeilles dont un ours a découvert les trésors dans le creux d'un chêne se jettent sur le ravisseur et le percent de leur aiguillon, ainsi, ô Natchez! le poignard à la main, vous résistez aux cavaliers et à leur chef, fils du brave Henri et de l'aimable Laure.

Les chevaux percés de flèches bondissent, se cabrent, secouent leur crinière, frottent leur bouche écumante contre leur pied roidi, ou lèvent leurs naseaux sanglants vers le ciel; superbes encore dans leur douleur guerrière, soit qu'ils aient renversé leurs maîtres, soit qu'ils les emportent à travers le champ de bataille.

Peut-être, dans l'ardeur dont les combattants étoient animés, tous les François et tous les Indiens alloient périr, si, des bords entr'ouverts du firmament, Catherine des Bois, qui voyoit ce massacre, n'eût levé les mains vers le trône du Tout-Puissant. Une voix divine se fit entendre : « Vierge compatis-
« sante, cessez vos douleurs; ma miséricorde vien-
« dra après ma justice. Mais bientôt l'auteur de tous
« ces maux va suspendre lui-même, afin de mieux
« favoriser ses projets, la fureur des guerriers. »

Ainsi retentirent dans l'éternité ces paroles qui tombèrent de soleil en soleil, et descendirent, comme une chaîne d'or, jusqu'aux abîmes de la terre.

En même temps le roi des enfers, jugeant le combat arrivé au point nécessaire pour l'accomplissement de ses desseins, songe à séparer les combattants.

Il vole à la grotte où le démon de la nuit se cache pendant que le soleil anime la nature. La reine des ténèbres étoit alors occupée à se parer. Les songes plaçoient des diamants dans sa chevelure azurée; les mystères couvroient son front d'un bandeau, et les amours, nouant autour d'elle les crêpes de son écharpe, ne laissoient paroître qu'une de ses mamelles, semblable au globe de la lune : pour sceptre, elle tenoit à la main un bouquet de pavots. Tantôt elle sourioit dans un profond silence, tantôt elle faisoit entendre des chants comme ceux du rossignol ; la volupté rouvroit sans cesse ses yeux, qu'un doux sommeil fermoit sans cesse ; le bruit de ses ailes imitoit le murmure d'une source ou le frémissement du feuillage ; les zéphyrs naissoient de son haleine. Ce démon de la nuit avoit toutes les grâces de l'ange de la nuit ; mais, comme celui-ci, il ne présidoit point au repos de la vertu, et ne pouvoit inspirer que des plaisirs ou des crimes.

Jamais le monarque des ombres n'avoit vu sa fille aussi charmante. « Ange ravissant, lui dit-il, il « n'est pas temps de vous parer : quittez ces bril« lants atours, et prenez votre robe des tempêtes. « Vous savez ce que vous me devez : vous n'étiez « pas avant la chute de l'homme, et vous avez pris « naissance dans mes ténèbres. »

La nuit, fille obéissante, arrache ses ornements : elle se revêt de vapeurs et de nuages, comme lorsqu'elle veut favoriser des amours funestes ou les noirs complots de l'assassin. Elle attelle à son char deux hiboux qui poussent des cris dolents et lamentables : conduite par le prince des enfers, elle arrive sur le champ de bataille.

Soudain les guerriers cessent de se voir, et ne portent plus dans l'ombre que des coups inutiles. Le ciel ouvre ses cataractes ; un déluge, se précipitant des nues, éteint les salpêtres de Mars. Les vents agitent les forêts; mais cet orage est sans tonnerre, car Jéhovah s'est réservé les trésors de la grêle et de la foudre.

Le combat cesse : Chépar fait sonner la retraite : l'armée françoise se replie confusément dans l'obscurité, et rétrograde vers ses retranchements. Chaque chef suit avec sa troupe le chemin qu'il croit le plus court, tandis que des soldats égarés tombent dans les précipices, ou se noient dans les torrents.

Alors la nuit, déchirant ses voiles et calmant ses souffles, laisse descendre une lueur incertaine sur le champ du combat où les Indiens étoient demeurés épars. Aux reflets de la lune, on apercevoit des arbres brisés par les bombes et les boulets, des cadavres flottants dans le débordement du Meschacebé, des chevaux abattus ou errant à l'aventure, des caissons, des affûts et des canons renversés, des armes et des drapeaux abandonnés, des groupes de jeunes Sauvages immobiles, et quelques Sachems isolés, dont la tête chauve et mouillée jetoit une pâle lumière. Ainsi, du haut de la forteresse de Memphis, quand le Nil a surmonté ses rivages, on découvre, au milieu des plaines inondées, quelques palmiers à demi déracinés, des ruines qui sortent du sein des flots, et le sommet grisâtre des Pyramides.

Bientôt ce qui reste des tribus se retire vers les bocages de la mort. Outougamiz, en pénétrant dans l'enceinte sacrée, entrevoit, assis sur un tombeau, un guerrier couvert de sang. Le frère de

Céluta s'arrête : « Qui es-tu ? dit-il : es-tu l'âme
« de quelque guerrier tombé aujourd'hui sous le
« tomahawk d'Areskoui, en défendant les foyers de
« nos pères ? »

L'ombre inclinée ne répond point; le grand-
prêtre survient, et s'avance vers le fantôme avec
des évocations. Les Sauvages le suivent. Soudain
un cri : « Un homme blanc! un homme blanc! »

D'Artaguette, blessé dans le combat et perdu
dans la nuit, s'étoit réfugié aux tombeaux des Sauvages. Outougamiz reconnoît le François contre
lequel il a combattu, le François protecteur de
Céluta, le François ami de René. Touché des malheurs de d'Artaguette, et désirant le sauver, il le
réclame comme son prisonnier. « Je ne souffrirai
« point, s'écrie-t-il, que l'on brûle ce suppliant.
« Quoi! il auroit vainement demandé l'hospitalité
« aux tombeaux de nos aïeux? il auroit en vain
« cherché la paix dans le lieu où toutes les guerres
« finissent? Et que diroit René du pays de l'Aurore,
« le fils adoptif du sage Chactas, cet ami qui m'a
« donné la chaîne d'or ? « Va, me diroit-il, homme
« cruel, cherche un autre compagnon pour errer
« dans les vallées; je ne veux point de commerce
« avec les vautours qui déchirent les infortunés. »
« Non! non! je ne descendrai point chez les morts
« avec un pareil grain noir dans le collier de ma
« vie. »

Ainsi parloit le frère de Céluta. L'inexorable
Adario ordonne que l'on saisisse le guerrier blanc,
et qu'il soit réservé au supplice du feu. Chactas

avoit fait abolir cet affreux usage; mais le vénérable Sachem étoit prisonnier au fort Rosalie, et les Indiens irrités n'écoutoient que la vengeance. Les femmes qui avoient perdu leurs fils dans le combat entouroient l'étranger en poussant des hurlements : telles les ombres se pressoient autour d'Ulysse, dans les ténèbres Cymmériennes, pour boire le sang des victimes; tels les Grecs chantoient autour du bûcher la fille d'Hécube, immolée aux mânes de l'impitoyable Achille.

LIVRE ONZIÈME.

SUR une colline, à quelque distance du champ de bataille, s'élevoit un sycomore dont la cime étoit couronnée : tous les soirs des milliers de colombes se venoient percher sur ses rameaux desséchés. Ce fut au pied de cet arbre que le commandant de l'armée françoise résolut de passer la nuit, et d'assembler le conseil des officiers pour délibérer sur le parti qui restoit à prendre.

Le bûcher du bivouac est allumé ; des sentinelles sont placées à diverses distances, et les chefs arrivent aux ordres de Chépar. Ils forment un cercle autour du foyer des veilles. On voyoit, à la lueur des flammes, les visages fatigués et poudreux, les habits déchirés et sanglants, les armes demi-brisées, les casques fracassés, les chapeaux percés de balles, et tout le noble désordre de ces vaillants capitaines, tandis que les colombes, fidèles à leur retraite accoutumée, loin de fuir les feux, se venoient reposer avec les guerriers.

La résistance inattendue des Sauvages avoit effrayé le commandant du fort Rosalie : il commençoit à craindre de s'être laissé trop emporter à l'humeur intéressée des colons. Il avoit livré le combat sans en avoir reçu l'ordre précis du gouverneur de la Louisiane, et avant l'arrivée des troupes annoncées d'Europe. Un nombre assez considérable de soldats et plusieurs officiers étoient restés sur le champ de bataille : l'absence du capitaine d'Artaguette alarmoit.

L'opinion des chefs, rassemblés autour de Chépar, étoit partagée : les uns vouloient continuer le combat au lever du jour; les autres prétendoient que le châtiment infligé aux Sauvages étoit assez sévère : il s'agissoit moins, disoient-ils, d'exterminer ces peuples, que de les soumettre; sans doute les Indiens seroient disposés à un arrangement, et dans tous les cas la suspension des hostilités donneroit aux François le temps de recevoir des secours.

Fébriano ne parut point à ce conseil : sa conduite sur le champ de bataille lui fit craindre la présence de ses valeureux compagnons d'armes : c'étoit dans de secrètes communications avec Chépar que le renégat espéroit reprendre son influence et son crédit.

Le feu du bivouac ne jetoit plus que des fumées; l'aube blanchissoit l'orient; les oiseaux commençoient à chanter; le conseil n'avoit point encore fixé ses résolutions. Tout à coup retentit l'appel d'une sentinelle avancée; on voit courir des officiers : la grand'garde fait le premier temps des feux. Un parti de jeunes Indiens, commandés par cet Outougamiz dont l'armée françoise avoit admiré la valeur, se présentoit au poste. Ces guerriers s'arrêtent à quelque distance; de leurs rangs sort un jeune homme, pâle, la tête nue, portant un uniforme françois taché de sang : c'étoit d'Artaguette. Il s'appuyoit sur le bras d'une négresse qui allaitoit un enfant : on le reçut à l'avant-garde; les Indiens se retirèrent.

Conduit au général, d'Artaguette parla de la sorte devant le conseil :

« Blessé vers la fin du combat, le brave grenadier
« Jacques me porta hors de la mêlée. Jacques étoit
« blessé lui-même ; je le forçai de se retirer : il obéit
« à mes ordres, mais dans le dessein de m'aller cher-
« cher des secours. La nuit ayant fait cesser le com-
« bat; je parvins à me traîner à ce cimetière des
« Indiens, qu'ils appellent les bocages de la mort :
« là je fus trouvé par le jongleur : on me condamna
« au supplice des prisonniers de guerre. Outougamiz
« me voulut en vain sauver : sa sœur, non moins
« généreuse, fit ce qu'il n'avoit pu faire. La loi
« indienne permet à une femme de délivrer un pri-
« sonnier, en l'adoptant ou pour frère ou pour mari.
« Céluta a rompu mes liens; elle a déclaré que j'étois
« son frère : elle réserve sans doute l'autre titre à un
« homme plus digne que moi de le porter.

« Les Indiens, dont je suis devenu le fils adoptif,
« m'ont chargé de paroles de paix. Outougamiz, mon
« frère sauvage, m'a escorté jusqu'à l'avant-garde
« de notre armée; une négresse appelée Glazirne,
« que j'avois connue au fort Rosalie, et qui se trou-
« voit aux Natchez, m'a prêté l'appui de son bras
« pour arriver au milieu de vous. Je ne dirai point
« au général que j'étois opposé à la guerre : il a dû,
« dans son autorité et dans sa sagesse, décider ce
« qui convenoit le mieux au service du roi ; mais je
« pense que les Natchez étant aujourd'hui les pre-
« miers à parler de paix, l'honneur de la France est

« à couvert. Les Indiens m'ont accordé la vie et rendu
« la liberté. Chactas peut être échangé contre moi :
« je serai glorieux d'avoir servi de rançon à ce
« vieillard illustre. »

Le sang et le courage du capitaine d'Artaguette
étoient encore plus éloquents que ses paroles : un
murmure flatteur d'applaudissements se répandit
dans le conseil. Chépar vit un moyen de se tirer
avec honneur du pas dangereux où il s'étoit engagé :
il déclara que, puisque les Sauvages imploroient
une trêve, il consentoit à la leur accorder, leur voulant apprendre qu'on n'avoit jamais recours en
vain à sa clémence. Chactas, qu'on envoya chercher
au fort Rosalie, conclut une suspension d'armes qui
devoit durer un an, et dans le cours de laquelle des
Sachems expérimentés et de notables François s'occuperoient à régler le partage des terres.

Quelques jours suffirent pour donner la sépulture aux morts ; une nature vierge et vigoureuse
eut bientôt fait disparoître dans les bois les traces
de la fureur des hommes ; mais les haines et les
divisions ne firent que s'accroître. Tous ceux qui
avoient perdu des parents ou des amis sur le champ
de bataille respiroient la vengeance : les Indiens,
rendus plus fiers par leur résistance, étoient impatients de redevenir entièrement libres ; les habitants
de la colonie, trompés dans leur premier espoir,
convoitoient plus que jamais les concessions dont
ils se voyoient privés ; et Chépar, humilié d'avoir
été arrêté par des Sauvages, se promettoit, quand
il auroit réuni de nouveaux soldats, de faire ou-

blier le mauvais succès d'une démarche précipitée.

Cependant on ne recevoit aux Natchez aucune nouvelle du Soleil et de son armée : les messagers envoyés au Grand-Chef pour l'instruire de l'attaque des François n'étoient point revenus. L'inquiétude commençoit à se répandre, et l'on remarquoit dans Akansie une agitation extraordinaire.

Toute la tendresse de Céluta, qui n'étoit plus alarmée pour Outougamiz sorti du combat couvert de gloire, s'étoit portée sur le frère d'Amélie. Outougamiz auroit déjà volé vers René, s'il n'eût été occupé, par ordre des Sachems, à donner les fêtes de l'hospitalité aux guerriers des tribus alliées qui s'étoient trouvés au combat. Outougamiz disoit à sa sœur : « Sois tranquille ; mon ami aura triomphé « comme moi : c'est à son Manitou que je dois la « victoire ; le mien l'aura sauvé de tous les périls. »

Outougamiz jugeoit par la force de son amitié de la puissance de son génie tutélaire : il jugeoit mal.

Une nuit, un Indien détaché du camp du Soleil annonça le retour de la tribu de l'Aigle. La nouvelle se répand dans les cabanes ; les familles s'assemblent sous un arbre, à la lueur des flambeaux, pour écouter les cris d'arrivée : Outougamiz et Céluta sont les premiers au rendez-vous.

On entend d'abord le cri d'avertissement de l'approche des guerriers : toutes les oreilles s'inclinent, toutes les têtes se penchent en avant ; toutes les bouches s'entr'ouvrent, tous les yeux se fixent, tous les visages expriment le sentiment confus de la crainte et de l'espérance.

Après le cri d'avertissement commencent les cris de mort. Chactas comptoit à haute voix ces cris, répétés autant de fois qu'il y avoit de guerriers perdus : la nation répondit par une exclamation de douleur. Chaque famille se demande si elle n'a point fourni quelque victime au sacrifice; si un père, un frère, un fils, un mari, un amant, ne sont point descendus à la contrée des âmes : Céluta trembloit et Outougamiz paroissoit pétrifié.

Les cris de guerre succédèrent aux cris de mort; ils annonçoient la quantité de chevelures enlevées à l'ennemi, et le nombre des prisonniers faits sur lui. Ces cris de guerre excédant les cris de mort, une exclamation de triomphe se prolongea dans les forêts.

La tribu de l'Aigle parut alors, et défila entre deux rangs de flambeaux. Les spectateurs cherchoient à découvrir leur bonheur ou leur infortune : on vit tout d'abord que le vieux Soleil manquoit; et Outougamiz et sa sœur n'aperçurent point le frère d'Amélie. Céluta, défaillante, fut à peine soutenue dans les bras d'Outougamiz, aussi consterné qu'elle. Mila se cacha en disant : « Je lui avois recommandé de ne pas mourir ! »

Ondouré, qui remplaçoit le Soleil dans le commandement des guerriers, marchoit d'un air victorieux. Il salua la Femme-Chef, qui, au lieu de jouir de l'avénement de son fils au pouvoir suprême, sembloit troublée par quelque remords. Averti de ce qui se passoit, Chactas gardoit une contenance douloureuse et sévère.

A mesure que la troupe s'avançoit vers le grand village, les chefs adressoient quelques mots aux diverses familles : « Ton fils s'est conduit dans la « bataille comme un buffle indompté, » disoit un guerrier à un père, et le père répondoit : « C'est « bien. » — « Ton fils est mort, » disoit un autre guerrier à une mère, et la mère répondoit en pleurant : « C'est égal. »

Le conseil des Sachems s'assemble : Ondouré, appelé devant ce conseil, fait le récit de l'expédition. Selon ce récit, les Natchez avoient trouvé les Illinois venant eux-mêmes attaquer les Natchez : dans le combat produit par cette rencontre, la victoire s'étoit déclarée en faveur des premiers, mais malheureusement le Soleil étoit tombé mort, percé d'une flèche. « Quant au coupable auteur de cette « guerre, ajouta Ondouré, resté au pouvoir de l'en-« nemi, il expie à présent même, dans le cadre de « feu, le châtiment dû à son sacrilége. »

Ondouré auroit bien voulu accuser de lâcheté son rival; mais René, blessé trois fois en défendant le Soleil, avoit fait si publiquement éclater sa valeur aux yeux des Sauvages, qu'Ondouré même fut obligé de rendre témoignage à cette valeur.

« Devenu chef des guerriers, reprit-il, j'aurois « poursuivi ma victoire, si l'un de vos messagers ne « m'eût apporté la nouvelle de l'attaque des François: « j'ai commandé la retraite, et suis accouru à la dé-« fense de nos foyers. »

Pendant le récit d'Ondouré, la Femme-Chef avoit

donné des signes d'un trouble extraordinaire : on la vit rougir et pâlir. D'après quelques mots échappés à son coupable amant, lorsqu'il marcha aux Illinois, Akansie ne douta point que la flèche lancée contre le vieux Soleil ne fût partie de la main d'Ondouré. Le criminel lui-même se vint bientôt vanter, auprès de la jalouse Indienne, d'avoir fait commencer le règne du jeune Soleil. «Ma «passion pour vous, dit-il, m'a emporté trop loin «peut-être : disposez de moi, et ne songez qu'à éta-«blir votre puissance.» Ondouré espéroit se faire nommer édile par le crédit de la Femme-Chef, et gouverner la nation comme tuteur du souverain adolescent.

La mort du vieux Soleil opéroit une révolution dans l'État : en lui expiroit un des trois vieillards qui avoient aboli la tyrannie des anciens despotes des Natchez. Il ne restoit plus que Chactas et Adario, tous deux au moment de disparoître.

Chactas conçut des soupçons sur le genre de mort de son ami : on ne disoit point de quel côté la flèche avoit frappé le chef centenaire; on ne rapportoit point le corps de ce vénérable chef, bien qu'on eût obtenu la victoire. Un bruit couroit parmi les guerriers de la tribu de l'Aigle, que le Soleil avoit été blessé par derrière, qu'il étoit tombé sur le visage, et que, long-temps défendu à terre par le guerrier blanc, l'un et l'autre, indignement abandonnés, étoient demeurés vivants aux mains de l'ennemi.

Ce bruit n'avoit que trop de fondement; telle

étoit l'affreuse vérité ; René et le Soleil avoient été faits prisonniers. Les Illinois se consolèrent de leur défaite en se voyant maîtres du Grand-Chef des Natchez : non poursuivis dans leur retraite, ils emmenèrent paisiblement leurs victimes.

Après un mois de marche, de repos et de chasse, ils arrivèrent à leur grand village : là, les prisonniers devoient être exécutés. Par un raffinement de barbarie, on avoit pris soin de panser les blessures du frère d'Amélie et du Soleil : les captifs étoient gardés jour et nuit, avec les précautions que le démon de la cruauté inspire aux peuples de l'Amérique.

Lorsque les Illinois découvrirent leur grand village, ils s'arrêtèrent pour préparer une entrée triomphante. Le chef de la troupe s'avança le premier en jetant les cris de mort. Les guerriers venoient ensuite rangés deux à deux : ils tenoient, par l'extrémité d'une corde, René et le chef des Natchez, à moitié nus, les bras liés au-dessus du coude.

Le cortége parvint ainsi sur la place du village : une foule curieuse s'y trouvoit déjà assemblée ; cette foule se pressoit, s'agitoit, dansoit autour du vieux Soleil et de son compagnon : telles, dans un soir d'automne, d'innombrables hirondelles voltigent autour de quelques ruines solitaires ; tels les habitants des eaux se jouent dans un rayon d'or qui pénètre les vagues du Meschacebé, tandis que les fleurs des magnolias, détachées par le souffle de la brise, tombent en pluie sur la surface de l'onde.

Lorsque l'armée et tous les Sauvages furent réunis dans le lieu de douleur, le grand-prêtre donna le signal du prélude des supplices, appelé, par l'horrible Athaënsic [1], *les caresses aux prisonniers.*

Aussitôt les Indiens, rangés sur deux lignes, frappent avec des bâtons de cèdre le chef des Natchez : celui-ci, sans hâter sa marche, passe entre ses bourreaux, comme un fleuve qui roule la lenteur de ses flots entre deux rives verdoyantes. René s'attendoit à voir tomber la victime ; il ignoroit que ces maîtres en supplice évitoient de porter les coups aux parties mortelles, afin de prolonger leurs plaisirs. « Vénérable Sachem, s'écrioit le frère « d'Amélie, quelle destinée ! Moi, je suis jeune ; je « puis souffrir ; mais vous ! »

Le Soleil répondit : « Pourquoi me plains-tu ? je « n'ai pas besoin de ta pitié. Songe à toi ; rappelle tes « forces. L'épreuve du feu commencera par moi, « parce que je suis un chêne desséché sur ma tige, « et propre à m'embraser rapidement. J'espère jeter « une flamme dont la lumière éclairera ma patrie « et réchauffera ton courage. »

Après ces traitements faits à la vieillesse, le jeune François eut à supporter les mêmes barbaries ; ensuite les deux prisonniers furent conduits dans une cabane, où on leur prodigua tous les secours et tous les plaisirs : l'oiseau de Minerve canadienne brise le pied de ses victimes, et

---

[1] La vengeance.

les engraisse dans son aire durant les beaux jours, pour les dévorer dans la saison des frimas.

La nuit vint : René, couvert de blessures, étoit couché sur une natte à l'une des extrémités de la cabane. Des gardes veilloient à la porte. Une femme vêtue de blanc, une couronne de jasmin jaune sur la tête, s'avance dans l'ombre; on entendoit couler ses larmes. « Qui es-tu? » dit René en se soulevant avec peine. « Je suis *la Vierge* « *des dernières amours* [1], répondit l'Indienne. « Mes parents ont demandé pour moi la préfé- « rence, car ils haïssent Venclao que j'aime. Voilà « pourquoi je pleure à ton chevet : je m'appelle « Nélida. »

René répondit dans la langue des Sauvages : « Les baisers d'une bouche qui n'est point aimée « sont des épines qui percent les lèvres. Nélida, « va retrouver Venclao; dis-lui que l'étranger des « sassafras a respecté ton amour et ton malheur. » A ces mots, la fille des Illinois s'écria : « Manitou « des infortunés, écoute ma prière! Fais que ce pri- « sonnier échappe au sort qu'on lui réserve! Il n'a « point flétri mon sein! puisse sa bien-aimée lui être « attachée comme l'épouse de l'alcyon, qui porte « aux rayons du soleil son époux languissant sous « le poids des années! »

En achevant ces paroles, *la Vierge des dernières amours* prit les fleurs de jasmin qui couvroient ses cheveux et les déposa sur le front de

---

[1] Voyez, pour l'explication de cet usage, l'épisode d'*Atala*.

René : mœurs extraordinaires dont la trame semble être tissue par les muses et par les furies.

« Couronnée de ta main, » dit le jeune homme à Nélida, « la victime sera plus agréable au Grand-« Esprit. » René, depuis long-temps, avoit assez de la vie; content de mourir, il offroit au ciel les tourments qu'il alloit endurer pour l'expiation de ceux d'Amélie.

Dans ce moment les gardes entrèrent, et la fille des Illinois se retira.

Elle vint, l'heure des supplices : les Indiens racontèrent que l'astre de la lumière, épouvanté, ne sortit point ce jour-là du sein des mers, et qu'Athaënsic, déesse des vengeances, éclaira seule la nature. Les prisonniers furent conduits au lieu de l'exécution.

Le chef des Natchez est attaché à un poteau, au pied duquel s'élevoit un amas d'écorces et de feuilles séchées : le frère d'Amélie est réservé pour la dernière victime. Le grand-prêtre paroît au milieu du cercle que formoit la foule autour du poteau : il tient à la main une torche, qu'il secoue en dansant. Bientôt il communique le feu au bûcher : on eût cru voir un de ces sacrifices offerts par les anciens Grecs sur les bords de l'Hellespont : le mont Ida, le Xante et le Simoïs pleuroient Astyanax et les ruines fumantes d'Ilion.

On brûle d'abord les pieds du vieillard, aussi tranquille au feu du bûcher que s'il eût été assis, aux rayons du matin, à la porte de sa cabane. Le Sachem chante au milieu des tourments qui le conduisent à la tombe, comme l'époux répète le cri d'hyménée, en s'approchant du lit nuptial. Les bourreaux, irrités, épuisent la fécondité de leur infernal génie. Ils enfoncent dans les plaies de l'ami de Chactas des éclisses de pin enflammées, et lui crient : « Éclaire-nous donc maintenant, ô bel « astre [1] ! » Tel un soleil couronnant son front du feu le plus doux, se couche au milieu du concert de la nature : ainsi parut aux Illinois la victime rayonnante.

Athaënsic souffle sa rage dans les cœurs : un jongleur, qu'une louve avoit nourri dans un antre du Niagara, se précipite sur le Sachem, lui arrache la peau de la tête, et répand des cendres rougies sur le crâne découvert du vieillard. La douleur abat le chef des Natchez aux pieds de ses ennemis.

Bientôt réveillé d'un évanouissement dont il s'indigne, il saisit un tison, appelle et défie ses persécuteurs : cantonné au milieu de son bûcher, il est un moment la terreur de toute une armée. Un faux pas le livre de nouveau aux inventeurs des tortures : ils se jettent sur le vieillard ; la hache coupe ces pieds qui visitoient la cabane des infortunés, ces mains qui pansoient les blessures. On roule un tronc encore vivant sur la braise, dont la violence sert de remède aux plaies de la victime et les cicatrise, tandis que le sang fume sur les charbons, comme l'encens dans un sacrifice.

[1] Historique.

Le chef n'a pas succombé ; il écarte encore de ses regards les guerriers les plus proches, et fait reculer les bourreaux. Moins effrayant est le serpent dont le voyageur a séparé les anneaux avec un glaive : le dragon mutilé s'agite aux pieds de son ennemi, soufflant sur lui ses poisons, le menaçant de ses ardentes prunelles, de sa triple langue et de ses longs sifflements.

« René ! » s'écrie enfin le vieillard d'une voix qui semble avoir redoublé de force, « je vais rejoindre « mes pères ! Je ne me suis livré à ces actions « qu'afin de t'encourager à mourir, et de te montrer « ce que peut un homme lorsqu'il veut exercer « toute la puissance de son âme. Pour l'honneur de « ta nouvelle patrie, imite mon exemple. »

Il expire. Il avoit accompli un siècle : sa vertu antique, cultivée si long-temps sur la terre, s'épanouit aux rayons de l'éternité, comme l'aloès américain qui, au bout de cent printemps, ouvre sa fleur aux regards de l'aurore.

LIVRE DOUZIÈME.

LE courage du chef des Natchez avoit exalté la fureur des Illinois. Ils s'écrioient, pleins de rage : « Si nous n'avons pu tirer un mu- « gissement de ce vieux buffle, voici un jeune cerf « qui nous dédommagera de nos peines. » Femmes, enfants, Sachems, tous s'empressent au nouveau sacrifice : le génie des vengeances sourit aux tourments et aux larmes qu'il prépare.

Sur une habitation américaine que gouverne un maître humain et généreux, de nombreux esclaves s'empressent à recueillir la cerise du café : les enfants la précipitent dans des bassins d'une eau pure; les jeunes Africaines l'agitent avec un râteau pour détacher la pulpe vermeille du noyau précieux, ou étendent sur des claies la récolte opulente. Cependant le maître se promène sous des orangers, promettant des amours et du repos à ses esclaves qui font retentir l'air des chansons de leur pays : ainsi les Illinois sempressent, sous les regards d'Athaënsic, à recueillir une nouvelle moisson de douleurs. En peu de temps l'ouvrage se consomme, et le frère d'Amélie, dépouillé par les sacrificateurs, est attaché au pilier du sacrifice.

Au moment où le flambeau abaissoit sa chevelure de feu pour la répandre sur les écorces, des tourbillons de fumée s'élèvent des cabanes voisines: parmi des clameurs confuses on entend retentir le cri des Natchez; un parti de cette nation portoit la flamme chez les Illinois. L'épouvante et la confusion se mettent dans la foule assemblée autour du frère d'Amélie; les jongleurs prennent la fuite; les femmes et les enfants les suivent : on se disperse sans écouter la voix des chefs, sans se réunir pour se défendre. Dans la terreur dont les esprits sont frappés, la petite troupe des Natchez pénètre jusqu'au lieu du sang. Un jeune chef, la hache à la main, devance ses compagnons. Qui déjà ne l'a nommé? C'est Outougamiz. Il est au bûcher; il a coupé les liens funestes!

Toutes les paroles de tendresse et de pitié prêtes à s'échapper de son âme, par lui sont étouffées. Rien n'est fait encore : René n'est pas sauvé; un seul instant de retard le peut perdre. Revenus de leur première frayeur, les Illinois se sont aperçus du petit nombre des Natchez; ils se rassemblent avec des cris et entourent la troupe libératrice. Les efforts de cette troupe lui ouvrent un chemin; mais que peuvent douze guerriers contre tant d'ennemis? En vain les Natchez ont placé au milieu d'eux le frère d'Amélie : ses blessures le rendent boiteux et pesant; sa main percée d'une flèche ne peut lever la hache, et presque à chaque pas il va mesurer la terre.

Outougamiz charge le frère d'Amélie sur ses épaules; le fardeau sacré semble lui avoir donné des ailes : le frère de Céluta glisse sur la pointe des herbes; on n'entend ni le bruit de ses pas, ni le murmure de son haleine. D'une main il retient son ami, de l'autre il frappe et combat. A mesure qu'il s'avance vers la forêt voisine, ses compagnons tombent un à un à ses côtés : quand il pénétra avec René dans la forêt, il restoit seul.

Déjà la nuit étoit descendue; déjà Outougamiz s'étoit enfoncé dans l'épaisseur des taillis, où, déposant René parmi de longues herbes, il s'étoit couché près de lui : bientôt il entend des pas. Les Illinois allument des flambeaux qui éclairent les plus sombres détours du bois.

René veut adresser les paroles de sa tendre admiration au jeune Sauvage, mais celui-ci lui ferme la bouche : il connoissoit l'oreille subtile des Indiens. Il se lève, trouve avec joie que le frère d'Amélie a repris quelque force, lui ceint les reins d'une corde, et l'entraîne au bas d'une colline qui domine un marais.

Les deux infortunés cherchent un asile au fond de ce marais : tantôt ils plongent dans le limon qui bouillonne autour de leur ceinture; tantôt ils montrent à peine la tête au-dessus des eaux. Ils se fraient une route à travers les herbes aquatiques qui entravent leurs pieds comme des liens, et parviennent ainsi à de hauts cyprès, sur les genoux[1] desquels ils se reposent.

Des voix errantes s'élèvent autour du marais. Des guerriers se disoient les uns aux autres : « Il s'est

[1] On appelle *genoux* du cyprès chauve les grosses racines qui sortent de terre.

« échappé. » Plusieurs soutenoient qu'un génie l'avoit délivré. Les jeunes Illinois se faisoient de mutuels reproches, tandis que des Sachems assuroient qu'on retrouveroit le prisonnier, puisqu'on étoit sur ses traces; et ils poussoient des dogues dans les roseaux. Les voix se firent entendre ainsi quelque temps : par degré elles s'éloignèrent, et se perdirent enfin dans la profondeur des forêts.

Le souffle refroidi de l'aube engourdit les membres de René; ses plaies étoient déchirées par les buissons et les ronces; et de la nudité de son corps découloit une eau glacée : la fièvre vint habiter ses os; et ses dents commencèrent à se choquer avec un bruit sinistre. Outougamiz saisit René de nouveau, le réchauffa sur son cœur, et quand la lumière du soleil eut pénétré sous la voûte des cyprès, elle trouva le Sauvage tenant encore son ami dans ses bras.

Mère des actions sublimes! toi qui, depuis que la Grèce n'est plus, as établi ta demeure sur les tombeaux indiens, dans les solitudes du Nouveau-Monde! toi qui, parmi ces déserts, es pleine de grandeur, parce que tu es pleine d'innocence! Amitié sainte! prête-moi tes paroles les plus fortes et les plus naïves, ta voix la plus mélodieuse et la plus touchante, tes sentiments exaltés, tes feux immortels, et toutes les choses ineffables qui sortent de ton cœur, pour chanter les sacrifices que tu inspires! Oh! qui me conduira aux champs des Rutules, à la tombe d'Euryale et de Nisus, où la Muse console encore des mânes fidèles! Tendre divinité de Virgile, tu n'eus à soupirer que la mort de deux amis : moi j'ai à peindre leur vie infortunée.

Qui dira les douces larmes du frère d'Amélie? qui fera voir ses lèvres tremblantes où son âme venoit errer? qui pourra représenter sous l'abri d'un cyprès, parmi des roseaux, Outougamiz, sa chaîne d'or, Manitou de l'amitié, serrée à triple nœud sur sa poitrine, Outougamiz soutenant dans ses bras l'ami qu'il a délivré, cet ami couvert de fange et de sang, et dévoré d'une fièvre ardente? que celui qui le peut exprimer nous rende le regard de ces deux hommes, quand, se contemplant l'un l'autre en silence, les sentiments du ciel et du malheur rayonnoient et se confondoient sur leur front. Amitié! que sont les empires, les amours, la gloire, toutes les joies de la terre, auprès d'un seul instant de ce douloureux bonheur?

Outougamiz, par cet instinct de la vertu qui fait deviner le crime, avoit ajouté peu de foi au récit d'Ondouré; ce qu'il recueillit de la bouche de divers guerriers augmenta ses doutes. Dans tous les cas, René étoit mort ou pris, et il falloit ou lui donner la sépulture ou le délivrer des flammes.

Outougamiz cache ses desseins à Céluta : il n'avertit qu'une troupe de jeunes Natchez qui consentent à le suivre. Il se dépouille de tout vêtement, et ne garde qu'une ceinture pour être plus léger; il peint son corps de la couleur des ombres; ceint le poignard, s'arme du tomahawk [1]; attache sur son cœur la chaîne d'or, suspend de petits pains

[1] Hache.

de maïs à son côté, jette l'arc sur son épaule, et rejoint dans la forêt ses compagnons. Il se glisse avec eux dans les ténèbres : arrivé au Bayouc des Pierres, il le traverse, aborde la rive opposée, pousse le cri du castor qui a perdu ses petits, bondit, et il disparoît dans le désert.

Huit jours entiers il marche, ou plutôt il vole, pour lui plus de sommeil, pour lui plus de repos. Ah! le moment où il fermeroit la paupière ne pourroit-il pas être le moment même qui lui raviroit son ami? Montagnes, précipices, rivières, tout est franchi : on diroit un aimant qui cherche à se réunir à l'objet qui l'attire à travers les corps qui s'opposent à son passage. Si l'excès de la fatigue arrête le frère de Céluta, s'il sent, malgré lui, ses yeux s'appesantir, il croit entendre une voix qui lui crie du milieu des flammes : « Outougamiz! Outou- « gamiz! où est le Manitou que je t'ai donné? » A cette voix intérieure, il tressaille, se lève, baise la chaîne d'or et reprend sa course.

La lenteur avec laquelle les Illinois retournèrent à leurs villages donna le temps à Outougamiz d'arriver avant la consomption de l'holocauste. Ce Sauvage n'est plus le simple, le crédule Outougamiz : à sa résolution, à son adresse, à la manière dont il a tout prévu, tout calculé, on prendroit ce soldat pour un chef expérimenté. Il sauve René, mais en perdant ses nobles compagnons, troupe d'amis qui offre à l'amitié ce magnanime sacrifice! il sauve René, l'entraîne dans le marais; mais que de périls il reste encore à surmonter!

Le lieu où les deux amis se reposèrent d'abord étant trop voisin du rivage, Outougamiz résolut de se réfugier sous d'autres cyprès qui croissoient au milieu des eaux : lorsqu'il voulut exécuter son dessein, il sentit toute sa détresse. Un peu de pain de maïs n'avoit pu rendre les forces à René ; ses douleurs s'étoient augmentées, ses plaies s'étoient rouvertes ; une fièvre pesante l'accabloit, et l'on ne s'apercevoit de sa vie qu'à ses souffrances.

Accablé par ses chagrins et ses travaux, affoibli par la privation presque totale de nourriture, le frère de Céluta eût eu besoin pour lui-même des soins qu'il prodiguoit à son ami. Mais il ne s'abandonna point au désespoir ; son âme, s'agrandissant avec les périls, s'élève comme un chêne qui semble croître à l'œil, à mesure que les tempêtes du ciel s'amoncellent autour de sa tête. Plus ingénieux dans son amitié qu'une mère indienne qui ramasse de la mousse pour en faire un berceau à son fils, Outougamiz coupe des joncs avec son poignard, en forme une sorte de nacelle, parvient à y coucher le frère d'Amélie, et, se jetant à la nage, traîne après lui le fragile vaisseau qui porte le trésor de l'amitié.

Outougamiz avoit été au moment d'expirer de douleur ; il se sentit près de mourir de joie, lorsqu'il aborda la cyprière. « Oh ! » s'écria-t-il en rompant alors pour la première fois le silence, « il est
« sauvé ! Délicieuse nécessité de mon cœur ! pauvre
« colombe fugitive ! te voilà donc à l'abri des chas-
« seurs ! Mais, René, je crains que tu ne me veuilles

« pas pardonner, car c'est moi qui suis la cause de
« tout ceci, puisque je n'étois point auprès de toi
« dans la bataille. Comment ai-je pu quitter mon
« ami qui m'avoit donné un Manitou sur mon ber-
« ceau? C'est fort mal, fort mal à toi, Outou-
« gamiz ! »

Ainsi parloit le Sauvage; la simplicité de ses
propos, en contraste avec la sublimité de ses actions, firent sortir un moment René de l'accable-
ment de la douleur : levant une main débile et des
yeux éteints, il ne put prononcer que ces mots :
« Te pardonner ! »

Outougamiz entre sous les cyprès : il coupe les
rameaux trop abaissés, il écarte des genoux de ces
arbres les débris des branches : il y fait un doux
lit avec des cimes de joncs pleins d'une moelle légère; puis, attirant son ami sur ce lit, il le recouvre
de feuilles séchées : ainsi un castor, dont les eaux
ont inondé les premiers travaux, prend son nourrisson et le transporte dans la chambre la plus
élevée de son palais.

Le second soin du frère de Céluta fut de panser
les plaies du frère d'Amélie. Il sépare deux nœuds
de roseaux, puise un peu d'eau du marais, verse
cette eau d'une coupe dans l'autre pour l'épurer,
et lave les blessures, dont il a sucé d'abord le venin.
La main d'un fils d'Esculape, armé des instruments
les plus ingénieux, n'auroit été ni plus douce, ni
plus salutaire que la main de cet ami. René ne pouvoit exprimer sa reconnoissance que par le mouvement de ses lèvres. De temps en temps l'Indien

lui disoit avec inquiétude : « Te fais-je mal ? te « trouves-tu un peu soulagé ? » René répondoit par un signe qu'il se sentoit soulagé, et Outougamiz continuoit son opération avec délices.

Le Sauvage ne songeoit point à lui : il avoit encore quelque reste de maïs, il le réservoit pour René. Outougamiz ne faisoit qu'obéir à un instinct sublime, et les plus belles actions n'étoient chez lui que l'accomplissement des facultés de sa vie. Comme un charmant olivier nourri parmi les ruisseaux et les ombrages laisse tomber, sans s'en apercevoir, au gré des brises, ses fruits mûrs sur les gazons fleuris, ainsi l'enfant des forêts américaines semoit, au souffle de l'amitié, ses vertus sur la terre, sans se douter des merveilleux présents qu'il faisoit aux hommes.

Rafraîchi et calmé par les soins de son libérateur, René sentit ses paupières se fermer, et Outougamiz tomba lui-même dans un profond sommeil à ses côtés : les anges veillèrent sur le repos de ces deux hommes, qui avoient trouvé grâce auprès de celui qui dormit dans le sein de Jean.

Outougamiz eut un songe. Une jeune femme lui apparut : elle s'appuyoit en marchant sur un arc détendu, entouré de lierre comme un thyrse ; un chien la suivoit. Ses yeux étoient bleus ; un sourire sincère entr'ouvroit ses lèvres de rose : son air étoit un mélange de force et de grâce. Presque nue, elle ne portoit qu'une ceinture plus belle que celle de Vénus. Outougamiz se figuroit lui tenir ce discours :

LIVRE XII.

« Étrangère, j'avois planté un érable sur le sol
« de la hutte où je suis né : voilà que, pendant mon
« absence, de méchants Manitous ont blessé son
« écorce et ont fait couler sa sève. Je cherche des
« simples dans ces marais pour les appliquer sur
« les plaies de mon érable. Dis-moi où je trouverai
« la feuille du savinier. »

D'une voix paisible l'Indienne paroissoit répondre
à Outougamiz : « En vérité, je dis qu'il connoîtra
« toutes les ruses de la sagesse, l'homme qui pourra
« pénétrer celle de votre amitié. Ne craignez rien ;
« j'ai dans le jardin de mon père des simples pour
« guérir tous les arbres, et en particulier les éra-
« bles blessés. »

En prononçant ces paroles, qu'Outougamiz
croyoit entendre, l'Indienne, fille du songe, prit
un air de majesté : sa tête se couronna de rayons ;
deux ailes blanches bordées d'or ombragèrent ses
épaules divines. L'extrémité d'un de ses pieds touchoit légèrement la terre, tandis que son corps
flottoit déjà dans l'air diaphane.

« Outougamiz, sembloit dire le brillant fan-
« tôme, élève-toi par l'adversité. Que les vertus de
« la nature te servent d'échelons pour atteindre aux
« vertus plus sublimes de la religion de cet homme
« à qui tu as dévoué ta vie : alors je reviendrai
« vers toi, et tu pourras compter sur les secours
« de l'ange de l'Amitié. »

Ainsi parle la vision au jeune Natchez plongé
dans le sommeil. Un parfum d'ambroisie, embau-
mant les lieux d'alentour, répand la force dans

l'âme du frère de Céluta, comme l'huile sacrée qui fait les rois, ou prépare l'âme du mourant aux béatitudes célestes.

En même temps le rêve devient magnifique : le Séraphin, dont il produit l'image, poussant la terre de son pied, comme un plongeur qui remonte du fond de l'abîme, s'élève dans les airs. Cette vertu calme ne se meut point avec la rapidité des messagers qui portent les ordres redoutables du Tout-Puissant ; son assomption vers la région de l'éternelle paix est mesurée, grave et majestueuse. Aux champs de l'Europe un globe lumineux, arrondi par la main d'un enfant des Gaules, perce lentement la voûte du ciel ; aux champs de l'Inde l'oiseau du paradis flotte sur un nuage d'or, dans le fluide azuré du firmament.

Outougamiz se réveille ; la voix du héron annonçoit le retour de l'aurore : le frère de Céluta se sentoit tout fortifié par son rêve et par son sommeil. Après quelques moments employés à rassembler ses idées, l'Indien, rappelant et les périls passés et les dangers à venir, se lève pour commencer sa journée. Il visite d'abord les blessures de René, frotte les membres engourdis du malade avec un bouquet d'herbes aromatiques, partage avec lui quelques morceaux de maïs, change les joncs de la couche, renouvelle l'air en agitant les branches des cyprès, et replace son ami sur de frais roseaux, on eût dit d'une matrone laborieuse qui arrange au matin sa cabane, ou d'une mère qui donne de tendres soins à son fils.

Ces choses de l'amitié étant faites, Outougamiz songe à se parer avant d'accomplir les desseins qu'il méditoit. Il se mire dans les eaux, peigne sa chevelure, et ranime ses joues décolorées avec la pourpre d'une craie précieuse. Ce Sauvage avoit tout oublié dans son héroïque entreprise, hors le vermillon des fêtes, mêlant ainsi l'homme et l'enfant, portant la gravité du premier dans les frivolités du second, et la simplicité du second dans les occupations du premier : sur l'arbre d'Atalante, le bouton parfumé qui sert d'ornement à la jeune fille, grossit auprès de la pomme d'or qui rafraîchit la bouche du voyageur fatigué.

La nature avoit placé dans le cœur d'Outougamiz l'intelligence qu'elle a mise dans la tête des autres hommes : le souffle divin donnoit à la Pythie des vues de l'avenir moins claires et moins pénétrantes, que l'esprit dont il étoit animé ne découvroit au frère de Céluta les malheurs qui pouvoient menacer son ami. Saisissant le Temps corps à corps, l'Amitié forçoit ce mystérieux Protée à lui révéler ces secrets.

Outougamiz, ayant pris ses armes, dit au nouveau Philoctète couché dans son antre, mais que l'amitié des déserts, plus fidèle que celle des palais, n'avoit point trahi : « Je vais chercher les dons du « Grand-Esprit, car il faut bien que tu vives, et « il faut aussi que je vive. Si je ne mangeois pas, « j'aurois faim, et mon âme s'en iroit dans le pays « des âmes. Et comment ferois-tu alors ? Je vois « bien tes pieds, mais ils sont immobiles ; je vois

« bien tes mains, mais elles sont froides et ne peu-
« vent serrer les miennes. Tu es loin de ta forêt
« et de ta retraite : qui donneroit la pâture à l'her-
« mine blessée, si le castor qui l'accompagne alloit
« mourir? Elle baisseroit la tête, ses yeux se fer-
« meroient; elle tomberoit en défaillance : les chas-
« seurs la trouveroient expirante, et diroient : « Voyez
« l'hermine blessée loin de sa forêt et de sa retraite. »

A ces mots l'Indien s'enfonça dans la cyprière,
mais non sans tourner plusieurs fois la tête vers
le lieu où reposoit la vie de sa vie. Il se parloit
incessamment, et se disoit : « Outougamiz! tu es
« un chevreuil sans esprit; tu ne connois point les
« plantes, tu ne fais rien pour sauver ton frère. »
Et il versoit des larmes sur son peu d'expérience,
et il se reprochoit d'être inutile à son ami!

Il chercha long-temps dans les détours du marais des herbes salutaires : il cueillit des cressons,
et tua quelques oiseaux. En revenant à l'asile consacré par son amitié, il aperçut de loin les joncs
bouleversés et épars. Il approche, appelle, touche
à la couche, soulève les roseaux : le frère d'Amélie
n'y étoit plus!

Le désespoir s'empare d'Outougamiz : prêt à se
briser la tête contre le tronc des cyprès, il s'écrie :
« Où es-tu? m'as-tu fui comme un faux ami? Mais
« qui t'a donné des pieds ou des ailes? Est-ce la
« Mort qui t'a enlevé?... »

Tandis que le Sauvage s'abandonne à ses transports, il croit entendre un bruit à quelque distance : il se tait, retient son haleine, écoute : puis

soudain se plonge dans l'onde, bondit, nage, bondit encore, et bientôt découvre René qui se débat expirant contre un Illinois.

Outougamiz pousse le cri de mort : l'effort qu'il fait en s'élançant est si prodigieux, que ses pieds s'élèvent au-dessus de la surface de l'eau. Il est déjà sur l'ennemi, le renverse, se roule avec lui parmi les limons et les roseaux. Comme lorsque deux taureaux viennent à se rencontrer dans un marais où il ne se trouve qu'un seul lieu pour désaltérer leur soif, ils baissent leurs dards recourbés; leurs queues hérissées se nouent en cercle ; ils se heurtent du front ; des mugissements sortent de leur poitrine, l'onde jaillit sous leurs pieds, la sueur coule autour de leurs cornes et sur le poil de leurs flancs. Outougamiz est vainqueur ; il lie fortement avec des racines tressées son prisonnier, au pied d'un arbre, et étend à l'ombre, sous le même arbre, l'ami qu'il vient encore de sauver.

Par les violentes secousses que le frère d'Amélie avoit éprouvées, ses plaies s'étoient rouvertes. Le Natchez, dans le premier moment de sa vengeance, fut près d'immoler l'Illinois.

« Comment, lui dit-il, as-tu pu être assez cruel
« pour entraîner ce cerf affoibli ? S'il eût été dans
« sa force, lâche ennemi, d'un seul coup de tête il
« eût brisé ton bouclier. Tu mériterois bien que
« cette main t'enlevât ta chevelure. »

Outougamiz s'arrêtant comme frappé d'une pensée : « As-tu un ami ? » dit-il à l'Illinois. « Oui, » répondit le prisonnier.

« Tu as un ami ! » reprit le frère de Céluta s'approchant de lui et le mesurant des yeux ; « ne « va pas faire un mensonge. »

— « Je dis la vérité, » reprit l'Illinois.

« Eh bien ! » s'écria Outougamiz tirant son poignard après avoir approché de son oreille la petite chaîne d'or ; « eh bien ! rends grâces à ce Manitou « qui vient de me défendre de te tuer : il ne sera « pas dit qu'Outougamiz le Natchez, de la tribu « du Serpent, ait jamais séparé deux amis. Que « seroit-ce de moi si tu m'avois privé de René ? « Ah ! je ne serois plus qu'un chevreuil solitaire. Tu « vois, ô Illinois ! ce que tu allois faire ; et ton ami « seroit ainsi ! et il iroit seul murmurant ton nom « dans le désert ! Non ! il seroit trop infortuné ! et « ce seroit moi !..... »

Le Sauvage coupe aussitôt les liens de l'Illinois. « Sois libre, lui dit-il ; retourne à l'autre moitié de « ton âme, qui te cherche peut-être, comme je « cherchois à l'instant ma couronne de fleurs, lors- « que tu étois assez inhumain pour la dérober à « ma chevelure. Mais je compte sur ta foi : tu ne « découvriras point mon lieu à tes compatriotes. Tu « ne leur diras point : « Sous le cyprès de l'amitié, « Outougamiz le Simple a caché la chair de sa chair. » « Jure par ton ami que tes lèvres resteront fermées, « comme les deux coupes d'une noix que la lune des « moissons n'a point achevé de mûrir. »

— « Moi, Nassoute, reprit l'étranger, je jure par « mon ami, qui est pour moi comme un baume « lorsque j'ai des peines dans le cœur, je jure que je

« ne découvrirai point ton lieu, et que mes lèvres
« resteront fermées comme les deux coupes d'une
« noix que la lune des moissons n'a point achevé
« de mûrir. »

A ces mots Nassoute alloit s'éloigner, lorsque
Outougamiz l'arrêta et lui dit : « Où sont les guer-
« riers illinois ? » — « Crois-tu, répliqua l'étranger,
« que je sois assez lâche pour te l'apprendre ? » Frère
de Céluta, vous répondîtes : « Va retrouver ton ami :
« je te tendois un piége ; si tu avois trahi ta patrie,
« je n'eusse point cru à ton serment, et tu tombois
« sous mes coups. »

Nassoute s'éloigne : Outougamiz vient donner
ses soins au frère d'Amélie, comme s'il ne s'étoit
rien passé, et comme s'il n'y eût aucun lieu de
douter de la foi de l'Illinois, puisqu'il avoit fait le
serment de l'amitié.

Quelques jours s'écoulèrent : les blessures de
René commençoient à se cicatriser ; les meurtris-
sures étoient moins douloureuses ; la fièvre se calmoit. Le frère d'Amélie seroit revenu plus prompte-
ment à la vie, si une nourriture abondante avoit
pu rétablir ses forces ; mais Outougamiz trouvoit
à peine quelques baies sauvages ; elles manquèrent
enfin : il ne resta plus au frère de Céluta qu'à tenter
les derniers efforts de l'amitié.

Une nuit, il sort furtivement du marais, cachant son entreprise à René, et laissant çà et là
des paquets flottants de roseaux pour reconnoître
la route, si les génies lui permettoient le retour.
Il monte à travers le bois de la colline, il découvre

le camp des Illinois, où il étoit résolu de pénétrer.

Des feux étoient encore allumés : la plupart des familles dormoient étendues autour de ces feux. Le jeune Natchez, après avoir noué sa chevelure à la manière des guerriers ennemis, s'avance vers l'un des foyers. Il aperçoit un cerf à demi dépouillé, dont les chairs n'avoient point encore pétillé sur la braise. Outougamiz en dépèce avec son poignard les parties les plus tendres, aussi tranquillement que s'il eût préparé un festin dans la cabane de ses pères. Cependant on voyoit çà et là quelques Illinois éveillés qui rioient et chantoient. La matrone du foyer où le frère de Céluta déroboit une part de la victime, ouvrit elle-même les yeux, mais elle prit l'étranger pour le jeune fils de ses entrailles, et se replongea dans le sommeil. Des chasseurs passent auprès de l'ami de René, lui souhaitent un ciel bleu, un manteau de castor et l'espérance. Outougamiz leur rend à demi-voix le salut de l'hospitalité.

Un d'entre eux s'arrêtant, lui dit : « Il a singu-
« lièrement échappé. » — « Un génie sans doute l'a
« ravi, » répond le frère de Céluta. L'Illinois repartit : « Il est caché dans le marais; il ne se peut
« sauver, car il est environné de toutes parts : nous
« boirons dans son crâne. »

Tandis qu'Outougamiz se trouvoit engagé dans cette conversation périlleuse, la voix d'une femme se fit entendre à quelque distance; elle chantoit : « Je suis l'épouse de Venclao. Mon sein, avec son
« bouton de rose, est comme le duvet d'un cygne que

« la flèche du chasseur a taché d'une goutte de
« sang au milieu. Oui, mon sein est blessé, car je
« ne puis secourir l'étranger qui respecta la vierge
« des dernières amours. Pu ssé-je du moins sauver
« son ami ! » L'Indienne se tut ; puis, s'approchant
du Natchez dans les ombres, elle continua de la
sorte :

« La nonpareille des Florides croyoit que l'hiver
« avoit changé sa parure, et qu'elle ne seroit point
« reconnue parmi les aigles des rochers chez les-
« quels elle cherchoit la pâture ; mais la colombe
« fidèle le découvrit, et lui dit : « Fuis, imprudent
« oiseau ; la douceur de ton chant t'a trahi. »

Ces paroles frappèrent le frère de Céluta : il lève
les yeux et remarque les pleurs de la jeune femme ;
il entrevoit en même temps les guerriers armés qui
s'avancent. Il charge sur ses épaules une partie de
la dépouille du cerf, s'enfonce dans les ombres,
franchit le bois, rentre dans les détours du marais,
et après quelques heures de fatigue et de périls se
retrouve auprès de son ami.

Un ingénieux mensonge lui servit à cacher à René
sa dangereuse aventure ; mais il falloit préparer le
banquet : le jour on en pouvoit voir la fumée ; la
nuit on en pouvoit découvrir les feux ; Outougamiz
préféra pourtant la nuit : il espéra trouver un
moyen de masquer la lueur de la flamme.

Lorsque le soleil fut descendu sous l'horizon,
et que les dernières teintes du jour se furent éva-
nouies, l'Indien tira une étincelle de deux branches
de cyprès en les frottant l'une contre l'autre, et en

embrasa quelques feuilles. Tout réussit d'abord ; mais des roseaux secs, placés trop près du foyer, prennent feu, et jettent une grande lumière. Outougamiz les veut précipiter dans l'eau, et ne fait qu'étendre la flamme. Il s'élance sur le monceau ardent et cherche à l'écraser sous ses pieds. René épuise ses forces renaissantes pour seconder son ami : soins inutiles ! le feu se propage, court en pétillant sur la cime séchée des joncs, et gagne les branches résineuses des cyprès. Le vent s'élève, des tourbillons de flammes, d'étincelles et de fumée montent dans les airs, qui prennent une couleur sanglante. Un vaste incendie se déploie sur le marais.

Comment fuir ? comment échapper à l'élément terrible qui, après s'être éloigné de son centre, s'en rapprochoit, et menaçoit les deux amis ? Déjà étoient consumés les paquets de joncs sur lesquels le frère de Céluta auroit pu tenter encore de transporter René dans d'autres parties du marais. Essayer de passer au désert voisin : les cruels Illinois n'y campoient-ils pas ? N'étoit-il pas probable qu'attirés par l'incendie, ils fermoient toutes les issues ? Ainsi lorsqu'on croit être arrivé au comble de la misère, on aperçoit par-delà de plus hautes adversités. Il est difficile au fils de la femme de dire : « Ceci est « le dernier degré du malheur. »

Outougamiz étoit presque vaincu par la fortune : il voyoit perdu tout ce qu'il avoit fait jusqu'alors. Il n'avoit donc sauvé son ami du cadre de feu que pour brûler cet ami de sa propre main ! Il s'écria d'une voix douloureuse : « René, c'est moi qui t'im-

« mole ! Que tu es infortuné de m'avoir eu pour
« ami ! »

Le frère d'Amélie, d'un bras affoibli et d'une
main pâle, pressa tendrement le Sauvage sur son
sein. « Crois-tu, lui dit-il, qu'il ne me soit pas
« doux de mourir avec toi ? Mais pourquoi descen-
« drois-tu au tombeau ? Tu es vigoureux et habile ;
« tu te peux frayer un chemin à travers les flammes.
« Revole à tes ombrages : les Natchez ont besoin de
« ton cœur et de ton bras ; une épouse, des enfants
« embelliront tes jours, et tu oublieras une amitié
« funeste. Pour moi, je n'ai ni patrie ni parents sur
« la terre : étranger dans ces forêts, ma mort ou ma
« vie n'intéresse personne ; mais toi, Outougamiz,
« n'as-tu pas une sœur ? »

— « Et cette sœur, répliqua Outougamiz, n'a-
« t-elle pas levé sur toi des regards de tendresse ?
« Ne reposes-tu pas dans le secret de son cœur ?
« Pourquoi l'as-tu dédaignée ? Que me conseilles-tu ?
« De t'abandonner ! Et depuis quand t'ai-je prouvé
« que j'étois plus que toi attaché à la vie ? Depuis
« quand m'as-tu vu me troubler au nom de la mort ?
« Ai-je tremblé quand, au milieu des Illinois, j'ai
« brisé les liens qui te retenoient ? Mon cœur pal-
« pitoit-il de crainte quand je te portois sur mes
« épaules avec des angoisses que je n'aurois pas
« échangées contre toutes les joies du monde ? Oui,
« il palpitoit ce cœur, mais ce n'étoit pas pour
« moi ! Et tu oses dire que tu n'as point d'ami ! Moi,
« t'abandonner ! Moi, trahir l'amitié ! Moi, former
« d'autres liens après ta mort ! Moi, heureux sans

« toi, avec une épouse et des enfants ! Apprends-
« moi donc ce qu'il faut que je raconte à Céluta
« en arrivant aux Natchez ! Lui dirai-je : « J'avois dé-
« livré celui pour lequel je t'appelai en témoignage
« de l'amitié ; le feu a pris à des joncs ; j'ai eu peur,
« j'ai fui. J'ai vu de loin les flammes qui ont consumé
« mon ami. » Tu sais mourir, prétends-tu, René ;
« moi, je sais plus, je sais vivre. Si j'étois dans ta
« place et toi dans la mienne, je ne t'aurois pas dit :
« Fuis et laisse-moi. » Je t'aurois dit : « Sauve-moi,
« ou mourons ensemble. »

Outougamiz avoit prononcé ces paroles d'un ton
qui ne lui étoit pas ordinaire. Le langage de la plus
noble passion étoit sorti dans toute sa magnificence
des lèvres du simple Sauvage. « Reste avec moi,
« s'écria à son tour le frère d'Amélie : je ne te
« presse plus de fuir. Tu n'es pas fait pour de tels
« conseils. »

A ces mots, quelque chose de serein et d'ineffa-
ble se répandit sur le visage d'Outougamiz, comme
si le ciel s'étoit entr'ouvert, et que la clarté divine
se fût réfléchie sur le front du frère de Céluta.
Avec le plus beau sourire que l'ange des amitiés
vertueuses ait jamais mis sur les lèvres d'un mortel, l'Indien répondit : « Tu viens de parler comme
« un homme ; je sens dans mon sein toutes les dé-
« lices de la mort. »

Les deux amis cessant d'opposer à l'incendie des
efforts impuissants, et de tenter une retraite impossible, assis l'un près de l'autre, attendirent
l'accomplissement de leur destinée.

La flamme se repliant sur elle-même avoit embrasé le cyprès qui leur servoit d'asile; des brandons commençoient à tomber sur leurs têtes. Tout à coup, à travers les masses de feu et de fumée, on entend un léger bruit dans les eaux. Une espèce de fantôme apparoît : ses cheveux sont consumés sur ses tempes; sa poitrine et ses bras sont à demi brûlés, tandis que le bas de son corps dégoutte d'une eau bourbeuse. « Qui es-tu ? lui crie « Outougamiz; es-tu l'esprit de mon père qui vient « nous chercher, pour nous conduire au pays des « âmes ? »

— « Je suis Venclao, répond le spectre, l'ami de « Nassoute, auquel tu as donné la vie, et l'époux « de Nélida, cette vierge des dernières amours, que « ton ami a respectée. Je viens payer ma double « dette. La flamme a découvert votre asile; les tri- « bus des Illinois environnent le marais; déjà plu- « sieurs guerriers nagent pour arriver jusqu'à vous; « je les ai devancés. Nassoute nous attend à l'en- « droit de la rive que l'on a confiée à sa garde. Hâ- « tons-nous. »

Venclao passe un bras vigoureux sous le bras du frère d'Amélie, et fait signe à Outougamiz de le soutenir du côté opposé. Ainsi entrelacés, tous trois se plongent dans les eaux; ils s'avancent à travers des champs de cannes embrasées, tantôt menacés par le feu, tantôt prêts à s'engloutir dans l'onde. Chaque instant augmente le danger; des cris, des voix se font entendre de toutes parts. Tels furent les périls d'Énée lorsque, dans la nuit fatale d'Ilion, il alloit à la lueur des flammes, par des rues solitaires et détournées, cacher sur le mont Ida, et les anciens dieux de l'antique Troie et les dieux futurs du Capitole.

Outougamiz, Venclao et René arrivent au lieu où Nassoute les attendoit. Le frère d'Amélie est à l'instant placé sur un lit de branchages que Venclao, Nassoute et Outougamiz portent tour à tour. Ils s'éloignent à grands pas du fatal marais ; toute la nuit ils errent par le silence des bois. Aux premiers rayons de l'aurore, les deux Illinois s'arrêtent, et disent aux deux guerriers ennemis : « Natchez, im-« plorez vos Manitous ; fuyez. Nous vous avons « rendu vos bienfaits. Quittes envers vous, nous « nous devons maintenant à notre patrie. Adieu. »

Venclao et Nassoute posent à terre le lit du blessé, mettent un bâton de houx dans la main gauche du frère d'Amélie, donnent à Outougamiz des plantes médicinales, de la farine de maïs, deux peaux d'ours, et se retirent.

Les deux fugitifs continuèrent leur chemin. René marchoit lentement le premier, courbé sur le bâton qu'il soulevoit à peine ; Outougamiz le suivoit répandant des feuilles séchées, afin de cacher l'empreinte de son passage : l'hôte des forêts est moins habile à tromper la meute avide que ne l'étoit l'Indien à mêler les traces de René pour le dérober à la recherche de l'ennemi.

Parvenu sur une bruyère, Outougamiz dit tout à coup : « J'entends des pas précipités ; » et bientôt après une troupe d'Illinois se montre à l'horizon vers le nord. Le couple infortuné eut le temps de gagner un bois étroit qui bordoit l'autre extrémité; il y pénètre, et, l'ayant traversé, il se trouve à l'endroit même où s'étoit donné le combat si fatal au Grand-Chef des Natchez et au frère d'Amélie.

A peine les deux amis fouloient-ils le champ de la mort, qu'ils ouïrent l'ennemi dans le bois voisin. Outougamiz dit à René : « Couche-toi à terre : « je te viendrai bientôt trouver. »

René ne vouloit plus disputer sa vie; il étoit las de lutter si long-temps pour quelques misérables jours; mais il fut encore obligé d'obéir à l'amitié. Son infatigable libérateur le couvre des effroyables débris du combat, et s'enfonce dans l'épaisseur d'une forêt.

Lorsque des enfants ont découvert le lieu où un rossignol a bâti son nid, la mère, poussant des cris plaintifs et laissant pendre ses ailes, voltige, comme blessée, devant les jeunes ravisseurs qui s'égarent à sa poursuite et s'éloignent du gage fragile de ses amours : ainsi le frère de Céluta jetant des voix dans la solitude, attire les ennemis de ce côté, et les écarte du trésor plus cher à son cœur que l'œuf plein d'espérance ne l'est à l'oiseau amoureux.

Les Illinois ne purent joindre le léger Sauvage à qui l'amitié avoit, pour un moment, rendu toute sa vigueur. Ils approchoient du pays des Natchez, et, n'osant aller plus loin, ils abandonnèrent la poursuite.

Le frère de Céluta vint alors dégager René des ruines hideuses qui avoient protégé sa jeunesse, et sa beauté. Les deux amis reprirent leur chemin au lever de l'aurore, après s'être lavés dans une belle source. Il se trouva que les restes glacés sous lesquels René avoit conservé l'étincelle de la vie, étoient ceux de deux Natchez, d'Aconda et d'Irinée. Le frère d'Amélie les reconnut, et, frappé de cette fortune extraordinaire, il dit à Outougamiz :

« Vois-tu ces corps défigurés, déchirés par les « aigles et étendus sans honneurs sur la terre? « Aconda et Irinée! vous étiez deux amis comme « nous! vous fûtes jeunes et infortunés comme nous! « Je vous ai vus périr, lorsque abattus j'essayois en-« core de vous défendre. Outougamiz, tu confios, « cette nuit même, l'ami vivant au secret de deux « amis décédés. Ces morts se sont ranimés au feu « de ton âme pour me prêter leur abri. »

Outougamiz pleura sur Aconda et sur Irinée, mais il étoit trop foible pour leur creuser un tombeau.

Comme des laboureurs, après une longue journée de sueurs et de travaux, ramènent leurs bœufs fatigués à leur chaumière; ils croient déjà découvrir leur toit rustique; ils se voient déjà entourés de leurs épouses et de leurs enfants : ainsi les deux amis, en approchant du pays des Natchez, commençoient à sentir renaître l'espérance; leurs désirs franchissoient l'espace qui les séparoit de leurs foyers. Ces illusions, comme toutes celles de la vie, furent de courte durée.

Les forces de René, épuisées une dernière fois, touchoient à leur terme; et, pour comble de calamité, il ne restoit plus rien des dons de Venclao et de Nassoute.

Outougamiz lui-même succomboit : ses joues étoient creuses; ses jambes amaigries et tremblantes ne portoient plus son corps. Trois fois le soleil vint donner la lumière aux hommes, et trois fois il retrouva les voyageurs se traînant sur une bruyère qui n'offroit aucune ressource. Le frère d'Amélie et le frère de Céluta ne se parloient plus; ils jetoient seulement par intervalles l'un sur l'autre des regards furtifs et douloureux. Quelquefois Outougamiz cherchoit encore à aider la marche de René : deux jumeaux qui se soutiennent à peine s'appuient de leurs foibles bras, et ébauchent des pas incertains aux yeux de leur mère attendrie.

Du lieu où les amis étoient parvenus, jusqu'au pays des Natchez, il ne restoit plus que quelques heures de chemin; mais René fut contraint de s'arrêter. Excité par Outougamiz, qui le conjuroit d'avancer, il voulut faire quelques pas, afin de ne point ravir volontairement à son sublime ami le fruit de tant de sacrifices : ses efforts furent vains. Outougamiz essaya de le porter sur ses épaules; mais il plia et tomba sous le fardeau.

Non loin du sentier battu murmuroit une fontaine; René s'en approcha en rampant sur les genoux et sur les mains, suivi d'Outougamiz qui pleuroit : le pasteur affligé accompagne ainsi le chevreau qui a brisé ses pieds délicats en tombant d'une roche élevée, et qui se traîne vers la bergerie.

La fontaine marquoit la lisière même de la savane

qui s'étend jusqu'au Bayouc des Pierres, et qui n'a d'autres bornes à l'orient que les bois du fort Rosalie. Outougamiz assit son compagnon au pied d'un saule. Le jeune Sauvage attachoit ses regards sur le pays de ses aïeux : être venu si près! « René! « dit-il, je vois notre cabane. »

— « Tourne-moi le visage de ce côté, » répondit le frère d'Amélie. Outougamiz obéit.

Le frère de Céluta eut un moment la pensée de se rendre aux Natchez pour y chercher du secours; mais craignant que l'homme de son cœur n'expirât pendant son absence, il résolut de ne le point quitter. Il s'assit auprès de René, lui prit le front dans ses deux mains, et le pencha doucement sur sa poitrine : alors, baissant son visage sur une tête chérie, il se prépara à recueillir le dernier soupir de son ami. Comme deux fleurs que le soleil a brûlées sur la même tige, ainsi paroissoient ces deux jeunes hommes inclinés l'un sur l'autre vers la terre.

Un bruit léger et le souffle d'un air parfumé firent relever la tête à Outougamiz: une femme étoit à ses côtés. Malgré la pâleur et le vêtement en désordre de cette femme, comment l'Indien l'auroit-il méconnue? Outougamiz laisse échapper de surprise et de joie le front de René; il s'écrie : « Ma sœur, « est-ce toi? »

Céluta recule; elle s'étoit approchée des amis sans les découvrir; le son de la voix de son frère l'a étonnée: « Mon frère! répond-elle, mon frère! les « génies me l'ont ravi! l'homme blanc a expiré dans « le cadre de feu! Tous les jours je viens attendre

« les voyageurs à cette limite; mais il ne reparoî-
« tront plus! »

Outougamiz se lève, s'avance vers Céluta, qui auroit pris la fuite si elle n'avoit remarqué avec une pitié profonde la marche chancelante du guerrier. Vous eussiez vu sur le front de l'Indienne passer tour à tour le sentiment de la plus profonde terreur et de la plus vive espérance. Céluta hésitoit encore, quand elle aperçoit, attaché au sein de son frère, le Manitou de l'amitié. Elle vole à Outougamiz, qu'elle embrasse et soutient à la fois; mais Outougamiz :

« Je l'ai sauvé! il est là! mais il est mort si tu n'as
« rien pour le nourrir. »

L'amour a entendu la voix de l'amitié! Céluta est déjà à genoux : timide et tremblante, elle a relevé le front de l'étranger mourant; René lui-même a reconnu la fille du désert, et ses lèvres ont essayé de sourire. Outougamiz, la tête penchée dans son sein, les mains jointes et tombantes, disoit : « Té-
« moin du serment de l'amitié, ma sœur, tu viens
« voir si je l'ai bien tenu. J'aurois dû ramener mon
« ami plein de vie, et le voilà qui expire! je suis un
« mauvais ami, un guerrier sans force. Mais toi,
« as-tu quelque chose pour ranimer mon ami? »

— « Je n'ai rien, s'écrie Céluta désespérée. Ah!
« s'il eût été mon époux, s'il eût fécondé mon sein,
« il pourroit boire avec son enfant à la source de la
« vie! » Souhait divin de l'amante et de la mère!

La chaste Indienne rougit comme si elle eût craint d'avoir été comprise de René. Les yeux de cette femme étoient fixés au ciel, son visage étoit inspiré : on eût dit que, dans une illusion passionnée, Céluta croyoit nourrir et son fils et le père de son fils.

Amitié, qui m'avez raconté ces merveilles, que ne me donnâtes-vous le talent pour les peindre ! j'avois le cœur pour les sentir [1].

[1] C'est ici que s'arrête la première partie des *Natchez*, celle qu'on peut en appeler l'épopée. Ce qui suit n'est plus qu'un simple récit, pour lequel l'auteur, renonçant à la forme épique, adopte celle de la narration.

Lorsque Céluta rencontra les deux amis au bord de la fontaine, il y avoit déjà plusieurs jours qu'elle étoit errante dans les bois. Une fièvre ardente l'avoit saisie à la nouvelle de la captivité de René : le départ subit d'Outougamiz redoubla les maux de l'infortunée, car elle devina que son frère avoit volé à la délivrance de son ami. Or, cette seconde victime n'auroit-elle pas été immolée à la rage des Illinois ?

La fille de Tabamica s'étoit obstinée à demeurer seule dans sa cabane. Un jour, couchée sur la natte de douleur, elle vit entrer Ondouré. Les succès de cet homme avoient enflé son orgueil; ses vices s'étoient augmentés de toute l'espérance de ses passions. Sûr maintenant d'Akansie, qui connoissoit son crime et qui en profitoit, Ondouré se croyoit déjà maître du pouvoir absolu, sous le nom de tuteur du jeune Soleil : il songeoit à rétablir l'ancienne tyrannie; et, après avoir trompé les François, il se flattoit de trouver quelque moyen de les perdre.

Une seule chose menaçoit l'ambition du Sauvage, c'étoit un sentiment plus fort que cette ambition même, c'étoit l'amour toujours croissant qu'il ressentoit pour Céluta : la vanité blessée, la soif de la vengeance, la fougue des sens, avoient transformé cet amour en une sorte de frénésie, dont les accès pouvoient réveiller la jalousie de la Femme-Chef.

Dans la première exaltation de son triomphe, Ondouré accourut donc à la demeure de la sœur d'Outougamiz. Il s'avança vers la couche où languissoit la vierge solitaire. « Céluta, dit-il, réveille-« toi ! et il lui secouoit rudement la main. Réveille-« toi, voici Ondouré : n'es-tu pas trop heureuse « qu'un guerrier comme moi veuille bien encore « te choisir pour maîtresse, toi, rose fanée par le « misérable Blanc dont les Manitous nous ont dé-« livrés ? »

Céluta essaie de repousser le barbare. « Comme « elle est charmante dans sa folie ! s'écrie Ondouré ; « que son teint est animé ! que ses cheveux sont « beaux ! » Et le Sauvage veut prodiguer des caresses à sa victime.

Dans ce moment, Akansie, que l'instinct jaloux égaroit souvent autour de la cabane de sa rivale, paroît sur le seuil de la porte. Alors Céluta : « O mère « du Soleil ! secourez-moi. » Ondouré laisse échapper sa proie : confondu, honteux, balbutiant, il suit Akansie qui s'éloigne les yeux sanglants, l'âme agitée par les furies.

Les parentes de Céluta, qui l'avoient voulu garder dans l'absence de son frère, reviennent offrir leur secours à leur amie : elles voient le désordre de sa couche. Céluta leur tait ses nouveaux chagrins ; elle affecte de sourire, elle prétend qu'elle se sent soulagée : on la croit, on se retire. Libre des soins qui l'importunent, la fille de Tabamica sort au milieu de la nuit, s'enfonce dans les forêts, et va sur le chemin du pays des Illinois, attendre des protecteurs qu'elle rencontre, protecteurs qu'elle supposoit perdus sans retour, alors même qu'elle les cherchoit encore.

Qui sauvera les trois infortunés ? Céluta seule conserve un peu de force; mais a-t-elle le temps de voler jusqu'au village des Natchez ? René et Outougamiz n'auront-ils point expiré avant qu'elle revienne ? Elle pose doucement la tête de René sur la mousse, et se lève : la Providence aura pitié de tant de malheurs. Des guerriers se montrent vers la forêt. Qui sont-ils? N'importe! Dans ce moment Céluta imploreroit le secours même d'Ondouré.

« Qui que vous soyez, s'écrie-t-elle en s'avançant
« vers les guerriers, venez rendre la vie à René et à
« mon frère ! »

Des soldats et de jeunes officiers du fort Rosalie accompagnoient le capitaine d'Artaguette à la source même où reposoient les deux amis, source dont les eaux avoient la vertu de cicatriser les blessures. D'Artaguette reconnoît à la voix l'Indienne qu'il n'auroit pas reconnue à ses traits, tant ils étoient altérés. « Est-ce vous, ma sœur, ma libératrice ? » s'écrie à son tour le capitaine.

Céluta vole à lui, verse des pleurs de douleur et de joie, saisit la main de son frère adoptif, la porte avec ardeur à ses lèvres, cherche à entraîner d'Artaguette vers la fontaine, en répétant le nom d'Outougamiz et de René : la troupe se hâte sur les pas de Céluta.

Bientôt on découvre deux hommes, ou plutôt deux spectres, l'un couché, l'autre debout, mais près de tomber; on les environne. « Chasseurs, dit « Outougamiz, je puis mourir à présent, prenez soin « de mon ami! » et il s'affaissa sur le gazon.

On croyoit dans la colonie, comme aux Natchez, que René avoit été brûlé par les Illinois. Les secours sont prodigués aux deux mourants : ce fut Céluta qui offrit les premiers aliments à son frère et à l'ami de son frère. D'Artaguette essayoit de soutenir l'un et l'autre d'un bras encore mal assuré. Jacques, le grenadier attaché au généreux capitaine, est envoyé aux Natchez pour annoncer le retour miraculeux. Les guerriers et les femmes accourent, les Sachems les suivent. Déjà les François avoient entrelacé des branches d'arbres sur lesquelles étoient déposés séparément les deux amis. Huit jeunes officiers portoient tour à tour les couches sacrées, comme ils auroient porté les trophées de l'honneur. Auprès de ces lits de feuillage marchoient Céluta, pleine d'un bonheur qu'elle n'osoit croire, et d'Artaguette dont le front pâle annonçoit qu'il manquoit encore du sang à un noble cœur.

Ce fut dans cet ordre que la foule des Natchez rencontra la pompe triomphale de l'amitié, élevée par les mains de la vaillance. Les bois retentirent d'acclamations prolongées; on se presse, on veut savoir jusqu'aux moindres circonstances d'une délivrance dont Outougamiz parle à peine, et que René ne peut encore raconter. Les jeunes gens serroient la main d'Outougamiz, et se juroient les uns aux autres une amitié pareille dans l'adversité. Les Sachems disoient à Adario et à Chactas qu'ils avoient d'illustres enfants : « C'est vrai, » répondoient les deux vieillards. Adario même étoit attendri.

Les femmes et les enfants caressoient Céluta ; Mila la vouloit porter, bien qu'elle se sentît un peu triste au milieu de la joie. Dans l'effusion générale des cœurs, les militaires françois avoient leur part des éloges. D'Artaguette disoit à Céluta : « Ma sœur, « votre frère soutient bien son rôle de libérateur. » René, qui entendit ces mots, murmura d'une voix mourante : « Vous ne savez rien ; Outougamiz ne « vous apprendra pas ce qu'il a fait : c'est moi qui « vous le dirai, si je vis. » Tous les yeux versoient aussi des larmes sur les jeunes Indiens qui s'étoient immolés au triomphe de l'amitié.

Ondouré et Akansie seuls n'étoient pas présents à cette scène : les méchants fuient comme un supplice le spectacle de la vertu récompensée. René fut déposé chez son père Chactas, mais Adario voulut qu'on portât son neveu Outougamiz et sa nièce Céluta à sa cabane, afin de prendre soin lui-même de ce couple qu'il reconnoissoit digne de son sang.

Ondouré avoit apaisé Akansie par ces mensonges, par ces serments et ces caresses que la passion trompée ne croit plus, mais auxquels elle se laisse aller comme à sa dernière ressource. Quand on a fait un pas dans le crime, on se persuade qu'il est impossible de reculer, et l'on s'abandonne à la fatalité du mal : la Femme-Chef se voyoit forcée de servir les projets d'un scélérat, d'élever Ondouré jusqu'à elle pour se justifier de s'être abaissée jusqu'à lui. Le retour de René avoit rallumé dans le cœur d'Ondouré les flammes de la jalousie; déçu dans sa vengeance, il lui devenoit plus que jamais nécessaire d'atteindre au rang suprême pour exécuter, comme souverain, le crime qu'il avoit manqué comme sujet. Il alarme la Femme-Chef : « Il est « possible, lui dit-il, que René m'ait vu lancer la « flèche; le seul moyen de dominer tous les périls « est de s'élever au-dessus de tous les pouvoirs. Que « je sois tuteur de votre fils; que l'ancienne garde « des Allouez soit rétablie, et je vous réponds de « tout. » Akansie ne pouvoit plus rien refuser; elle avoit livré sa vertu.

L'Indien, afin de mieux réussir dans ses desseins, s'adressa d'abord aux François.

Traité rudement par Chépar, Fébriano avoit repris peu à peu, à force d'humiliations, son ascendant sur le vieux militaire : la bassesse se sert des affronts qu'elle reçoit comme d'un marchepied pour s'élever. Mais le renégat sentoit que son crédit étoit affoibli s'il ne parvenoit à détruire, par quelque service éclatant, la fâcheuse impression qu'avoient laissée ses premiers conseils. Le gouverneur de la Louisiane avoit témoigné son mécontentement au commandant du fort Rosalie, et dans la lettre où il lui annonçoit l'envoi de troupes nouvelles, il l'invitoit à réparer une imprudence dont souffroit la colonie.

Fébriano épioit donc l'occasion de regagner sa

puissance, au moment où Ondouré cherchoit le moyen de satisfaire son ambition. Ces deux traîtres, jadis compagnons de débauche, par une conformité de passions avoient conçu l'un et l'autre une haine violente contre René. L'homme sauvage alla trouver l'homme policé; il lui parla de la mort du Soleil : « Dans les changements prêts à s'opérer aux « Natchez, lui dit-il, si le commandant des François « me veut seconder, je lui ferai obtenir les con- « cessions, objets de tant de troubles et de mal- « heurs. »

Ravi d'une proposition qui le rendoit important, en le rendant utile, Fébriano court avertir Chépar : celui-ci consent à recevoir Ondouré au milieu de la nuit, sur un des ravelins du fort.

« Sachem des François, dit Ondouré en l'abor- « dant, je ne sais ce que vous méditez. De nouveaux « guerriers vous sont arrivés; peut-être est-ce votre « dessein de lever encore une fois la hache contre « nous ? Au lieu de vous engager dans cette route « incertaine, je puis vous mener à votre but par une « voie plus sûre. Depuis long-temps je suis l'ami « des François; employez votre autorité à me faire « élever à la place qui me rendra tuteur du jeune « Soleil. Je m'engage alors à vous faire céder les « terres que vous réclamez, et dont vos députés et « les nôtres doivent régler les limites. Dans deux « jours la nomination de l'édile aura lieu. Que l'on « envoie par vos ordres des présents aux jeunes « guerriers, aux matrones et aux prêtres, et je l'em- « porterai sur mes compétiteurs. »

Flatté d'entendre parler de sa puissance, regardant comme un grand coup de politique de mettre Ondouré, qu'il croyoit l'ami de la France, à la tête des Natchez, espérant surtout réparer sa faute par l'obtention des terres dont on lui fait la promesse, Chépar se précipite dans le projet d'Ondouré : il charge Fébriano de la distribution des présents.

Ondouré retourne auprès d'Akansie, qu'il s'étonne de trouver abattue : il en est du crime comme de ces boissons amères que l'habitude seule rend supportables. «Il ne s'agit plus d'hésiter, s'écrie
« Ondouré : voulez-vous commander avec moi, ou
« voulez-vous rester esclave sous un Sachem de
« votre famille? Songez qu'il y va de votre vie et
« de la mienne : si nous ne sommes pas assez forts
« pour proscrire nos ennemis, nous serons proscrits
« par eux. Tôt ou tard quelque voix accusatrice ré-
« vélera le secret de la mort du Soleil, et au lieu
« de monter au pouvoir, nous serons traînés au sup-
« plice. Allez donc ; parlez aux matrones ; obtenez
« leurs voix ; je cours m'assurer de celle des jeunes
« guerriers. Outougamiz qui balance seul mon cré-
« dit auprès d'eux, Outougamiz, encore trop foible,
« ne peut sortir de sa cabane. Que le jongleur dé-
« voué à nos intérêts fasse s'expliquer les génies,
« et nous triompherons de la résistance de Chactas
« et d'Adario. »

L'assemblée générale de la nation étant convoquée pour procéder au choix de l'édile, Chactas proposa d'élever René, son fils adoptif, à cette place importante; mais le jongleur déclara que l'étranger, coupable à la fois de la disparition du serpent sacré, de la mort des femelles de castors, et de la guerre dans laquelle le vieux Soleil avoit péri, étoit réprouvé du Grand-Esprit.

Le frère d'Amélie rejeté, Adario présenta son neveu Outougamiz, qui venoit de faire éclater tant de vertu et de vaillance : Outougamiz fut écarté à cause de la simplicité de sa vertu. Chactas et Adario ne vouloient point pour eux-mêmes une charge dont leur âge ne leur permettoit plus l'exercice.

Akansie désigna à son tour Ondouré : ce nom fit rougir les hommes qui conservoient encore quelque pudeur. Chactas repoussa de toute la dignité de son éloquence un guerrier dont il osa peindre les vices. Adario, qui sentoit le tyran dans Ondouré, menaça de le poignarder s'il attentoit jamais à la liberté de la patrie ; mais les présents de Fébriano avoient produit leur effet : les matrones enchantées par des parures, les jeunes guerriers séduits par des armes, un assez bon nombre de Sachems, à qui l'ambition ôtoit la prudence, soutinrent le candidat de la Femme-Chef. Les Manitous consultés approuvèrent l'élection d'Ondouré. Ainsi l'éducation d'un enfant qui devoit un jour commander à des peuples fut remise à des mains oppressives et souillées : le champ empoisonné de Gomorrhe fait mourir la plante qu'on lui confie, ou ne porte que des arbres dont les fruits sont remplis de cendre.

Cependant les blessures de René se fermoient ;

des simples, connus des sauvages, rétablissoient ses forces avec une étonnante rapidité. Il n'avoit qu'un moyen de payer à Outougamiz la dette d'une amitié sublime, c'étoit d'épouser Céluta. Le sacrifice étoit grand : tout lien pesoit au frère d'Amélie; aucune passion ne pouvoit entrer dans son cœur, mais il crut qu'il se devoit immoler à la reconnaissance; du moins ce n'étoit pas à ses yeux démentir sa destinée, que de trouver un malheur dans un devoir.

Il fit part de sa résolution à Chactas : Chactas demanda la main de Céluta à Adario; Outougamiz fut rempli de joie en apprenant que son ami alloit devenir son frère. Céluta, rougissant, accorda son consentement avec cette grâce modeste qui respiroit en elle; mais elle éprouvoit quelque chose de plus que ce plaisir mêlé de frayeur qu'éprouve la jeune vierge prête à passer dans les bras d'un époux. Malgré l'amour qui entraînoit vers René la fille de Tabamica, malgré la félicité dont elle se faisoit l'image, elle étoit frappée d'une tristesse involontaire; un secret pressentiment serroit son cœur : René lui inspiroit une terreur dont elle ne se pouvoit défendre; elle sentoit qu'elle alloit tomber dans le sein de cet homme comme on tombe dans un abîme.

Les parents ayant approuvé le mariage, Chactas dit à René : « Bâtis ta cabane, portes-y le collier « pour charger les fardeaux, et le bois pour allumer « le feu ; chasse pendant six nuits ; à la septième, « Céluta te suivra à tes foyers. »

René établit sa demeure dans une petite vallée

qu'arrosoit une rivière tributaire du Meschacebé.
Quand l'ouvrage fut fini, on découvroit de la porte
de la nouvelle cabane les prairies du vallon entrecoupées d'arbustes à fleurs : une forêt, vieille comme
la terre, couvroit les collines, et dans l'épaisseur
de cette forêt tomboit un torrent.

Des danses et des jeux signalèrent le jour du mariage. Placés au milieu d'un cercle de leurs parents,
René et Céluta furent instruits de leurs devoirs :
on conduisit ensuite les époux au toit qu'ils devoient
habiter.

L'aurore les trouva sur le seuil de la cabane :
Céluta, un bras jeté autour du cou de René, s'appuyoit sur le jeune homme. Les yeux de l'Indienne,
avec une expression de respect et de tendresse,
cherchoient ceux de son époux. D'un cœur religieux et reconnoissant, elle offroit sa félicité au
maître de la nature comme un don qu'elle tenoit de
lui : la rosée de la nuit remonte, au lever du soleil,
vers le ciel d'où elle est descendue.

Les regards distraits du frère d'Amélie se promenoient sur la solitude : son bonheur ressembloit à
du repentir. René avoit désiré un désert, une femme
et la liberté : il possédoit tout cela, et quelque
chose gâtoit cette possession. Il auroit béni la main
qui, du même coup, l'eût débarrassé de son malheur passé, et de sa félicité présente, si toutefois
c'étoit une félicité.

Il essaya de réaliser ses anciennes chimères :
quelle femme étoit plus belle que Céluta ? Il l'emmena au fond des forêts et promena son indépen-

dance de solitude en solitude ; mais quand il avoit pressé sa jeune épouse contre son sein, au milieu des précipices ; quand il l'avoit égarée dans la région des nuages, il ne rencontroit point les délices qu'il avoit rêvées.

Le vide qui s'étoit formé au fond de son âme ne pouvoit plus être comblé. René avoit été atteint d'un arrêt du ciel, qui faisoit à la fois son supplice et son génie ; René troubloit tout par sa présence : les passions sortoient de lui et n'y pouvoient rentrer : il pesoit sur la terre qu'il fouloit avec impatience, et qui le portoit à regret.

Si l'impitoyable Ondouré avoit pénétré dans le cœur du frère d'Amélie, s'il en avoit connu toute la misère, s'il avoit vu les alarmes de Céluta et l'espèce d'épouvante que lui inspiroit son mari, l'union du couple infortuné n'auroit point fait sentir au Sauvage les tourments qu'il éprouva lorsque la renommée lui apprit la nouvelle de cette union. Qu'importoit à Ondouré d'avoir satisfait son ambition ? Céluta échappoit à son amour ! René n'étoit point encore immolé à sa jalousie ! Les succès du détestable Indien lui coûtoient cher : il étoit obligé de subir la tendresse d'une femme odieuse ; il avoit fait à Chépar des promesses qu'il ne pouvoit ni ne vouloit remplir. Comment perdre ces étrangers du fort Rosalie qui étoient devenus ses maîtres, puisqu'ils possédoient une partie de son secret ? comment sacrifier ce rival, que les mauvais génies avoient envoyé aux Natchez pour le désespoir d'Ondouré ?

Plusieurs projets s'offrirent d'abord à la pensée de l'édile, mais les uns n'étoient pas assez sûrs, les autres n'enveloppoient pas assez de victimes. Le dégoût de l'état de nature, le désir de posséder les jouissances de la vie sociale, augmentoient le trouble des esprits d'Ondouré : il dévoroit des regards tout ce qu'il apercevoit dans les habitations des Blancs; on le voyoit errer à travers les villages, l'air farouche, l'œil en feu, les lèvres agitées d'un mouvement convulsif.

Un jour qu'il promenoit ainsi ses noires rêveries, il arrive à la cabane de René; le frère d'Amélie parcouroit alors les déserts avec Céluta. Mille passions, mille souvenirs accompagnés de mille desseins funestes, agitent le cœur d'Ondouré. Il fait d'abord à pas lents le tour de la hutte; bientôt il heurte à la porte, l'ouvre et jette des regards sinistres dans l'intérieur du lieu. Il y pénètre, s'assied au foyer solitaire, comme ces génies du mal attachés à chaque homme, et qui, selon les Indiens, se plaisent à fréquenter les demeures abandonnées. Des lits de joncs, des armes européennes, quelques voiles de femme, un berceau, présent de la famille de Céluta, tout ce qui frappe la vue d'Ondouré accroît son supplice : « C'est donc ici « qu'ils ont été heureux ! » murmure-t-il à voix basse. Son imagination s'égare; il se lève, disperse les roseaux des couches, et brise les armes dont il jette au loin les éclats. Les parures de Céluta appellent ensuite sa rage : il les soulève d'une main tremblante, les approche de sa bouche comme pour les couvrir de baisers, puis les déchire avec fureur. Déjà ses bras se levoient sur le berceau, lorsqu'il les laisse tout à coup retomber à ses côtés; sa tête se penche sur sa poitrine, son front se couvre d'un nuage sombre; le Sauvage paroît travaillé par la conception douloureuse d'un crime.

C'en est fait! les destinées de Céluta, les destinées du frère d'Amélie, les destinées des François sont fixées! Ondouré pousse un profond soupir, et souriant comme Satan à ses perversités : « Je te « remercie, dit-il, ô Athaënsic! tu m'as bien inspiré! « Génie de cette cabane, je te remercie! tu m'as « conduit ici pour me découvrir les moyens d'ac- « complir mes vengeances, d'atteindre à la fois le « but de mes desseins divers. Oui, vous périrez, « ennemis d'Ondouré! et toi, Céluta!... » Il ne se révèle à lui-même toute l'horreur et toute l'étendue de son projet que par un cri qu'il pousse en sortant de la cabane; ce cri fut entendu des François et des Natchez; les premiers en frissonnèrent; les seconds prévirent la ruine de leur patrie.

Lorsque René revint de ses courses, il fut frappé du désordre de sa cabane, sans en pouvoir pénétrer la cause : nourrie dans la religion des Indiens, Céluta tira de ce désordre un présage funeste. Elle n'avoit point rapporté le bonheur de son pèlerinage au désert : René étoit pour elle inexplicable; elle avoit cependant aperçu quelque chose de mystérieux au fond du cœur de l'homme auquel elle étoit unie; mais cet homme ne lui avoit point révélé ses secrets; il ne les avoit racontés à personne. Après son retour à sa cabane, René sembla devenir plus sombre et moins affectueux : la timide Céluta n'osoit l'interroger; elle ne tarda pas à prendre pour de la lassitude ou de l'inconstance ce qui n'étoit que l'effet du malheur et d'un caractère impénétrable. Le hasard vint donner quelque apparence de réalité aux premiers soupçons de la sœur d'Outougamiz.

René traversoit un jour une cyprière, lorsqu'il entendit des cris dans un endroit écarté : il court à ces cris. Il aperçoit entre les arbres une Indienne se débattant contre un Européen. A l'apparition d'un témoin, le ravisseur s'enfuit. Le frère d'Amélie avoit reconnu Fébriano et Mila. « Ah! s'écria l'ado-
« lescente en se jetant dans ses bras, si tu avois
« voulu m'épouser, tu n'aurois pas été obligé de ve-
« nir à mon secours. Que je te remercie, pourtant!
« J'ai eu si grand'peur lorsque l'homme noir m'a
« surprise, que j'ai fermé les yeux de toutes mes
« forces, dans la crainte de le voir. » René sourit; il rassura la jeune Sauvage, et lui promit de la reconduire chez son père. Il l'aida d'abord à laver son visage meurtri. Mila lui dit alors : « Que ta main est
« douce! c'est tout comme celle de ma mère! Les
« méchants! ils racontent tant de mal de toi, et tu
« es si bon! » Quand il se fallut quitter, Mila trouva que le chemin étoit si court! Elle fondit en larmes, et s'échappa en disant : « Je ne suis qu'une linotte
« bleue, je ne sais point chanter pour le chasseur
« blanc. » Le frère d'Amélie reprit le chemin de sa cabane, et ne songea plus à cette aventure.

Elle fut bientôt connue d'Ondouré; elle lui fournit l'occasion d'ajouter une calomnie de plus à toutes celles qu'il inventoit pour assouvir sa haine; il se félicita de pouvoir faire partager à Céluta ces tourments de jalousie qu'il avoit connus par elle. La rencontre de René et de Mila fut représentée à la chaste sœur d'Outougamiz comme l'infidélité de l'homme qu'elle aimoit. Céluta pleura et cacha ses larmes.

Cependant Céluta étoit mère; l'épouse féconde n'assuroit-elle pas les droits de l'amante? Lorsque René eut la certitude que sa femme portoit un enfant dans son sein, il s'approcha d'elle avec un saint respect; il la pressa doucement de peur de la blesser : « Femme, lui dit-il, le ciel a béni tes entrailles! »

Céluta répondit : « Je n'ai pas osé faire des vœux « avant vous pour l'enfant que le Grand-Esprit m'a « donné. Je ne suis que votre servante : mon devoir « est de nourrir votre fils ou votre fille, je tâcherai « d'y être fidèle. »

Le front du frère d'Amélie s'obscurcit. « Nourrir « mon fils ou ma fille! dit-il avec un sourire amer : « sera-t-il plus heureux que moi? Sera-t-elle plus « heureuse que ma sœur? Qui auroit dit que j'eusse « donné la vie à un homme? » Il sortit, laissant Céluta dans une inexprimable douleur.

Ondouré poursuivoit ses projets : malgré l'autorité d'Adario et de Chactas, il avoit rétabli dans toute leur puissance les Allouez, gardes dévoués au despotisme des anciens Soleils; il avoit dépêché des messagers, avec des ordres secrets, pour toutes les nations indiennes. Plus que jamais il trompoit le commandant du fort Rosalie à l'aide de fausses confidences : il lui faisoit dire par Fébriano que, sans l'opposition d'Adario, de Chactas et de René, il seroit entièrement maître du conseil des Natchez ; que ces trois ennemis du nom françois l'empêchoient de tenir sa promesse. Ondouré invitoit Chépar à les enlever quand il lui en donneroit le signal. Par cette politique, il avoit le double dessein de livrer ses adversaires aux étrangers, et de soulever les Natchez contre ces mêmes étrangers, lorsque ceux-ci se seroient portés à quelque violence contre deux Sachems idoles de la patrie.

Il falloit néanmoins ne rien précipiter; il falloit que toutes les forces des Indiens fussent secrètement rassemblées, afin de frapper sûrement le dernier coup. Il étoit en même temps aussi difficile de modérer ces éléments de discorde que de les faire agir de concert. Les trêves, sans cesse renouvelées, suspendoient à peine des hostilités toujours prêtes à renaître : les François et les Natchez s'exerçoient aux armes, en cultivant ensemble les champs où ils se devoient exterminer.

Plusieurs mois étoient nécessaires à Ondouré pour l'exécution de son vaste plan. Chépar, de son côté, n'avoit point encore reçu tous les secours qu'il attendoit. Une paix forcée par la position des chefs régnoit donc dans la colonie; les Indiens, en attendant l'avenir, s'occupoient de leurs travaux et de leurs fêtes.

Mila, ayant des liens de famille avec Céluta, vint remercier celui qu'elle appeloit son libérateur. Elle lui apporta une gerbe de maïs qui ressembloit à une quenouille chargée d'une laine dorée : « Voilà, lui dit-elle, tout ce que je te puis don- « ner, car je ne suis pas riche. » René accepta l'offrande.

Céluta sentit ses yeux se remplir de larmes, mais elle reçut sa jeune parente avec son inaltérable douceur; elle caressa même avec bonté l'aimable enfant, qui lui demanda si elle assisteroit à la moisson de la folle-avoine[1]. Céluta lui dit qu'elle s'y trouveroit. Mila sortit pleine de joie, en voyant René tenir encore dans sa main la gerbe de maïs.

Depuis le jour où le capitaine d'Artaguette avoit ramené aux Natchez les infortunés amis, il étoit allé à la Nouvelle-Orléans voir son frère, le général Diron d'Artaguette, et le jeune conseiller Harlay, qui devoit épouser Adélaïde, fille du gouverneur de la Louisiane. Il revint au fort Rosalie la veille de la moisson annoncée par Mila. Il avoit appris le mariage du frère d'Amélie avec Céluta : la reconnoissance que le capitaine devoit à cette belle Sauvage, le tendre penchant qui l'entraînoit vers elle, l'estime qu'il sentoit pour René, le conduisirent à la cabane des nouveaux époux. Il trouva la famille réunie prête à partir pour la moisson : Chactas, Adario, Céluta, René, Outougamiz, rétabli dans

---

[1] Sorte de riz qui croit dans les rivières.

toute sa force, Outougamiz qui avoit oublié ce qu'il avoit fait, et qui fuyoit lorsque René racontoit les prodiges de sa délivrance.

D'Artaguette fut reçu avec la plus touchante hospitalité par Céluta qui l'appeloit son frère. Outougamiz lui dit : « Céluta t'a sauvé, tu as sauvé mon « ami : je t'aime, et si nos nations combattent encore, « ma hache se détournera de toi. » René proposa au capitaine d'assister à la fête de la moisson : « Très « volontiers, » répondit d'Artaguette. Ses regards ne se pouvoient détacher de Céluta, dont une secrète langueur augmentoit la beauté.

On s'embarque dans des canots, sur la rivière qui couloit au bas de la colline où la cabane de René étoit bâtie. On remonte le courant pour arriver au lieu de la moisson. Les chênes-saules dont la rivière étoit bordée y répandoient l'ombre; les pirogues s'ouvroient un chemin à travers les plantes qui couvroient de feuilles et de fleurs la surface de l'eau. Par intervalles, l'œil pénétroit la profondeur des flots roulant sur des sables d'or, ou sur des lits veloutés d'une mousse verdoyante. Des martins-pêcheurs se reposoient sur des branches pendantes au-dessus de l'onde, ou fuyoient devant les canots, en rasant le bord de la rivière.

On arrive au lieu désigné : c'étoit une baie où la folle-avoine croissoit en abondance. Ce blé, que la Providence a semé en Amérique pour le besoin des Sauvages, prend racine dans les eaux ; son grain est de la nature du riz ; il donne une nourriture douce et bienfaisante.

A la vue du champ merveilleux, les Natchez poussèrent des cris, et les rameurs, redoublant d'efforts, lancèrent leurs pirogues au milieu des moissons flottantes. Des milliers d'oiseaux s'enlevèrent, et, après avoir joui des bienfaits de la nature, cédèrent leur place aux hommes.

En un instant les nacelles furent cachées dans la hauteur et l'épaisseur des épis. Les voix qui sortoient du labyrinthe mobile ajoutoient à la magie de la scène. Des cordes de bouleau furent distribuées aux moissonneurs; avec ces cordes ils saisissoient les tiges de la folle-avoine, qu'ils lioient en gerbe; puis, inclinant cette gerbe sur le bord de la pirogue, ils la frappoient avec un fléau léger; le grain mûr tomboit dans le fond du canot. Le bruit des fléaux qui battoient les gerbes, le murmure de l'eau, les rires et les joyeux propos des Sauvages, animoient cette scène, moitié marine, moitié rustique.

Le champ étoit moissonné : la lune se leva pour éclairer le retour de la flotte; sa lumière descendoit sur la rivière, entre les saules à peine frémissants. De jeunes Indiens et de jeunes Indiennes suivoient les canots à la nage, comme des Sirènes ou des Tritons; l'air s'embaumoit de l'odeur de la moisson nouvelle mêlée aux émanations des arbres et des fleurs. La pirogue du Grand-Chef étoit à la tête de la flotte, et un prêtre, debout à la poupe de cette pirogue, redisoit le chant consacré à l'astre des voyageurs :

« Salut, épouse du Soleil! tu n'as pas toujours été

« heureuse ! Lorsque, contrainte par Athaënsic de
« quitter le lit nuptial, tu sors des portes du matin,
« tes bras arrondis, étendus vers l'orient, appellent
« inutilement ton époux.

« Ce sont encore ces beaux bras que tu entr'ouvres
« lorsque tu te retournes vers l'occident, et que la
« cruelle Athaënsic force à son tour le Soleil à fuir
« devant toi.

« Depuis ton hymen infortuné, la mélancolie est
« devenue ta compagne ; elle ne te quitte jamais,
« soit que tu te plaises à errer à travers les nuages,
« soit qu'immobile dans le ciel, tu tiennes tes yeux
« fixés sur les bois, soit que, penchée au bord des
« ondes du Meschacebé, tu t'abandonnes à la rêve-
« rie, soit que tes pas s'égarent avec les fantômes le
« long des pâles bruyères.

« Mais, ô Lune ! que tu es belle dans ta tristesse !
« L'Ourse étoilée s'éclipse devant tes charmes, tes
« regards veloutent l'azur du ciel ; ils rendent les
« nues diaphanes ; ils font briller les fleuves comme
« des serpents ; ils argentent la cime des arbres ; ils
« couvrent de blancheur le sommet des montagnes ;
« ils changent en une mer de lait les vapeurs de la
« vallée.

« C'est ta lumière, ô Lune ! qui donne de grandes
« pensées aux Sachems ; c'est ta lumière qui remplit
« le cœur d'un amant du souvenir de sa maîtresse ;
« à ta clarté, la mère veille au berceau de son fils ;
« à ta clarté, les guerriers marchent aux ennemis de
« la patrie ; à ta clarté, les chasseurs tendent des
« piéges aux hôtes des forêts ; et maintenant à ta

« clarté, chargés des dons du Grand-Esprit, nous
« allons revoir nos heureuses cabanes. »

Ainsi chantoit le prêtre : à chaque strophe, la conque mêloit ses sons au chœur général des Natchez ; un recueillement religieux avoit saisi Céluta, René, d'Artaguette, Outougamiz, Adario et le vieux Chactas : le pressentiment d'un avenir malheureux s'étoit emparé de leur cœur. La tristesse est au fond des joies de l'homme : la nature attache une douleur à tous ses plaisirs, et quand elle ne nous peut refuser le bonheur, par un dernier artifice, elle y mêle la crainte de le perdre. Une voix vint arracher les amis à leurs graves réflexions ; cette voix sembloit sortir de l'eau ; elle disoit : « Mon libérateur, me « voici. » René, d'Artaguette, Outougamiz, Chactas, Adario, Céluta, regardent dans le fleuve, et ils aperçoivent Mila qui nageoit auprès du canot. Enveloppée d'un voile, elle ne montroit au-dessus de l'eau que ses épaules demi-nues et sa tête humide ; quelques épis de folle-avoine, capricieusement tressés, ornoient son front. Sa figure riante brilloit à la clarté de la lune, au milieu de l'ébène de ses cheveux ; des filets d'argent couloient le long de ses joues : on eût pris la petite Indienne pour une naïade qui avoit dérobé la couronne de Cérès.

« Outougamiz, disoit-elle, viens donc te baigner
« avec moi ; pour le guerrier blanc, ton frère, j'en
« aurois peur. »

Outougamiz saute par-dessus le bord de la pirogue. Mila se mit à nager de concert avec lui. Tantôt elle se balançoit lentement le visage tourné vers le ciel; vous eussiez cru qu'elle dormoit sur les vagues; tantôt, frappant de son pied l'onde élastique, elle glissoit rapidement dans le fleuve. Quelquefois, s'élevant à demi, elle avoit l'air de se tenir debout; quelquefois ses bras écartoient l'onde avec grâce: dans cette position elle tournoit un peu la tête, et l'extrémité de ses pieds se montroit à la surface des flots. Son sein, légèrement enflé à l'œil, sous le voile liquide, paroissoit enfermé dans un globe de cristal; elle traçoit, par ses mouvements, une multitude de cercles qui, se poussant les uns les autres, s'étendoient au loin : Mila s'ébattoit au milieu de ces ondulations brillantes, comme un cygne qui baigne son cou et ses ailes.

La langueur des attitudes de Mila auroit pu faire croire qu'elle cherchoit des voluptés cachées dans ces ondes mystérieuses, mais le calme de sa voix et la simplicité de ses paroles ne déceloient que la plus tranquille innocence. Il en étoit ainsi des caprices de l'élégante Indienne avec Outougamiz : elle passoit à son cou un bras humide; elle approchoit son visage si près du sien, qu'elle lui faisoit sentir à la fois la fraîcheur de ses joues et la chaleur de ses lèvres. Liant ses pieds aux pieds de son compagnon de bain, elle n'étoit séparée de lui que par l'onde, dont la molle résistance rendoit encore ses entrelacements plus doux : « N'étoit-ce pas ainsi, disoit-« elle, que tu étois couché avec René sur le lit de « roseaux, au fond du marais ?» Il ne falloit chercher dans ces jeux que ceux d'un enfant plein de charme; et si quelque chose d'inconnu se mêloit aux pensées de Mila, ce n'étoit point à Outougamiz que s'adressoient ces pensées.

Tant de grâces n'avoient point échappé à la fille de Tabamica; moins René y avoit paru sensible, plus elle craignit une délicatesse affectée. Rentrée dans sa demeure, elle se trouva mal : bien que son sein maternel n'eût encore compté que sept fois le retour de l'astre témoin des plaisirs de Mila, Céluta sentit que l'enfant de René se hâteroit d'arriver à la triste lumière des cieux, afin de partager les destinées de son père.

Le frère d'Amélie avoit passé la nuit dans les bois : au lever du soleil il ne retrouva Céluta, ni dans la cabane, ni à la fontaine, ni au champ des fleurs. Il apprit bientôt que, pressée pendant la nuit par les douleurs, son épouse s'étoit retirée à la hutte que lui avoient bâtie les matrones, selon l'usage, et qu'elle resteroit dans cette hutte un nombre de jours plus ou moins long, selon le sexe de l'enfant.

Céluta pensa perdre la vie en la donnant à une fille que l'on porta à son père, et qu'en versant des pleurs il nomma Amélie. Cette seconde Amélie paroissoit au moment d'expirer : René se vit obligé de verser l'eau du baptême sur la tête de l'enfant en péril; l'enfant poussa un cri. Le baptême parmi les Sauvages étoit regardé comme un maléfice : Ondouré accusa le guerrier blanc d'avoir voulu faire mourir sa fille, par dégoût pour Céluta, et par amour pour une autre femme. Ainsi s'accomplissoit le sort de René : tout lui devenoit fatal, même le bonheur.

L'enfant vécut, et les jours de retraite expirèrent : Céluta revint à son toit où l'attendoient ses parents. Les vêtements de la jeune mère étoient nouveaux : elle ne devoit rien porter de ce qui lui avoit servi autrefois : son enfant étoit suspendu à sa mamelle. Lorsqu'elle mit le pied sur le seuil de sa cabane, ses yeux, jusqu'alors baissés avec modestie, se levèrent sur René qui lui tendoit les bras pour recevoir son enfant : tout ce que la passion d'une amante, tout ce que la dignité d'une épouse, tout ce que la tendresse d'une mère, tout ce que la soumission d'une esclave, tout ce que la douleur d'une femme, peuvent jamais réunir de plus touchant, fut exprimé par le regard de Céluta. « Je ne vous ai « donné qu'une fille, dit-elle ; pardonnez à la stérilité « de mon sein : je ne suis pas heureuse. »

René prit son enfant, l'éleva vers le ciel, et le remit dans les bras de sa mère. Tous les parents bénirent la fille de Céluta : Outougamiz lui suspendit un moment au cou le Manitou d'or, et sembla la consacrer ainsi au malheur.

Chez les Sauvages ce sont les parents maternels qui imposent les noms aux nouveau-nés. Selon la religion de ces peuples, le père donne l'âme à l'enfant, la mère ne lui donne que le corps : on suppose d'après cela que la famille de la femme connoît seule le nom que le corps doit porter. René s'obstinant à appeler sa fille Amélie, blessa de plus en plus les mœurs des Indiens.

Depuis qu'il étoit père, sa tristesse étoit singulièrement augmentée. Il passoit des jours entiers au fond des forêts. Quand il revenoit chez lui, il prenoit sa fille sur ses genoux, la regardoit avec un mélange de tendresse et de désespoir, et tout à coup la remettoit dans son berceau comme si elle lui faisoit horreur. Céluta détournoit la tête, et cachoit ses larmes, attribuant le mouvement de René à un sentiment de haine pour elle.

Si René rentrant au milieu de la nuit adressoit des mots de bonté à Céluta, c'étoit avec peine qu'elle parvenoit à dissimuler l'altération de sa voix ; si René s'approchoit de son épouse pendant le jour, elle lui laissoit adroitement sa fille dans les bras et s'éloignoit de lui ; si René montroit quelque inquiétude de la santé chancelante de la sœur d'Outougamiz, celle-ci en attribuoit le dérangement à la naissance d'Amélie. Elle disoit alors des choses si touchantes en s'efforçant de prendre un air serein, que son trouble paroissoit davantage à travers ce calme de la vertu résignée.

Mila se retrouvoit partout sur les pas du frère d'Amélie ; elle venoit souvent à la cabane où Céluta l'accueilloit toujours avec douceur.

« Si tu étois ma mère, disoit Mila à l'épouse
« affligée, je serois toujours avec toi ; j'entendrois le
« guerrier blanc te parler de l'amitié de ton frère,
« et te raconter des histoires de son pays. Nous pré-
« parerions ensemble la couche du guerrier blanc ;
« et puis, quand il dormiroit, je rafraîchirois son
« sommeil avec un éventail de plumes. »

Mila terminoit ordinairement ses discours en se jetant dans les bras de Céluta : c'étoit chercher la tranquillité au sein de l'orage, la fraîcheur au milieu des feux du midi. La jeune Indienne obtenoit un regard de pitié des yeux dont elle faisoit couler les larmes ; elle sollicitoit l'amitié d'un cœur qu'elle venoit de poignarder.

La mère de Mila, impatiente de ces courses, avoit menacé sa fille de lui jeter de l'eau au visage, châtiment qu'infligent à leurs enfants les matrones indiennes. Mila avoit répondu qu'elle mettroit le feu à la cabane de sa mère ; les parents avoient ri, et Mila avoit continué de chercher René.

Un soir celui-ci étoit assis au bord d'un de ces lacs que l'on trouve partout dans les forêts du Nouveau-Monde. Quelques baumiers isolés bordoient le rivage ; le pélican, le cou reployé, le bec reposant comme une faux sur sa poitrine, se tenoit immobile à la pointe d'un rocher ; les dindes sauvages élevoient leur voix rauque du haut des magnolias ; les flots du lac, unis comme un miroir, répétoient les feux du soleil couchant.

Mila survint. « Me voici ! dit-elle ; je suis tout « étonnée, je t'assure ; j'avois peur d'être grondée. »

— « Et pourquoi vous gronder ? » dit René.

« Je ne sais, » répondit Mila en s'asseyant et s'appuyant sur les genoux du guerrier blanc.

« N'auriez-vous point quelque secret ? » répliqua René.

« Grand-Esprit ! s'écria Mila, est-ce que j'au« rois un secret ? J'ai beau penser, je ne me sou« viens de rien. »

Mila posa ses deux petites mains sur le genou

de René, inclina la tête sur ses mains, et se mit à rêver en regardant le lac. René souffroit de cette attitude, mais il n'avoit pas le courage de repousser cette enfant. Il s'aperçut, au bout de quelque temps, que Mila s'étoit endormie.

Age de candeur, qui ne connois aucun péril! âge de confiance, que tu passes vite! « Quel bonheur « pour toi, Mila! murmura sourdement René, si tu « dormois ici ton dernier sommeil! »

— « Que dis-tu? s'écria Mila tirée de son assou- « pissement. Pourquoi m'as-tu réveillée? Je faisois « un si beau rêve! »

— « Vous feriez mieux, dit René, de me chanter « une chanson, plutôt que de dormir ainsi comme « un enfant. »

— « C'est bien vrai, dit Mila; attends, que je « me réveille. » Et elle frotta ses yeux humides de sommeil et de larmes.

« Je me souviens, reprit-elle, d'une chanson de « Céluta. O Céluta! comme elle est heureuse! comme « elle mérite de l'être! C'est ta femme, n'est-ce pas? »

Mila se prit à chanter; elle avoit dans la voix une douceur mêlée d'innocence et de volupté. Elle ne put chanter long-temps; elle brouilla tous ses souvenirs, et pleura de dépit de ne pouvoir redire la chanson de Céluta.

La mère de Mila, qui la suivoit, la trouva assise aux genoux de René; elle la frappa avec une touffe de lilas qu'elle tenoit à la main, et Mila s'échappa en jetant des feuilles à sa mère. L'imprudente colère de la matrone révéla la course de sa fille; le bruit s'en répandit de toutes parts. Mila elle-même s'empressa de dire à Céluta qu'elle avoit dormi sur les genoux du guerrier blanc au bord du lac. Céluta n'avoit pas besoin de ce qu'elle prenoit pour une nouvelle preuve du malheur qui l'avoit frappée.

Le frère d'Amélie connoissoit trop les passions pour ne pas apercevoir ce qui naissoit au fond du cœur de Mila; il devint plus sévère avec elle : cette rigueur effraya la gentille Sauvage. Ses sentiments repoussés se replièrent sur tout ce qui aimoit René, sur Céluta, sur Outougamiz qui avoit délivré le guerrier blanc avec tant de courage, et qui avoit si bien nagé dans le fleuve. Mila rencontroit souvent Outougamiz dans les cabanes : la naïveté héroïque du jeune homme plaisoit à la naïveté malicieuse de la jeune fille.

« Tu as sauvé ton ami du cadre de feu, disoit « un jour Mila à Outougamiz. C'est bien beau ! j'au-« rois voulu être là. » — « Tu m'aurois beaucoup « gêné, répondit le frère de Céluta, parce que tu « aurois eu faim; et que t'aurois-je donné à manger? »

— « C'est vrai, répliqua l'Indienne; mais si j'avois « été avec toi, j'aurois pris la tête de ton ami dans « mes deux mains, j'aurois réchauffé ses yeux avec « mes lèvres; et pour voir si son cœur battoit en-« core, j'aurois mis ma main sur son cœur. » Et Mila portoit la main au cœur d'Outougamiz.

« Ne fais pas cela, dit le Sauvage. Est-ce que tu « serois devenue amoureuse ? » — « Non, certaine-« ment, s'écria l'Indienne étonnée; mais je le de-« manderai à Céluta. »

L'âme de la jeunesse, en prenant son essor, essaie de tous les sentiments, goûte, comme l'enfant, à toutes les coupes, douces ou amères, et n'apprend à s'y connoître que par l'expérience. Attirée d'abord par René, Mila trouva bientôt en lui quelque chose de trop loin d'elle. Le cœur d'Outougamiz étoit le cœur qui convenoit à celui de Mila; leur sympathie une fois déclarée, promettoit d'être durable, et cette sympathie alloit naître.

Hélas! ces simples et gracieuses amours qui auroient dû couler sous un ciel tranquille, se formoient au moment des orages! Malheureux, ô vous qui commencez à vivre quand les révolutions éclatent! Amour, amitié, repos, ces biens qui composent le bonheur des autres hommes, vous manqueront; vous n'aurez le temps ni d'aimer ni d'être aimés. Dans l'âge où tout est illusion, l'affreuse vérité vous poursuivra; dans l'âge où tout est espérance, vous n'en nourrirez aucune : il vous faudra briser d'avance les liens de la vie, de peur de multiplier des nœuds qui sitôt doivent se rompre!

René, vivant en lui-même, et comme hors du monde qui l'environnoit, voyoit à peine ce qui se passoit autour de lui; il ne faisoit rien pour détruire des calomnies qu'il ignoroit, ou qu'il auroit méprisées s'il les eût connues; calomnies qui n'en alloient pas moins accumuler sur sa tête des malheurs publics et des chagrins domestiques. Se renfermant au sein de ses douleurs et de ses rêveries, dans cette espèce de solitude morale, il devenoit de plus en plus farouche et sauvage : impatient de tout joug, importuné de tout devoir, les soins qu'on lui rendoit lui pesoient : on le fatiguoit en l'aimant. Il ne se plaisoit qu'à errer à l'aventure; il ne disoit jamais ce qu'il devenoit, où il alloit; lui-même ne le savoit pas. Étoit-il agité de remords ou de passions, cachoit-il des vices ou des vertus? c'est ce qu'on ne pouvoit dire. Il étoit possible de tout croire de lui, hors la vérité.

Assise à la porte de sa cabane, Céluta attendoit son mari des journées entières. Elle ne l'accusoit point, elle n'accusoit qu'elle-même : elle se reprochoit de n'avoir ni assez de beauté ni assez de tendresse. Dans la générosité de son amour, elle alloit jusqu'à croire qu'elle pourroit devenir l'amie de toute autre femme, maîtresse du cœur de René; mais quand elle portoit son enfant à son sein, elle ne pouvoit s'empêcher de le baigner de larmes. Lorsque le frère d'Amélie revenoit, Céluta apprêtoit le repas; elle ne prononçoit que des paroles de douceur; elle ne craignoit que de se rendre importune; elle ébauchoit un sourire qui expiroit à ses lèvres; et lorsque, jetant des regards furtifs sur René, elle le voyoit pâle et agité, elle auroit donné toute sa vie pour lui rendre un moment de repos.

Chactas essayoit quelquefois d'apaiser par sa tranquille raison les troubles de l'âme du frère d'Amélie; mais il ne lui pouvoit arracher son secret. « Qu'as-tu? lui disoit-il. Tu voulois la solitude; ne « te suffit-elle plus? Avois-tu pensé que ton cœur « étoit inépuisable? Les sources coulent-elles tou- « jours? »

— « Mais qui empêche, répondoit René, quand
« on s'aperçoit de la fuite du bonheur, de clore la
« vie ? Pourquoi des amis inséparables n'arrivent-ils
« pas ensemble dans le monde où les félicités ne
« passent plus ? »

— « Je n'attache pas plus de prix que toi à la vie,
« répliquoit le Sachem expérimenté : vous mourez,
« et vous êtes oublié; vous vivez, et votre existence
« n'occupe pas plus de place que votre mémoire.
« Qu'importent nos joies ou nos douleurs dans la
« nature? Mais pourquoi t'occuper toi-même de ce
« qui dure si peu? Tu as déjà rempli parmi nous
« les devoirs d'un homme envers ta patrie adoptive :
« il t'en reste d'autres à accomplir. Peut-être n'at-
« tendras-tu pas long-temps ce que tu désires. »

Les paroles de la vieillesse sont des oracles : tout, en effet, commençoit à précipiter la catastrophe aux Natchez. Les messagers d'Ondouré étoient revenus avec des paroles favorables de la part des nations indiennes. Le commandant françois, qui avoit reçu de nouveaux soldats, n'avoit pas besoin d'être excité secrètement, comme il l'étoit par Fébriano, pour exercer des violences contre René, Chactas et Adario. Chépar pressoit Ondouré de tenir ses promesses relativement au partage des terres; Ondouré répondoit qu'il les mettroit à exécution aussitôt qu'on l'auroit débarrassé de ses adversaires.

Les calomnies répandues par Ondouré, à l'aide du jongleur, avoient produit tout leur effet contre le frère d'Amélie : pour les Natchez, l'impie René étoit le complice secret des mauvais desseins des François; pour les François, le traître René étoit l'ennemi de son ancienne patrie.

La famille de Chactas, au milieu de laquelle Mila passoit maintenant ses jours, prenoit un matin son repas accoutumé dans la cabane de Céluta, lorsqu'elle vit entrer le grenadier Jacques: il étoit chargé d'un billet du capitaine d'Artaguette, adressé au fils adoptif de Chactas, ou, dans son absence, au vénérable Sachem lui-même. Ce billet informoit René de l'ordre qui venoit d'être donné de l'arrêter avec Adario. « Vous n'avez pas un moment à perdre pour « vous dérober à vos ennemis, mandoit le capitaine « au frère d'Amélie. Vous êtes dénoncé comme ayant « porté les armes contre la France; un conseil de « guerre est déjà nommé afin de vous juger. Ada-« rio, qu'on retiendra prisonnier tant que les terres « ne seront pas concédées, répondra de la conduite « des Natchez. On n'ose encore toucher à la tête de « Chactas. »

A cette lecture, Céluta fut saisie d'un tremblement; pour la première fois elle bénit l'absence de René; depuis deux jours il n'avoit point paru. Céluta, Mila et Outougamiz convinrent de courir dans les bois, de chercher le frère d'Amélie, et de le tenir éloigné des cabanes; Chactas, avec le reste de la famille, se hâta de se rendre chez Adario.

Instruit du sort qu'on lui prépare, Adario refuse de fuir : il déploie une natte, s'assied à terre. Fatigué des cris qu'il entend : « Indigne famille! dit-il « d'une voix terrible, que me conseillez-vous? Moi!

« me cacher devant des brigands ! donner un tel
« exemple à la jeunesse ! Chactas, j'attendois d'au-
« tres sentiments d'un des pères de la patrie. »

— « De quelle utilité peut être à la patrie votre
« captivité ou votre mort ? répondit Chactas ; en
« vous retirant, au contraire, dès demain peut-être,
« nous pourrons nous défendre contre les oppres-
« seurs de notre liberté ; mais aujourd'hui le temps
« nous manque ; je ne sais quelle main perfide a
« écarté la plupart des jeunes guerriers. »

— « Non, dit Adario, je ne me retirerai point ; je
« vous laisse le soin de me venger. »

Adario se lève et prend ses armes : sa famille
n'ose s'opposer à son dessein. Le Sachem se rassied :
un profond silence règne autour de lui.

On entend au dehors les pas d'une troupe de
concessionnaires conduits par Fébriano. A la gauche du Sachem étoit son fils, derrière lui sa vieille
épouse, et sa jeune fille, mère d'un enfant qu'elle
tenoit dans ses bras ; devant lui Chactas appuyé sur
un bâton blanc.

Fébriano entre, déploie un ordre, et commande
à Adario de le suivre.

« Oui, je te vais suivre, répond le Sachem ; je vois
« que tu m'as reconnu ; je t'ai fait assez peur le jour
« de la bataille pour que tu te souviennes de moi. »

Adario s'élance de sa natte, et appuie le bout
d'un javelot sur la poitrine de Fébriano. Chactas,
dont les regards ne dirigent plus les mains tremblantes, cherche en vain, dans la nuit qui l'environne, à détourner les coups et à faire entendre des

paroles pacifiques. Le renégat recule, et sa troupe avance. Des cris s'échappent de la multitude remplissant les lieux d'alentour. Les femmes éplorées se suspendent aux fusils des concessionnaires. Une voix s'élève, la bande armée tire : le fils d'Adario tombe mort à ses côtés. Le Sachem se défend quelque temps derrière le corps de son fils ; Chactas, renversé, est foulé aux pieds. Une épaisse fumée monte dans les airs; la cabane est en flammes; tout fuit. Lié des mains de Fébriano, Adario est conduit avec sa femme, sa fille et son petit-fils au fort Rosalie. D'autres sicaires du complice d'Ondouré, envoyés à la demeure de René, n'avoient trouvé que le silence et la solitude.

Les habitants de la colonie accoururent en foule sur le passage des prisonniers. Ceux-ci auroient inspiré une pitié profonde, s'il ne suffisoit pas d'être malheureux parmi les hommes pour en être haï et persécuté. D'Artaguette, qui avoit refusé de conduire des soldats aux Natchez, subissoit lui-même une captivité militaire, et ne pouvoit plus être d'aucun secours à la famille enchaînée.

Le conseil de Chépar s'étant assemblé, Fébriano déclara qu'Adario s'étoit armé, qu'il avoit méprisé les ordres du roi, et qu'on avoit été obligé de l'enlever de vive force. Deux avis furent ouverts : le premier, de transporter le rebelle aux îles; le second, de le vendre, avec sa famille, au fort Rosalie. Ce dernier avis l'emporta. Le commandant choisit le parti le plus violent comme le plus capable de frapper les Natchez d'une épouvante salutaire : l'imprudence et la dureté paroissent souvent aux esprits étroits de l'habileté et du courage. Il fut donc résolu qu'Adario, sa femme et ses enfants, seroient, à l'instant même, publiquement vendus, et employés aux travaux de la colonie.

Ondouré passa secrètement quelques heures au fort Rosalie : Fébriano l'informa du jugement rendu par le conseil ; le Sauvage s'en réjouit, ainsi que du meurtre du fils d'Adario et de l'incendie de la cabane. Il regrettoit seulement de n'avoir pu abattre du premier coup sa principale victime, mais il s'en consoloit dans la pensée que René n'avoit échappé à son sort que pour peu de temps.

L'Indien espéroit trouver la rage des Natchez à son comble, et les esprits disposés à tout entreprendre : il ne se trompoit pas. Revenu du fort Rosalie, il se rendit au lieu où Chactas, après l'enlèvement d'Adario, avoit rassemblé les tribus : c'étoit au bord du lac des bois, dans l'endroit où Mila s'étoit endormie sur les genoux de René.

Le chef parut avec un front triste au milieu de l'assemblée. Tous les yeux se tournèrent vers lui. Les jeunes guerriers, à peine de retour d'une longue chasse, s'écrièrent : « Tuteur du Soleil, que nous « conseillez-vous ? »

— « Mon opinion, répondit modestement le rusé « Sauvage, est celle des Sachems. »

Les Sachems louèrent cette modération, excepté Chactas qui découvrit l'hypocrite.

« Que la Femme-Chef s'explique, » dit-on de toutes parts.

— « O malheureux Natchez ! dit Akansie sub-
« juguée et criminelle, on conspire ! » et elle se
tut.

« Il la faut forcer de parler ! » fut le cri de la
foule. Alors Ondouré :

« Remarquez, ô guerriers ! que le fils adoptif de
« Chactas, que l'on représentoit comme une des vic-
« times désignées par Chépar, a pourtant été sous-
« trait à la trahison de nos ennemis, tandis qu'Adario
« est dans les fers. Sachems et guerriers, avez-vous
« quelque confiance en moi ? »

— « Oui, oui ! » répétèrent mille voix. Celle de
Chactas, dans ce moment de passion, ne fut point
écoutée.

« Voulez-vous faire, reprit Ondouré, ce que j'or-
« donnerai pour votre salut ? »

— « Parlez, nous vous obéirons, » s'écria de nouveau l'assemblée.

« Eh bien ! dit Ondouré, rentrez dans vos ca-
« banes ; ne montrez aucun ressentiment ; ayez l'air
« soumis ; supportez de nouvelles injustices, et je
« vous promets... Mais il n'est pas temps de parler.
« Je découvrirai au grand-prêtre ce qu'Athaënsic
« m'a inspiré. Oui, Natchez, Athaënsic m'est appa-
« rue dans la vallée ! ses yeux étoient deux flammes ;
« ses cheveux flottoient dans les airs comme les
« rayons du soleil à travers les nuages de la tem-
« pête ; tout son corps étoit quelque chose d'im-
« mense et d'indéfinissable : on ne pouvoit la voir
« sans ressentir les terreurs de la mort. « Délivre la
« patrie, m'a-t-elle dit ; concerte toute chose avec le

« serviteur de mes autels...................»
« Alors l'esprit m'a révélé ce que je devois d'abord
« apprendre au seul jongleur : ce sont des mystères
« redoutables. »

L'assemblée frémit. Le grand-prêtre s'écria :
« N'en doutons point,. Athaënsic a remis sa puis-
« sance à Ondouré. Guerriers, le tuteur du Soleil
« vous commande, par ma voix, de vous séparer.
« Retirez-vous et reposez-vous sur le ciel du soin
« de votre vengeance. »

A ces mots les Sauvages se dispersèrent, pleins
d'une horreur religieuse qu'augmentoient l'ombre
et le calme des forêts.

Ondouré ne désiroit point armer, dans ce moment, les Natchez contre les François; ils n'étoient
pas assez forts pour triompher, et tout se seroit
réduit à une action aussi peu décisive que la première. Ce n'étoit pas d'ailleurs un combat ouvert
et loyal que vouloit le Sauvage; il prétendoit porter un coup plus sûr mais plus ténébreux. Or, tout
n'étoit pas préparé, et le jour où le complot pouvoit éclater avec succès étoit encore loin.

L'amant dédaigné de Céluta avoit fait de l'absence de son rival un nouveau moyen de calomnie :
non content de perdre René dans l'opinion des
Natchez, il le faisoit chercher de toutes parts pour
le livrer aux François. Avec un dessein bien différent, Céluta s'étoit empressée de suivre les traces
de son époux, mais elle avoit en vain interrogé les
rochers et les bruyères. Elle sortoit de sa cabane,
elle y revenoit, dans la crainte que René n'y fût

rentré par un autre chemin : quelquefois elle songeoit à se rendre au fort Rosalie, se figurant que l'objet de sa tendresse y avoit déjà été conduit ; quelquefois elle s'asseyoit au carrefour d'un bois, et ses regards s'enfonçoient dans les divers sentiers qui se dérouloient sous l'ombrage ; elle n'osoit appeler René, de peur de le trahir par les sons mêmes de sa voix. Amélie ne quittoit point les bras maternels, et Céluta retrouvoit des forces en pleurant sur ce cher témoin de sa douleur.

Outougamiz, toujours inspiré quand il s'agissoit des périls de son ami, avoit été plus heureux que sa sœur ; depuis long-temps il s'étoit aperçu que le frère d'Amélie aimoit à diriger ses pas vers une colline qui bordoit le Meschacebé, et dans le flanc de laquelle s'ouvroit une grotte funèbre : il commença ses recherches de ce côté. Un autre instinct conduisit Mila au même lieu : la colombe au loin transportée trouve, à travers les champs de l'air, le chemin qui la ramène à sa compagne.

Les deux fidèles messagers se rencontrèrent à l'entrée de la grotte. « Qui t'amène ici ? » dit Mila à Outougamiz.

« Mon génie, répondit le Sauvage ; et il mon-
« troit la chaîne d'or. Et toi, Mila, qui t'a conduite
« de ce côté ? »

— « Je n'en sais rien, répliqua l'Indienne ; quel-
« que chose qui est peut-être la femme de ton gé-
« nie. Tu verras que nous avons deviné, et que le
« guerrier blanc est ici. »

En effet, ils aperçurent René assis en face du

fleuve, sous la voûte de la caverne : on voyoit auprès de lui un livre, des fruits, du maïs et des armes. Cette caverne étoit un lieu redouté des Natchez : ils y avoient déposé une partie des os de leurs pères. On racontoit qu'un esprit de la tombe veilloit jour et nuit à cette demeure.

« Oh! s'écria Mila, j'aurois bien peur si le guerrier blanc n'étoit ici. »

Étonné de l'apparition de son frère et de la jeune Indienne, René crut qu'ils s'étoient donné rendez-vous dans ce sanctuaire propre à recevoir un serment; et comme il appeloit leur union de tous ses vœux, il fut charmé de cette rencontre.

Outougamiz et Mila ne dirent rien au frère d'Amélie du véritable objet de leur descente à la grotte : tant les cœurs naïfs deviennent intelligents quand il s'agit de ce qu'ils aiment! Ils comprirent que s'ils révéloient à René les périls dont il étoit menacé, loin de pouvoir l'arrêter, il échapperoit à leur tendresse. Le couple ingénu laissa donc l'homme blanc croire ce qu'il voudroit croire, et ne songea qu'à le retenir dans cette retraite par le charme d'un entretien amical.

Le frère de Céluta ignoroit ce qui s'étoit passé aux Natchez : il supposoit qu'Adario se seroit éloigné avec Chactas, jusqu'au moment où les enfants du Soleil pourroient venger leur injure. Outougamiz eût désiré calmer les inquiétudes de sa sœur mais il ne vouloit pas quitter René; il espéroit que Mila trouveroit quelque prétexte pour quitter la grotte et pour aller rassurer la femme infortunée.

« Mon sublime frère, dit René au jeune Sauvage
« avec un sourire qui rarement déridoit son front,
« accours-tu encore pour me délivrer? Pourquoi
« ces armes? Je n'ai aucun danger à craindre : je
« ne suis qu'avec les morts, et tu sais qu'ils sont
« mes amis. Et vous, petite Mila, que cherchez-
« vous? la vie sans doute? elle n'est pas ici, et vous
« ne pourriez la rendre à cette foule poudreuse qui
« peut-être ne consentiroit pas à la reprendre. »

Le religieux Outougamiz gardoit le silence; Mila trembloit, et dans sa frayeur se serroit fortement contre Outougamiz. Un foible rayon du jour, en pénétrant dans la caverne, ne servoit qu'à en redoubler l'horreur : les ossements blanchis reflétoient une lumière fantastique; on eût cru voir remuer et s'animer l'immobile et l'insensible dépouille des hommes. Le fleuve rouloit ses ondes à l'entrée de la grotte, et des herbes flétries pendantes à la voûte frémissoient au souffle du vent.

Mila, en voulant s'avancer vers René, ébranla un tas d'ossements qui roulèrent sur elle. « J'en mour-
« rai! j'en mourrai! » s'écria Mila : c'étoit comme quelque chose de si singulier!

« Ma jeune amie, dit le frère d'Amélie, rassu-
« rez-vous. » — « Je te jure, répliqua l'Indienne, que
« cela a parlé. »

— « Parlé! » dit Outougamiz.

René sourit, fit asseoir Mila auprès de lui, et prenant la main de l'enfant :

« Oui, dit-il, cela a parlé : les tombeaux nous
« disent que dans leur sein finissent nos douleurs

« et nos joies ; qu'après nous être agités un moment
« sur la terre, nous passons au repos éternel. Mila
« est charmante, son cœur palpite de toutes les
« sortes d'amour; mon admirable frère est tout âme :
« encore quelques soupirs sur la terre (et Dieu
« veuille qu'ils soient de bonheur), le cœur de Mila
« se glacera pour jamais, et les cendres de l'homme
« à qui l'amitié fit faire des prodiges seront con-
« fondues avec la poussière de celui qui n'a jamais
« aimé. »

René s'interrompit, appuya son front sur sa main, et regarda couler le fleuve.

« Parle encore, dit Mila; c'est si triste et pour-
« tant si doux ce que tu dis ! »

René ramenant ses regards dans l'intérieur de la caverne, et les fixant sur un squelette, dit tout à coup : « Mila, pourrois-tu m'apprendre son nom? »

— « Son nom ! répéta l'Indienne épouvantée, je
« ne le sais pas : ces morts se ressemblent tous. »

— « Tu me fais voir ce que je n'aurois jamais vu
« seul, dit Outougamiz : est-ce que les morts sont si
« peu de chose ? »

— « La nature de l'homme est l'oubli et la pe-
« titesse, répondit le frère d'Amélie; il vit et meurt
« ignoré. Dis-moi, Outougamiz, entends-tu l'herbe
« croître dans cette tête que j'approche de ton
« oreille ? Non sans doute. Eh bien ! les pensées qui
« y végétoient autrefois ne faisoient pas plus de
« bruit à l'oreille de Dieu. L'existence coule à l'en-
« trée du souterrain de la mort, comme le Mescha-
« cebé à l'entrée de cette caverne : les bords de

« l'étroite ouverture nous empêchent d'étendre nos
« regards au-dessus et au-dessous sur le fleuve de
« la vie; nous voyons seulement passer devant nous
« une petite portion des hommes voyageant du ber-
« ceau à la tombe dans leur succession rapide, sans
« que nous puissions découvrir où ils vont et d'où
« ils viennent. »

— « Je conçois bien ton idée, s'écria Mila. Si je
« disois à mon voisin, placé dans une autre caverne,
« au-dessus de celle où nous sommes : Voisin, as-tu
« vu passer ce flot qui étoit si brillant (je suppose
« une jeune fille)? Il me répondroit peut-être : J'ai
« vu passer un flot troublé, car il s'est élevé de
« l'orage entre ma caverne et la tienne. »

— « Admirablement, Mila ! dit René : oui ! tels
« nous paroissons en fuyant sur la terre; notre éclat,
« notre bonheur, ne vont pas loin, et le flot de notre
« vie se ternit avant de disparoître. »

— « Voilà que tu m'enhardis, s'écria Mila. J'avois
« tant de peur en entrant dans la grotte ! Maintenant
« je pourrois toucher ce que je n'osois d'abord re-
« garder. » La main de Mila prit la tête de mort que
René n'avoit pas replacée avec les autres. Elle en vit
sortir des fourmis.

« La vie dans la mort, dit René : c'est par ce côté
« que le tombeau nous ouvre une vue immense.
« Dans ce cerveau qui contenoit autrefois un monde
« intellectuel, habite un monde qui a aussi son mou-
« vement et son intelligence; ces fourmis périront
« à leur tour. Que renaîtra-t-il de leur grain de
« poussière ? »

René cessa de parler. Animée par le premier essai de son esprit, Mila dit à Outougamiz :

« Je songeois que si j'allois t'épouser et que tu « vinsses à mourir comme ceux qui sont ici, je serois « si triste que je mourrois aussi. »

— « Je t'assure que je ne mourrai pas, dit vive-« ment Outougamiz : si tu veux m'épouser, je te « promets de vivre. »

— « Oui, dit Mila, belle promesse ! Avec ton ami-« tié pour le guerrier blanc, tu me garderois bien ta « parole ! »

Mila, qui avoit oublié de rejeter la relique qu'elle tenoit de la main de René, échauffoit contre son sein l'effigie pâle et glacée : les beaux cheveux de la jeune fille ombrageoient en tombant le front chauve de la mort. Avec ses joues colorées, ses lèvres vermeilles, les grâces de son adolescence, Mila ressembloit à ces roses de l'églantier qui croissent dans les cimetières champêtres, et qui penchent leurs têtes sur la tombe.

Les grandes émotions, nées du spectacle de la grotte funèbre, l'ardente amitié du frère de Céluta pour René, avoient pu seules éloigner un moment de la pensée d'Outougamiz le souvenir du péril qui environnoit ses parents et sa patrie : l'Indien fit un léger signe à Mila, qui comprit ce signe, et s'écria : « Qu'il y a long-temps que je suis ici ! Comme je « vais être grondée ! » Et elle s'enfuit, non pour aller trouver sa mère, mais pour aller apprendre à Cé-luta que le guerrier blanc étoit en sûreté. Le frère de Céluta demeura auprès du frère d'Amélie ; feignant un peu de lassitude et de souffrance, il déclara qu'il se vouloit reposer dans la grotte : c'étoit le moyen d'y retenir son ami.

Tandis qu'ils étoient renfermés dans ce tabernacle des morts, des scènes de deuil affligeoient le fort Rosalie.

Si Chactas, au lieu d'Adario, se fût trouvé prisonnier, il eût, par de sages discours, consolé ses amis : mais Adario, muet et sévère, ne savoit point faire parler avec grâce son cœur sur ses lèvres ; il songeoit peu à sa famille, encore moins à lui-même, toutes ses pensées, toutes ses douleurs étoient réservées à son pays.

Pour subir l'arrêt du conseil, et pour être vendu à l'enchère, il avoit été conduit sur la place publique où la foule étoit assemblée. Sa femme, et sa fille qui portoit son jeune fils dans ses bras, le suivoient en pleurant. Le Sachem se tourna brusquement vers elles, et leur montra de la main les cabanes de la patrie : les deux femmes étouffèrent leurs sanglots. Un large cercle se forma autour de la famille indienne : les principaux marchands qui faisoient la traite des nègres et des Indiens s'avancèrent. On commença par dépouiller les esclaves. L'épouse et la fille d'Adario cachant leur nudité de leurs mains, se pressoient honteuses et tremblantes contre le vieillard, dont le corps étoit tout couvert d'anciennes cicatrices et tout meurtri de nouveaux coups.

Les traitants, écartant les bras chastes des Indiennes, livroient ces femmes à des regards encore plus odieux que ceux de l'avarice. Des femmes blanches, instruites dans l'abominable trafic, prononçoient sur la valeur des effets à vendre.

« Ce vieillard, disoit un colon en frappant le
« Sachem de son bambou, ne vaut pas une pièce
« d'or : il est mutilé de la main gauche ; il est criblé
« de blessures ; il est plus que sexagénaire ; il n'a
« pas trois années à servir. »

— « D'ailleurs, disoit un autre colon qui cher-
« choit à ravaler l'objet de l'encan pour l'obtenir à
« bas prix, ces sauvages sont des brutes qui ne va-
« lent pas le quart d'un nègre : ils aiment mieux se
« laisser mourir que de travailler pour un maître.
« Quand on en sauve un sur dix on est bien heu-
« reux. »

Discutant de la sorte, on tâtoit les épaules, les flancs, les bras d'Adario. « Touche-moi, misérable,
« disoit l'Indien, je suis d'une autre espèce que
« toi ! »

« Je n'ai point vu de plus insolent vieillard, » s'écria un des courtiers de chair humaine ; et il rompit sa gaule de frêne sur la tête du Sachem.

On fit ensuite des remarques sur les femmes : la mère étoit vieille, affoiblie par le chagrin ; elle n'auroit plus d'enfants. La fille valoit un peu mieux, mais elle étoit délicate, et les premiers six mois de travail la tueroient. L'enfant, qu'on arracha tout nu à la mère, fut à son tour examiné : il avoit les membres gros ; il promettoit de grandir : « Oui, dit un bro-
« canteur, mais c'est un capital avancé sans rentrée
« certaine ; il faut nourrir cela en attendant. »

La mère suivoit, avec des yeux où se peignoit la plus tendre sollicitude, les mouvements qu'on faisoit faire à son fils; elle craignoit qu'on ne l'en séparât pour toujours. Une fois l'enfant, trop serré, poussa un cri; l'Indienne s'élança pour reprendre le fruit de ses entrailles; on la repoussa à coups de fouet : elle tomba, toute sanglante, la face contre terre, ce qui fit rire aux éclats l'assemblée. On lui rejeta pourtant son fils, dont les membres étoient à moitié disloqués. Elle le prit, l'essuya avec ses cheveux, et le cacha dans son sein. Le marché fut conclu : on rendit les vêtements à la famille.

Adario s'attendoit à être brûlé; quand il sut qu'il étoit esclave, sa constance pensa l'abandonner : ses yeux cherchoient un poignard, mais on lui avoit enlevé tout moyen de s'affranchir. Un soupir, ou plutôt un sourd rugissement s'échappa du fond de la poitrine du Sachem, lorsqu'on le conduisit aux cases des nègres, en attendant le jour du travail. Là, avec sa famille, Adario vit danser et chanter autour de lui ces Africains qui célébroient la bienvenue d'un Américain, enchaîné avec eux par des Européens, sur le sol où il étoit né. Dans ce troupeau d'hommes se trouvoit le nègre Imley, accusé de vouloir soulever ses compagnons de servitude : on ne l'avoit pu convaincre de ce crime ou de cette vertu; il en avoit été quitte pour cinquante coups de fouet. Il serra secrètement la main d'Adario.

Cette même nuit, qui plaçoit ce Sachem au rang des esclaves, apportoit de nouveaux chagrins à Outougamiz : il ne pouvoit plus prolonger l'erreur du frère d'Amélie, ni le retenir sous un vain prétexte dans la grotte funèbre; il se détermina donc à rompre le silence.

« Tu m'as fait faire, dit-il à René, le premier « mensonge de ma vie. Je ne suis point malade, et « Mila ne m'avoit pas donné de rendez-vous ici. Son « bon génie, qui ne ressemble cependant pas au « mien, lui avoit découvert ta retraite, et nous « étions accourus pour t'obliger à te cacher. »

— « Me cacher! dit René; tu sais que ce n'est « guère ma coutume. »

— « C'est bien pour cela, répondit Outougamiz, « que j'ai menti. Je savois que je te fàcherois si je « te proposois de rester dans la caverne; pourtant « Chactas t'ordonnoit d'y rester. »

Outougamiz fit à sa manière le récit de ce qui s'étoit passé aux Natchez, ajoutant qu'Adario auroit certainement pris le parti de se retirer, afin de mieux se préparer à combattre.

« Je n'en crois rien, dit René se levant et saisis« sant ses armes; mais allons défendre Céluta qui « ignore où je suis, et qui doit être dans une vive « inquiétude. »

— « Et pourquoi donc, reprit Outougamiz, Mila « nous a-t-elle quittés? Elle a plus d'esprit que toi « et que moi, et elle vole comme un oiseau. »

René voulut sortir de la grotte; Outougamiz se jette au-devant de lui. « Il n'y a pas encore assez « long-temps que le soleil est couché, dit le jeune « Sauvage; attends quelques moments de plus. Tu « sais que c'est la nuit que je te délivre. »

Ce mot arrêta le frère d'Amélie, qui pressa Outougamiz dans ses bras.

Ils ouïrent alors dans les eaux du fleuve le bruit d'une pirogue; cette pirogue aborde presque aussitôt à la grotte : elle étoit conduite par le grenadier Jacques et par d'Artaguette lui-même. Le capitaine saute sur le rocher, et dit à René :

« Vous êtes découvert; Ondouré vous a fait suivre;
« il vient d'indiquer au commandant le lieu de votre
« retraite. Instruit, par le hasard, de cette nouvelle,
« j'ai forcé mes arrêts pendant la nuit; je me suis
« jeté dans cette pirogue avec Jacques; grâce au
« ciel, nous arrivons les premiers ! Mais fuyez; il y a
« des vivres dans l'embarcation; traversez le fleuve,
« vous serez en sûreté sur l'autre bord. Ne balancez
« pas ! Adario n'a pas voulu se retirer, il a été pris
« avec sa famille : son fils a été tué à ses côtés ; le
« Sachem lui-même, conduit au fort, a été vendu
« comme esclave. Nous tâcherons de réparer le mal :
« vous ne feriez que l'aggraver en tombant entre les
« mains de nos ennemis. »

L'étonnement et l'indignation soulevoient la poitrine de René : « Capitaine, dit-il, tandis qu'on
« égorge mes amis, ce n'est pas sans doute sérieu-
« sement que vous me proposez la fuite. Adario
« esclave! son fils massacré ! Et ma femme et ma
« fille, que sont-elles devenues ? Courons les dé-
« fendre; soulevons la nation; délivrons la terre
« généreuse qui m'a donné l'hospitalité!... »

— « Nous prendrons soin de votre femme, de
« votre fille, de Chactas, de tous vos amis, dit

« d'Artaguette en interrompant René ; mais vous les
« perdrez dans ce moment si vous vous obstinez à
« vous montrer. Partez encore une fois ; épargnez-
« moi le malheur de vous voir saisir sous mes yeux.
« Songez que vous exposez ce brave grenadier. »

—« Quelle vie que la mienne ! » s'écria René avec
l'accent du désespoir ; puis tout à coup : « Eh bien !
« généreux d'Artaguette, je ne vous exposerai point ;
« je n'exposerai point ce brave grenadier ; je ne com-
« promettrai point, comme vous me le dites, ma
« femme, ma fille, Chactas et mes amis ; mais ne
« me comptez pas ébranler dans la résolution que
« je viens de prendre ; je ne suis point un scélérat,
« obligé de me cacher le jour dans les cavernes, la
« nuit dans les forêts. J'accepte votre pirogue, je
« pars, je descends à la Nouvelle-Orléans, je me
« présente au gouverneur, je demande quel est mon
« crime, je propose ma tête pour celle d'Adario :
« j'obtiendrai sa grâce ou je périrai. »

Le capitaine, en admirant la résolution de René,
tâcha de le dissuader de la suivre : « Vos ennemis,
« lui dit-il, sont de petits hommes : ils ne sentiront
« ni votre mérite, ni le prix de votre action. Étran-
« ger, inconnu, sans protecteurs, vous ne réussirez
« pas ; vous ne parviendrez même pas à vous faire
« entendre. Je ne le vous puis cacher : d'après les
« calomnies répandues contre vous, d'après la puis-
« sance de vos calomniateurs, la rigueur de l'auto-
« rité militaire dans une colonie nouvelle peut vous
« être funeste. »

—« Tant mieux, répondit brusquement le frère

« d'Amélie; le fardeau est trop pesant, et je suis
« las. Je vous recommande Céluta, sa fille, ma se-
« conde Amélie!... Chactas, mon second père!... »
Puis se tournant vers Outougamiz, qui n'avoit rien
compris à leur langage françois, il lui dit en natchez :

« Mon ami, je vais faire un voyage; quand nous
« reverrons-nous? qui le sait? peut-être dans un
« lieu où nous aurons plus de bonheur: il n'y a rien
« sur la terre qui soit digne de ta vertu. »

— « Tu peux partir, si tu veux, répondit Outou-
« gamiz, mais tu sais bien que je sais te suivre et te
« retrouver. Je vais aller chercher Mila, qui a plus
« d'esprit que moi; j'apprendrai par elle ce que tu
« ne me dis pas. »

On entendit le bruit des armes. « Je ne cherche
« plus à vous retenir, dit le capitaine. J'écrirai pour
« vous à mon frère le général, et à mon ami le
« conseiller Harlay. » D'Artaguette ordonne au grenadier de sortir de la pirogue; il y fait entrer René :
celui-ci, repoussant le rivage avec un aviron, est
entraîné par le cours du fleuve.

Fébriano ne trouva plus le frère d'Amélie; il
rencontra seulement le capitaine d'Artaguette et le
grenadier; il ne douta point que René ne dût son
salut à leur dévouement : il y a des hommes qu'on
peut toujours accuser d'avoir fait le bien, comme
il y en a d'autres qu'on peut toujours soupçonner
d'avoir fait le mal. D'Artaguette jeta un regard de
mépris à Fébriano, qui n'y répondit que par un
geste menaçant adressé à Jacques. Outougamiz, en

voyant s'éloigner le frère d'Amélie, s'étoit dit : « Je
« le suivrois bien à la nage; mais il faut que je con-
« sulte Mila. » Et il étoit allé consulter Mila.

On peut juger du soulagement de Céluta quand,
après de longues heures d'attente, elle vit accourir
sa jeune amie, dont le visage riant annonçoit de
loin que le guerrier blanc étoit en sûreté. « Céluta,
« s'écria Mila toute haletante, tu aurois été assise
« trois lunes de suite à pleurer que tu n'aurois rien
« trouvé. Moi, j'ai été tout droit, sans qu'on me le
« dît, à la grotte où étoit mon libérateur; Outou-
« gamiz y arrivoit en même temps que moi. Grand-
« Esprit! j'aurois eu tant de peur, si je n'avois eu
« tant de plaisir! Imagine-toi que ton frère garde
« ton mari dans la grotte où ils parlent comme deux
« aigles. »

Céluta comprit sur-le-champ que René étoit dans
la caverne funèbre avec Outougamiz. Elle embrassa
la petite Indienne, lui disant : « Charmante enfant,
« tu me fais à présent autant de bien que tu m'as
« fait de mal. »

« Je t'ai fait du mal! repartit Mila. Comment?
« Est-ce que tu ne veux pas que j'épouse ton frère
« Outougamiz le Simple? Nous venons pourtant de
« nous promettre de nous marier dans la grande
« caverne. » Et Mila fuit de nouveau, disant : « Je
« reviens, je reviens; mais il faut que je m'aille
« montrer à ma mère. »

Céluta remplit une corbeille de gâteaux et de
fruits, suspendit sa fille à ses épaules, et, appuyée
sur un roseau, s'avança vers la grotte des Ancêtres.

Il étoit plus de minuit lorsqu'elle y arriva : elle ne se put défendre d'une secrète terreur, à l'abord de ce lieu redoutable. Elle s'arrête, écoute : aucun bruit ne frappe son oreille; elle nomme à voix basse Outougamiz, n'osant nommer René : aucune voix ne répond à sa voix.

« Ils dorment peut-être, » se dit-elle, et elle pénètre dans le souterrain ; elle marche sur des os roulants, répétant à chaque pas ces mots : « Êtes-« vous là ? » Ses accents s'évanouissent dans le silence de la mort. L'Indienne se sent prête à défaillir ; elle promène ses regards dans les ombres de ce tombeau ; nul être vivant n'y respire.

Céluta sort épouvantée : elle gravit la rive escarpée, jette les yeux sur le fleuve et sur les campagnes à peine visibles à la lueur des étoiles; elle appelle René et Outougamiz, se tait, recommence ses cris, les suspend encore, s'épuise en courses inutiles, et ne se résout à reprendre le chemin de sa cabane que quand elle aperçoit les premières teintes du jour.

La fille de Tabamica traversoit le grand village, abandonné par la plupart des Indiens depuis l'enlèvement d'Adario; elle entend marcher derrière elle; elle tourne la tête et aperçoit son frère. « Où « est ton ami ? » s'écrie-t-elle. « Il est parti, répond « Outougamiz; il ne reviendra peut-être jamais; « mais qu'est-ce que cela fait, puisque je vais le re-« joindre ? Je ne sais pas où il est allé; mais Mila me « le dira. » Mila, échappée à sa mère, arrive dans ce moment. Elle voit Céluta en pleurs, et Outougamiz

avec cet air inspiré qu'il avoit lorsque l'amitié faisoit palpiter son cœur. Elle apprend le sujet de leurs nouvelles alarmes : « Vous voilà bien em-
« barrassés pour rien, leur dit-elle; allons au fort
« Rosalie; l'autre bon guerrier blanc nous apprendra où est mon libérateur. » Elle ouvrit la corbeille que portoit Céluta, distribua les fruits et les gâteaux, en prit sa part, et se mit à descendre vers la colonie, se faisant suivre du frère et de la sœur.

Le soleil éclairoit alors une scène affreuse. Adario avoit été reçu avec des chants et des danses par les hommes noirs, compagnons de sa servitude : la nuit s'écoula dans cette joie des chaînes. Au lever du jour, le chef de l'atelier conduisit le Sachem au champ du travail avec un troupeau de bœufs et de nègres. Des soldats campoient sur les défrichements.

La captivité d'Adario et de sa famille étoit un exemple dont le commandant prétendoit effrayer ce qu'il appeloit les mutins. On avoit appris que la nuit s'étoit passée tranquillement aux Natchez, et l'on ignoroit que cette tranquillité étoit l'effet des complots mêmes d'Ondouré. Chépar crut les Indiens abattus, et, pour achever de dompter leur esprit d'indépendance, il leur voulut montrer le plus fameux de leurs vieillards, après Chactas, réduit à la condition d'esclave. L'ordre fut donné de laisser approcher les Sauvages, mais sans armes, s'ils se présentoient au champ du travail.

Le commandeur des nègres, un fouet à la main,

fit un signe à Adario, et lui prescrivit de sarcler les herbes dans une plantation de maïs : le Sachem ne daigna pas même jeter un regard sur le pâtre d'hommes. Mais déjà la femme du Sachem, et sa fille qui portoit son enfant sur ses épaules, étoient courbées sur un sillon : « Que faites-vous ? » leur cria Adario d'une voix terrible. Elles se relevèrent; le fouet les contraignit de se courber de nouveau. Adario recevoit les coups qui s'adressoient à lui, et qui lui enlevoient des lambeaux de chair, comme si son corps eût été le tronc d'un chêne.

Dans ce moment on vit venir un vieillard aveugle conduit par un enfant; c'étoit Chactas : malgré la délibération du conseil et l'opposition d'Ondouré, Chactas s'étoit présenté seul avec le calumet de paix à la porte du fort Rosalie. Chépar avoit refusé de recevoir le Sachem, qui s'étoit fait mener alors au champ du travail.

Chactas étoit si respecté, même des Européens, que le commandeur ne crut pas devoir l'empêcher d'approcher de son ami. Les deux vieillards demeurèrent quelque temps serrés dans les bras l'un de l'autre : « Adario, dit Chactas, j'ai aussi porté « des fers. »

— « Tu ne voyois pas les arbres de la patrie, » reprit Adario.

« Tu reprendras bientôt ta liberté, dit Chactas : « nous périrons tous, ou tu seras délivré. »

— « Peu importe, répliqua Adario : mes mains « sont désormais déshonorées. Après tout, je n'ai « qu'un jour à vivre ; mais cet enfant que tu vois,

« le fils du fils que les brigands ont tué hier à mes
« côtés! cet enfant! toute une vie esclave! »

—« Vieillards, c'est assez, s'écria le commandeur
« séparez-vous. »

—« Attends du moins, répondit Adario, que
« Chactas ait embrassé mon dernier enfant. Ma fille,
« apporte-moi mon petit-fils : que je le dépose
« dans les bras de mon vieil ami; que cet ami libre
« lui donne une bénédiction qui n'appartient plus
« à ces mains enchaînées. »

La fille d'Adario remet en tremblant l'enfant à
son aïeul : Adario le prend, le baise tendrement,
l'élève vers le ciel, le reporte de nouveau à sa
bouche paternelle, penche sa tête sur le visage de
l'enfant qui sourit : le Sachem presse le nourrisson sur son sein, fait un pas à l'écart comme pour
verser des larmes sur le dernier né de sa race, et
reste quelques moments immobile.

Adario se retourne : il tient par un pied l'enfant
étranglé! Il le lance au milieu des François. « Le
« premier est mort libre, s'écrie-t-il, j'ai délivré le
« second : le voilà! »

Des clameurs confuses s'élèvent : O crime! disoient les uns; ô vertu! disoient les autres. Les Sauvages présents à ce spectacle, bien qu'ils eussent
déposé leurs armes, selon les ordres, se précipitent
sur les soldats; une rude mêlée s'engage, les Indiens sont repoussés. Adario est plongé dans les
cachots du fort; sa fille seule est avec lui, sa fille
qui ne nourrit plus l'enfant ravi à son sein par la
main paternelle! La vieille épouse d'Adario, frap-

pée d'un glaive inconnu au milieu de l'émeute, étoit allée rejoindre dans la tombe son fils et son petit-fils.

Tout étoit possible désormais à l'ambition et aux crimes d'Ondouré; l'indignation des Natchez ne connoissoit plus de bornes; il les pouvoit faire entrer dans tous les desseins par lesquels il avoit promis de les venger. Il ne s'agissoit plus que de calmer une tempête trop violemment excitée, et dont Ondouré n'étoit pas encore prêt à recueillir les ravages. Il falloit atteindre René échappé aux premiers complots; il falloit parvenir, au milieu du massacre des François, à immoler le frère d'Amélie, à ravir Céluta, et à monter enfin au rang suprême, en rétablissant l'ancien pouvoir des Soleils : telles étoient les noires pensées que le chef indien rouloit dans son âme.

Le frère d'Amélie avoit à peine perdu de vue le pays des Natchez, que, se contentant de gouverner la pirogue avec un aviron placé en arrière, il s'étoit abandonné au cours des flots. La beauté des rivages, le premier éclat du printemps dans les forêts ne faisoit point diversion à sa tristesse.

Il traça quelques lignes au crayon sur des tablettes :

« Me voici seul. Nature qui m'environnez! mon « cœur vous idolâtroit autrefois : serois-je devenu « insensible à vos charmes? Le malheur m'a touché; « sa main m'a flétri.

« Qu'ai-je gagné en venant sur ces bords? In- « sensé! ne te devois-tu pas apercevoir que ton cœur

« feroit ton tourment, quels que fussent les lieux
« habités par toi ?

« Rêveries de ma jeunesse, pourquoi renaissez-
« vous dans mon souvenir ? Toi seule, ô mon Amé-
« lie ! tu as pris le parti que tu devois prendre ! Du
« moins si tu pleures, c'est dans les abris du port :
« je gémis sur les vagues, au milieu de la tempête. »

FIN DU TOME PREMIER DES NATCHEZ.

TABLE.

LES NATCHEZ.

Préface .... Page	1
Livre premier.................................	11
Livre deuxième................................	32
Livre troisième...............................	58
Livre quatrième...............................	77
Livre cinquième...............................	95
Livre sixième.................................	117
Livre septième................................	149
Livre huitième................................	176
Livre neuvième................................	203
Livre dixième.................................	223
Livre onzième.................................	250
Livre douzième................................	264

FIN DE LA TABLE.

www.ingramcontent.com/pod-product-compliance
Lightning Source LLC
Chambersburg PA
CBHW050804170426
43202CB00013B/2559